한국어로 내려온
New Bible

# 새로운
# 성 경

제143권

9부 | 총10부

하얀마음

# 하나님 말씀 중에서

## 1. 사랑의 하나님

- 세상을 창조하신 하나님은 모두를 사랑하신다. 인간만 특별히 더 사랑하지 않고, 우주 만물을 다 똑같이 사랑하신다. 그러니 하나님이 창조하신 천지 만물과 화친하고, 미물까지도 소중히 대하라.

- 하나님은 특정 종파나 민족만을 더 사랑하지 않으신다. 자기 자신만 구원받겠다는 욕심을 버리고, 자기 종파만 구원받는다는 편협한 교리에서 벗어나야 한다. 종파를 초월해서, 모두를 사랑하라.

- 원수까지 사랑하라 했으니, 이 세상에 사랑하지 못할 자가 누가 있겠는가? 종파가 다르다고 해서 부모 형제와 원수처럼 지내는 자는 인간의 근본을 모르는 자다. 가장 가까운 가족부터 사랑할 때 남도 진심으로 사랑할 수 있다.

- 한 사람을 원수같이 생각하던 마음에서 사랑하는 마음으로 돌리면, 자기 자신의 마음이 가장 기쁘고 행복하다. 하나님께서는 인간의 마음속에 무거움이 없이 기쁘고 행복한 삶을 살기를 바라신다.

- 이웃을 "내 몸처럼" 사랑하라 했으니, 마지막 한 장 남은 천국의 티켓도 이웃에게 양보하라. 자기 중심적인 신앙에서 벗어나서 남을 위해 살아야 한다.

- 독초도, 약초도, 이단도 사탄도 천사도 다 필요하기에 존재한다. 독초일지라도 극소량을 사용해서 생명을 살릴 수 있고, 약초라 하더라도 남용하면 생명을 잃을 수 있다.

- 세상 모든 것을 명약으로 활용하는 것은 인간의 지혜에 달렸다. 어떤 것이든 어떤 사람이든 적재적소에 꼭 필요한 명약으로 승화시키라.

- 사탄도 이단도 천사도 모두 하나님의 주관하에 존재한다. 진정한 하나님의 백성은 사탄과 마귀까지도 감화시켜서 천사로 거듭나게 한다.

## 2. 기도

- 하나님은 인간의 생각까지 모두를 다 알고 계신다. 우리의 소원도 이미 알고 계시기에, 소원의 기도를 할 필요가 없다. 우리가 받을 자격이 되면 내려 주신다.

- 죄를 짓고 아무리 회개를 해도 용서받지 못한다. 도둑질한 자는 용서해 달라고 기도하고, 도둑맞은 자는 도둑을 잡게 해 달라고 기도하면, 공의의 하나님은 누구의 편에 서시겠는가?

- 자기가 잘못한 것은 그 사람에게 직접 갚고 용서를 구하라. 그가 용서하면 하나님도 용서하신다. 땅에서 매면 하늘에서도 매이고, 땅에서 풀리면 하늘에서도 풀리는 이치다.

- "회당에서 기도하지 말고 골방에서 기도하라" 했다. 눈에 보이는 골방이 아니라, 골방과 같이 고요한 마음이다. 잡념을 버리고 하나님을 향해 마음을 집중하며, 사랑하고 용서하는 아름다운 생각만 나오도록 하라.

- "두드리면 열릴 것이다." 하는 것은 육의 소원을 위해 두드리라는 것이 아니라, 진리의 깨달음을 얻기 위해 두드리라는 것이다.

- 기도하는 방법: 생활 속에서 수시로 기도하는 삶을 살아야 한다.

- "저의 죄를 용서하여 주옵소서." 하는 회개의 기도를 하라.
- 범사에 "하나님! 감사합니다." 하라. 현재 가진 것에 감사하며, 과욕하지 말라. 자기 노력 이상의 것을 더 갖고자 기도하는 것은 도둑놈심보다. 공의의 하나님은 각자 노력한 만큼 주신다.
- "하나님 뜻대로 살아가겠나이다." 하며 마음의 각오를 다지라.

- 기도는 하나님의 말씀을 받아서 "행하는 것"이다. 하나님이 계심을 굳건히 믿고, 하늘을 향하여 한 점 부끄럼 없이 사는 삶 자체가 가장 위대한 기도이며, 삶이 곧 예배다.

## 3. 지도자

- 똑같이 사랑한다는 말을 해도, 순수하게 하는 말은 천사의 말이지만, 사기 쳐서 재산을 가로채려고 하는 말은 사탄의 말이다.

- 종교 지도자가 아무리 훌륭한 설교를 해도, 신도의 재물을 거둬서 더 큰 교회를 짓고 자기의 부귀영화를 바라며 설교하면 사탄의 가르침이 된다.

- "저희 교회는 만원사례요, 믿음은 다 같으니 이웃의 개척 교회에 가서 예배를 드리시오." 하며, 이웃 교회의 부흥을 먼저 생각하여 제 신도를 보내는 종교 지도자가 있다면 그를 따르라. 그가 하나님의 사랑을 실천하는 자다.

- "부자가 천국에 들어가는 것은 낙타가 바늘구멍을 통과하는 것보다 더 힘들다" 하였거늘, 지금의 교회에서는 부자가 되기만을 기도하고 소원하니, 이는 곧 천국을 포기하고 지옥 행 열차의 티켓을 사는 것과 같다.

- 예수는 빈손이었다. 종교 지도자가 예수보다 더 호화롭고 편안하게 살아간다면 잘못된 것이다. 부귀영화와 명예를 바라는 자는 절대로 갈 수 없는 좁고 협착한 길이 종교 지도자의 길이다.

- 종교 지도자는 유리로 비춰 봐 한 점의 부끄러움이 없이 살아야 한다. 의식주도 직접 일해서 해결하고, 예수의 가르침과 행함을 그대로 따라야 한다.

- 종말은 없다. 지금의 잘못 가는 종교 집단에게만 종말이 있다. 보이지 않는 하나님은 보이는 육의 종말은 관여하지 않으신다. 환경 파괴로 인간이 스스로 멸망을 자초하는 것이다. 종파끼리 싸우기 전에, 무너진 인성을 바로잡고 지구의 몸살을 해결하는 데 뜻을 모으는 게 급선무다.

## 4. 성전이란

- 이 세상 자체가 하나님께서 만드신 성전이다. 자연보다 더 아름다운 성전이 있는가? 보이는 건물이 성전이 아니라, 성스러운 마음가짐이 성전이다.

- 반석 위에 교회를 지으라 했다. 지상의 단단한 돌은 인간이 쪼갤 수 있으나, 마음속의 굳은 결의는 세상 무엇으로도 쪼갤 수 없다. 바르고 굳건한 믿음으로 성경의 가르침을 실천하는 것이 마음의 반석 위에 교회를 짓는 것이다.

- 손으로 지은 건물의 교회에 모여서 복음을 전하는 것이 아니라, 교회를 개인과 가정에 심어 주어야 한다. 무너지고 부서지는 건물을 짓지 말고, 마음속에 영원히 불변하는 참진리의 교회를 지으라.

## 5. 십계명

- 십계명은 인간이 죽어서 반드시 통과해야만 하는 열 개의 관문이다.

- 부모를 공경하지 아니한 자는 "네 부모를 공경하라." 하는 제5계명의 관문이 열리지 않으니 구원받을 수 없다.
- 살인, 간음, 거짓, 우상 등의 나머지 계명도 마찬가지다.

- 십계명은 하나님의 친필이다. 모기소리만 한 하나님의 음성이라도 들어 보겠다고 여기저기 찾아 헤매지 말고, 십계명부터 암송하고 지키라.

- 십계명은 영혼을 구원하는 양식이며, 십계명을 지키는 것이 구원을 받는 길이다. 인간이기에 지키고자 노력하고 또 노력한다면 지킬 수 있다.

- 십계명을 지키고 천사처럼 아름답게 살아가는 그 마음 하나면 세상에 이루어지지 않는 것이 없다.

## 6. 보물

- 하나님은 재물이 아니라 우리의 마음을 받으신다. 사랑을 실천하며 천사처럼 변하는 마음이 하나님께 바치는 보물이다.

- 보이지 않는 하나님께 재물을 바치려 하지 말고, 너희를 길러 준 부모에게 용돈 드리고, 찾아뵙고, 효성을 다하라. 그것이 하나님께 효도하는 것이다.

- 하늘에는 선과 악의 창고가 있다. 자기 창고에 선이 많으면 천국으로 구원을 받고, 악이 많으면 심판받아 지옥으로 간다. 그것이 바로 "선한 일을 행한 자는 생명의 부활로, 악한 일을 행한 자는 심판의 부활로" 나오는 것이다.

- "선악과를 따먹지 말라"는 것은 양심을 지키라는 것이다. 선과 악을 구분할 수 있는 양심을 최초에 인간에게 주셨다. 선한 열매는 취하고, 악한 열매는 버리며, 양심에 비추어 부끄럼 없는 삶을 살아가라.

- 가장 작은 거짓말을 하지 않고, 가장 작은 죄를 짓지 않으며, 가장 작은 선행을 하고, 가장 작은 악행을 멀리하는 것이 율법의 일점 일획도 빠뜨리지 말고 다 지키는 삶을 사는 것이다.

## 7. 우상

- 박물관에 있는 불상은 하나의 예술품이다. 그 조각품에 대고 제 소원을 빌 때 우상숭배가 된다. 십자가라 하여도 그 앞에서 소원을 빈다면 우상숭배하는 것이며, 하나님께 소원을 빈다면 하나님을 우상으로 전락시키는 것이다.

- 지금 기복신앙에 젖어 있는 모든 사람이 우상 앞에 절을 하고 있다. 조각품을 우상이라며 파괴하지 말고, 네 마음속에 있는 욕심의 우상을 무너트리라.

- 생수를 약초가 먹으면 약을 만들고 독사가 먹으면 독을 만든다. 같은 성경을 바도 선한 지도자는 신도를 천사로 만드는 데 활용한다. 그러나 욕심이 가득한 지도자는 재물을 거두어들여 제가 부귀영화를 누리는 데 악용한다. 그가 바로 성경을 우상숭배의 도구로 전락시키는 거짓 선지자다.

- 성경을 한 획도 빼거나 더하지 말라는 것은, 그 가르침을 빠트리지 말고 온전히 지키라는 것이다. 성경 속에서 자기에게 유리한 구절만 보는 것은, 자기에게 불리한 구절들을 빼 버리는 것이다. 믿음이 제일이요, 행함은 구원과는 관계없다는 것은 자신에게 유리한 쪽으로 성경을 악용하는 것이다.

- 진정한 종교 지도자는 종파에 관계없이 어떤 종파든 어떤 책이든 접하고 보고 깨우쳐 견문을 넓히도록 인도한다. 참진리를 모르고 자신이 없는 자가 남을 이단이라며 배척하고, 신도들의 눈과 귀를 가린다.

## 8. 예수

- 예수의 재림은 없다. 예수가 다시 온다 해도, 과연 누가 그를 예수라고 믿겠는가? 예수와 같은 삶의 행함이 곧 예수의 재림이다. 각자 모두가 "재림 예수"가 되는, 차원 높은 믿음으로 가야 한다.

- 예수는 "주여 주여 하지 말고, 아버지의 뜻대로 행하라"고 했다. 예수가 전한 하나님의 뜻이 곧 "길이요, 진리요, 생명"이며, 그 가르침이 예수의 보혈처럼 소중한 것이다. 예수를 믿는 것은, 예수의 가르침을 믿고 따르는 것이다.

- 예수는 낮은 자로서 만백성을 섬기고자 했다. 만나는 모든 사람을 다 하나님이라 생각하라. 돈을 벌수록 겸손하고, 높은 지위를 얻을수록 낮아지라.

▪ 예수는 종파를 만들지 않았다. 인간이 만든 종교와 인간의 교리를 따르지 말고, 예수를 통해 전한 하나님의 참진리를 연구하고 따르라.

▪ 예수가 2천 년 전에 만백성을 위해 죽었으니, 지금 이 땅에는 예수의 가르침대로 사는 천사만 존재해야 한다. 예수가 죽어 가면서 바란 것은 만백성이 천사가 되어 예수의 자리를 채워 주는 것이지, 지금과 같이 재물을 바치면서 중언부언 제 소원만을 비는 백성들을 바란 것이 아니다.

## 9. 구원

▪ 천사가 사는 천국에는 천사만 갈 수 있으니, 천사 같은 마음을 길러야 한다.

- "천국 열쇠를 네게 주리니 땅에서 무엇이든지 매면 하늘에서도 매일 것이라" 했다. 땅에서 천사같이 사는 자가 하늘에서도 천사가 되어 천국에 들어간다. 모든 사람에게 천사같다는 말을 듣는 삶을 살아야 한다.

▪ 천사의 곱고 아름다운 마음은 부모를 공경하고 어른을 어른으로 대접하는 데에서 출발한다. 효도하는 자는 형제와 화목하게 지내기에 가정이 화목해지고, 이웃과 화목해지고, 국가가 화목해지고, 온 인류가 화목해진다.

- 그러므로 지상의 아름다운 소왕국은 가정에서부터 이루어야 한다.

▪ 선택된 14만 명만 구원받는 것이 아니라, 천사처럼 변하고자 하는 14만 명을 기초로 온 인류가 천사처럼 거듭나는 영적인 개혁이 시작되는 것이다.

▪ 천 년에 걸쳐서 하늘에서 이루어진 것같이 이 세상을 낙원으로 만들어, 만백성이 지상의 천국에서 살다가 죽어서 그대로 하늘의 천국으로 들어가는, 영원한 지상 낙원을 건설하는 것이 하나님의 계획이다.

- **이것이 구약과 신약에 이어 "새로운 성경"으로 역사하시는 하나님의 창조의 완성이다.**

▪ 지금의 믿음으로 구원받을 수 있다면 그 길을 가라. 그러나 자신이 없다면 하나님께서 직접 내리신 160권의 "새로운 성경"을 읽고 구원의 길을 보라!

# 하나님 머리말씀

이 새로운 성경을 읽는 너희 모두는
이 율법에 따라 행하면 영원히 구원받을 것이니라.

너희 인간이 수년, 수십 년, 평생
성서를 공부하고 기도하는 것은
하늘나라 나의 곁으로 오고 싶은 소망일진대,

몇천 년 전의 너희 인성과 생각이
지금의 너희와는 판이하게 다르니,

꺾여 가고 병들어 가는 너희를 고칠 수 있는 길은,
오늘 내가 선지자에게 내리는 새로운 성경과 같이
너희가 변화되는 것뿐이니라.

나의 예수가 태어난 것처럼
내가 아들 선지자를 선택하여
나의 새로운 성경을 온 세계에 전하고자 하니,

묵은 것은 버리고 새로운 것은 취하여,
너희 모두는
'여호와 하나님! 저의 죄를 용서하여 주옵소서.'
하는 기도문으로 기도하고, 죄를 뉘우치라.

이 새로운 성경은
수천 년간 내려온 성서를 요약한 것이니,
너희는 이 책을 정독하여 쉽게 깨달음을 얻고,
이대로 실천하여 하늘에 오르라.

# 대역자 머리말

## ■ 하나님의 율법을 지키는 선지자로 선택을 받도다.

저는 남들처럼 그저 열심히 살아온 평범한 사람이었습니다. 그러나 50대 중반에 사업에 실패하여 많은 부채에 시달렸으며, 건강도 악화되어 눈이 잘 안 보이고, 걷기도 어렵고, 두통이 심해서 잠을 이룰 수 없는 고통의 나날을 보냈습니다. 그때 제가 선택할 수 있는 것은 육의 삶을 끝내는 길뿐이었습니다.

죽기 직전에 그동안에 죄를 지은 이들에게 용서를 빌고 인생을 끝내기로 작정하였습니다. 어려서부터 지은 죄를 빌고 빌다 보니 끝이 없었고, 죽음으로도 그 많은 죄를 용서받을 길이 없다는 생각에 하염없이 눈물이 흘렀습니다. 그 순간 '재래식 화장실의 구더기는 죄를 짓지 않는데, 나는 인간으로서 구더기만도 못한 삶을 살았구나.' 하는 생각이 들면서 괴로움에 몸부림칠 때, 갑자기 하나님의 음성이 들렸습니다.

"나는 여호와 하나님이니라. 너는 십계명을 암송하고 내가 내려 주는 메시지를 받아 책으로 만들어 만백성을 구하라." 하시며, 제 눈을 손으로 문지르게 하시고, 아픈 머리와 다리를 손으로 두드리게 하셨습니다. 그러고 나니 눈도 잘 보이고 걸을 수 있었으며 머리의 통증도 말끔히 낫게 되었습니다. 그때부터 십계명을 암송하고 나면 들려주시는 말씀을 기록하였고, 1999년 8월부터 2004년 7월까지 권당 288쪽, 총 160권을 받아서 "새로운 성경"이라는 책으로 펴내게 되었습니다.

그러한 저에게 죽기보다도 힘든 길이 시작되었습니다. 모든 교인들이 저에게 사탄이요, 이단이요, 악마요, 마지막 시대에 온 거짓 선지자라 하면서 공격하였고, 저를 짐승을 보듯이 대하는가 하면, 편협한 종교 지도자들의 선동으로 신도들이 이 책을 직접 읽어보고 평가할 기회마저 막아 버렸습니다. 그래서 하나님의 말씀을 세상에 내는 데 많은 어려움을 겪으며, 피를 토하는 심정으로 책을 전하고 있습니다.

그러나 아무리 인간의 힘으로 막으려 해도, 하나님의 뜻이 세상에 전해지는 위대한 역사는 계속될 것입니다. 책으로 전해지는 "하나님의 말씀"은 세상 끝날까지 항상 우리와 함께하실 것입니다. 사람은 죽어도, 책에 기록된 말씀은 영원히 남으니까요.

## ■ 따뜻한 실천

하나님께서는 어려운 사람들에게 삶의 터전을 마련해 주고, 미래를 열어 주는 것을 기뻐하십니다. 어려운 이웃이 스스로 자립할 수 있도록 이끌어 주는 것이 진정으로 이웃을 돕는 것이라고 말씀하셨습니다. 그래서 일자리가 없는 제자들에게 작은 사업장을 만들어 주는 "달란트 사업"을 하고 있습니다. 식당, 반찬 가게 등을 차려 주고, 기존의 어려운 사업장이 자립할 수 있도록 돕고 있습니다(커피숍, 미용실, 의상실 등).

하나님께서는 교회에 나와서 모든 시간과 재물을 쏟기를 원하지 않으시고, 그 시간과 재물을 교육에 투자하여 스스로 미래를 열어 가기를 원하십니다. 그래서 제때 공부하지 못한 제자들에게 학업을 이어 가도록 하였습니다. 중화요리 주방장을 하며 초등학교 검정고시부터 공부하여 2012년에 방통대를 졸업한 36세 남성, 만학도들의 2년제 중학교에 입학해서 2007년에 명지대학을 졸업한 38세 여성, 중학교 검정고시를 시작으로 숭의여자대학을 졸업한 47세 여성 등이 있습니다. 그밖에도 많은 제자들에게 나이를 초월하여 배우고 깨우쳐서 사회 속의 당당한 일원이 되도록 인도하고 있습니다.

학자금 대출로 힘겨워하는 젊은이들을 위해 "따뜻한 바람 장학회"를 발족하여(2016년 12월) 대출받은 학자금 전액을 매월 갚아 주고 있습니다. 또한, 다문화 가정을 위해 "다문화 가족 랜드"를 조성하여, 각종 시설을 무료로 활용하도록 하고 있습니다.

이러한 따뜻한 실천이 아직은 미약합니다. 그러나 책의 수입이 늘고, 저와 뜻을 같이하는 분들이 늘어나면 계속 확대할 것입니다. 지도자로서 신도의 재물을 헌금으로 거둬들여 착복하는 것이 아니라, 하나님께서 기뻐하시는 일에 사용하도록 중매 역할만 하며 살아가고자 합니다. 이런 제가 과연 사탄이고 이단인가요? 하나님께서 기뻐하시는 일이라면, 저에게 사탄이라 하든 거짓 선지자라 하든 굽히지 않고 실천해 나갈 것입니다.

끝으로, 일상의 삶 속에서 "지금 내가 하는 행동이 과연 하나님께서 기뻐하실까, 슬퍼하실까?" 생각하고, 매사에 하나님께서 기뻐하시는 길을 택하기 바랍니다. 교회에 모여서 집단적으로 예배 드리는 것이 아니라, 개인이나 가정 단위로 새로운 성경을 읽어 스스로 깨우치고 그대로 행하면 충분합니다. 그것이 마음속에 성전을 짓고, 신령과 진정으로 예배 드리는 길입니다. 그러면 천국의 문에 들어서게 됩니다.

2017.2.1.

하나님 말씀 대역자 김용철

# 차 례

# 십 계 명

이 책은 십계명을 암송하고 나면 내려 주시는 "하나님의 음성"을 듣고 그대로 받아쓴 기록입니다. 하나님께서 십계명을 모세에게 내려 주셨지만, 그것은 만백성에게 내려 주신 것입니다. 마찬가지로 이 책의 모든 말씀도 저에게 내려 주셨지만, 만백성 각자에게 들려주시는 말씀입니다. 여러분도 이 책을 접할 때마다 십계명을 암송하고 나서 정독해 주시기 바랍니다.

제일은, 너는 나 외에는 다른 신들을 네게 있게 말지니라.

제이는, 너를 위하여 새긴 우상을 만들지 말고, 또 위로 하늘에 있는 것이나, 아래로 땅에 있는 것이나, 땅 아래 물 속에 있는 것의 아무 형상이든지 만들지 말며, 그것들에게 절하지 말며, 그것들을 섬기지 말라.

제삼은, 너는 너의 하나님 여호와의 이름을 망령되이 일컫지 말라.

제사는, 안식일을 기억하여 거룩히 지키라.

제오는, 네 부모를 공경하라.

제육은, 살인하지 말지니라.

제칠은, 간음하지 말지니라.

제팔은, 도적질하지 말지니라.

제구는, 네 이웃에 대하여 거짓 증거하지 말지니라.

제십은, 네 이웃의 집을 탐내지 말지니라.

나 여호와가 존재함을 믿는 그 자체가 구원의 길에 들어서는 기본이요, 근본이며, 나의 새로운 성경을 가슴에 안고 정독하는 자, 반석 위에 서서 하늘에 오르는 찬란한 빛을 보게 되는 영광을 얻게 됨이니라. 진정 나를 따르고 믿는 자는 감히 사탄이나 마귀도 근접하지 못하느니라.

〈하나님 말씀〉

# 2004년 4월

## 10,725 번째 하나님 말씀

*2004년 4월 23일 06시 48분*

1 사랑하는 나의 아들아!
2 "네, 아버님! 말씀하옵소서."
3 완벽한 나의 백성 한 사람이 세상에
나왔을 때, 그 찬란하고 위대한 역사
의 모두는 이루어진다 하였음이니,
4 그 뜻이요, 그와 같이 이루어지지 아
니하면 아니 되는 것이 무엇인 줄 알
겠느냐?
5 성령으로써 임하는 것이요, 성령으로
써 가르치는 것은 그리고 성령으로써
모두가 역사하는 것이 다 이루어지는
것이니라.
6 그러니 인간 세속의 삶의 생각과 너희
들이 성령을 가지고 그것이 섞이고 또
한 반반인 그와 같은 형태로써도 결코
무엇인가 이루어질 수 없으며 성령의
역사는 이루어질 수 없느니라, 사랑하
는 나의 아들아!
7 모든 인간적인 이론이요, 인간적인 지
식을 가지고 너희들이 깨우쳐 무엇을
이룬다는 것은 더 이룰 수도 없음이니
라.
8 그러니 성령으로써 역사하는 것이 나
의 뜻이요, 성령으로만 역사해야 됨이
니,
9 그러니 오늘의 모든 역사하는 것은 성
령으로 임하며, 순수한 성령이 임한
백성이 아니면 어떠한 것도 이룰 수가
없음이니라.
10 그 많은 백성 중에 단 한 사람이 성령
으로 임하는 그와 같은 나의 아들딸이
나오지 아니하면 아니 된다는 그 의미
를 알겠느냐?
11 인간 세상의 지식이요, 상식과 너희들
이 성령을 가지고 서로 섞인 상태에도
이는 결코 모두를 이룰 수 없다는 것
이 하늘의 법도이니라.
12 그리고 이루어질 수가 없는 것이니라.
13 너희들이 성령이 없는 인간의 믿음이
요, 인간의 생각이요, 인간의 지식이
요, 이와 같은 것을 가지고는 더욱이
너희들이 그 성령의 뜻을 알 수도 없
으며 성경의 뜻이요, 원하는 것도 듣
고 알 수가 없는 것이니라.
14 오로지 성령으로 역사하며 성령으로
가르치는 것, 성령의 불로써 세상을
다스리는 것은 성령으로만 이룰 수 있
음이니,
15 그와 같이 순수한 성령으로 임한 백성
이 없으면 절대 이룰 수 없기 때문에
내가 너희들에게 일러 줌이니라.
16 이제 나의 법전 160권이 세상에 빛을
볼 날이 머지아니하였으며, 내가 나의
아들을 통하여 160권의 성령을 세상
에 내려보낸 그 약속은 이루어지며,
이제 머지않아 그 결과는 나올 것이거
늘,
17 그를 가지고 행하고 전하는 백성들이
한 사람도 변하는 사람이 없다면 너희
들은 어찌하겠느냐?
18 그리하여 내가 지금쯤 너희들에게 이

를 바라는 것이며 이와 같은 것을 알
려 줌이니,
19 너희들 스스로 한 점의 부끄러움이 없
는 삶을 사는, 모든 뼈를 깎는 고통보
다도 어렵고 힘든 길을 간다 해도,
20 나의 아들을 따르는 제자 중에 그 누
군가는 반드시 한 사람이 나와야 됨이
니 그리 알라.
21 그리하여 내가 너희들에게 내 뜻을 전
함이니라.

## 10,726 번째 하나님 말씀

*2004년 4월 23일 06시 54분*

1 사랑하는 나의 아들아!
2 "네, 아버님! 말씀하옵소서."
3 지금의 모든 믿음의 길을 가는 그 백
성들이 온 길이 왜 잘못되었으며, 너
희들이 잘못된 길을 가고 있다 하는
줄 알겠느냐?
4 내가 성령으로 임하는 것은 순수한 성
령으로써 모두가 이루어진다 하였음
이니라.
5 그러니 성령과 인간의 지식이 반반 섞
여도 아니 되며, 너희들이 인간 상식
으로 해서도 절대 아니 되는 것이 하
늘의 이치라 그리 말하지 않았느냐?
6 그러나 지금의 모든 종교 집단이요,
지도자 너희들이 하늘의 열매를 맺을
수 있도록 그리한다 가르치면서 너희
들이 어찌 가르치는 줄 알겠느냐?
7 너희들이 성령으로써만 모두를 전하
고 가르치는 것이 아니라, 성령의 뜻
이요, 성경에 담겨 있는 비밀을 알지
못하기에,
8 세상사 너희들이 가지고 있는 지식이
요, 너희들이 살아가는 그 이야기요,
그리고 너희들이 농담과 같은 것을 섞
어 인간이 경험한 것을 가지고 멋지게
부풀리고 또 부풀려, 그를 또 꾸미고
꾸며서 너희들이 단상에서 나의 백성
들에게 전한다 하고 있으며, 그것이
설교라 하고 왔지 않더냐?
9 그러니 너희들이 나의 성령을 가르쳐
야 되는 그 속에서 인간 세속에 살고
있는 것을 섞어 첨가하지 아니하고 가
르치는 것이 없음이니,
10 그러면서 너희들은 그것을 부풀려서
누구나 들어도 그저 재미있고 즐거운
이야기처럼 꾸며서 지금 가르치고 있
는 것이 너희들의 오늘의 믿음이요,
나의 설교를 한다며 나의 뜻을 가지고
가르친다는 자들이 지금 그리 왔음이
니라.
11 그러니 나 여호와의 뜻을 그대로 전한
것이 없으며 전해진 것이 하나도 없음
이니, 그리하여 내가 너희들에게 잘못
되었다 함이니라.
12 그러니 지금 나의 아들을 통하여 내리
는 나의 법전이 무엇이더냐?
13 내가 그대로 나의 뜻을 전하여 너희들
에게 전함이니, 그리하여 이것이 귀하
고 소중한 것이라는 걸 알아야 될 것
이니라.
14 너희들이 부풀리고 부풀려 그와 같은
대화를 하고 있으며, 그와 같은 것을
가르치고 있지 않으냐?
15 그러니 그저 보기 좋고 먹기 좋은 떡
을 만들어 너희들이 하는 것처럼, 너
희들이 세상사의 지식을 갖다 집어넣

어 그와 같이 지금 나의 피조물 만백
성들을 이끌어 가고 있기 때문에,
16 그것은 너희들이 하늘의 뜻을 가르치
는 설교가 아니요,
17 농담이요, 말장난으로써 지금까지 수
천 년 동안의 세월을 흘러왔음이니,
진정한 교육이 거기에 없음이라 함을
너희들은 알아야 될 것이니라.

## 10,727 번째 하나님 말씀

*2004년 4월 23일 07시 00분*

1 사랑하는 나의 아들아!
2 "네, 아버님! 말씀하옵소서."
3 세상사의 모든 것이 첨가되어 부풀려
진, 너희들이 먹기 좋고 보기 좋은 모
양으로 생긴 그 모두를 다 가르치고
전하는 것이 너희들의 오늘의 잘못된
길이라 하였음이니라.
4 나의 아들 네가 또한 나의 성령이요,
새로운 성경을 가지고 만백성을 가르
침이니,
5 먹기 좋고 듣기 좋고 마시기 좋은 것
으로써 내가 너희들에게 가라 그리 가
르친다면, 너희들이 얼마나 좋고 편하
겠느냐?
6 그러나 내가 그와 같은 길은 절대 용
납지 아니하며, 정녕 너희들이 먹기
어려운 것을 먹으라 하며, 너희들이
듣기 어렵고 지키기 힘든 길만을 가라
함이니,
7 나의 아들을 따르는 제자 너희들이 불
행한 것 같으며, 너희들이 손해 보는
것 같으며, 너희들만이 바보 같은 인
생의 삶을 사는 것같이 느껴질 것이
니라.
8 그러나 너희들은 알아야 될 것이니라.
9 나 여호와가 내리는 것, 그리고 내가
내리는 새로운 성경이요, 나의 아들을
통하여 너희들에게 내리는 그 강론이
무엇이더냐?
10 인간 세상에 육의 삶을 위하여, 너희
들이 인간의 부귀영화를 위하여 내리
는 것이 아니니라.
11 창조주 나 여호와의 뜻이니, 이는 무
엇인 줄 알겠느냐?
12 너희들이 거듭나는 영의 양식이요, 동
시에 너희들이 나의 뜻에 따라 살아
가지 아니하고 지금까지 살아오면서
수없이 지은 그 죄를, 너희들이 타락
된 그 모두를 다 인간 세상에서 지우
며, 그 치료를 받도록 하는 것이 나 여
호와의 뜻이기 때문이니라.
13 너희들이 인간 세상에서 전하는 말이
있지 않더냐?
14 너희들은 '쓴 것은 약이요, 단것은 약
이 되지 아니한다.' 하니 쓴 약이 좋은
것이라 너희들이 그리 말하지 않더냐?
15 지금까지 너희들이 살아오면서 인간
세상에 지금 타락된 죄, 그 모두를 벗
어던지지 아니하면, 너희들이 나에게
오를 수 없는 것이며 나에게 역사할
수 없는 것이니라.
16 그러니 지금서부터라도 너희들에게
어렵고 힘든 그 길을 가라 하며, 맛이
없는 것, 남들이 먹지 않는 것을 먹고
살라 내가 너희들에게 가르치는 것이
무엇인 줄 알겠느냐?
17 내가 너희들을 사랑하기 때문이니라.
18 너희들이 육의 세상에서 지금까지 타

락되어 지은 죄요, 모든 것을 다 여기
서 벗는 그와 같은 훈련을 하지 아니
하면, 그를 벗지 아니하면 너희들이
절대 아니 되기 때문이니라, 사랑하는
나의 아들딸들아!
19 세상사에 재미있는 것을 첨가시켜 그
저 부풀려, 너희들이 지금 모든 믿음
의 길을 가는 것처럼 그저 농담 섞인
이야기요, 농담 섞인 말이요, 인간 세
상에 살아가는 이야기를 얼기설기 재
미있게 가르쳐 간다면 오죽이나 너희
들도 좋겠느냐?
20 그러나 나는 너희들에게 그를 용서할
수 없으며, 그와 같은 길을 가라 할 수
없는 것이니라.
21 나의 새로운 성경은 창조주 너희들이
말하는 전지전능한 아버지의 말씀이
며, 나 여호와의 뜻이라는 것을 너희
들은 알아야 될 것이니,
22 이는 곧 너희들이 거듭나는 그 영혼의
양식이요, 동시에 너희들이 이 세상에
서 지고 있는 모든 죄악의 그 타락된
것을 치료하는 약이기 때문이니라, 사
랑하는 나의 아들딸들아!
23 내가 너희들을 얼마나 사랑하면 어렵
고 힘든 길을 가라 하며, 인간 세상에
서 벗지 아니하면 아니 되는 것, 타락
된 인간의 죄를 벗어던지라 하겠는가?
24 너희들은 그를 벗지 아니하면 아니 되
기 때문에 고난의 길을 가야 되며 어
려운 길을 가는 것이니, 그 대가를 치
르는 것이라는 것을 알도록 하라, 사
랑하는 나의 아들딸들아!
25 결국 너희들은 어렵고 힘든 이 길이
너희들에게 내가 편안한 길이요, 너희
들이 세상의 모두를 취하고 누릴 수
있는 것을 줄 수 있음이니라.
26 그러나 너희들은 아직 치러야 할 대
가가 있으니, 그 치를 대가를 치르지
아니하고 가지 아니하면 아니 되느니
라.
27 사랑하는 나의 아들딸들아!
28 너희들이 악습을 버리지 못하며 너희
들이 버려야 될 것을 버리지 못하는
것도 너희들의 그 마음 자세요, 아직
도 너희들이 넘고 넘어야 할 그 길이
요, 너희들이 벗어야 할 죄가 있기 때
문임이니,
29 너희들이 인내하고 견뎌 스스로 설 때
까지 노력하고 또 노력하지 아니하면
아니 됨이니라.
30 나의 법전이요, 새로운 성경을 접한
너희들은 새로운 영혼의 양식을 받은
자요, 그리고 너희들이 거듭날 수 있
는 기회를 지금 얻은 자들이요,
31 그리고 더불어 너희들이 지금까지 살
아온 그 많은 죄악상을 다 털어 버리
는 그와 같은 오늘의 삶을 사는 것이
기 때문에 고통스럽고 어려운 길을 감
이니라.
32 쓰면 쓸수록 그 약의 효과가 있듯이,
쓰고 쓴 그 길을 가는 것이 너희들이
라는 걸 잊지 말라, 사랑하는 나의 아
들딸들아!

## 10,728 번째 하나님 말씀

*2004년 4월 23일 07시 08분*

1 사랑하는 나의 아들아!
2 "네, 아버님! 말씀하옵소서."

3 너희들이 구세주요, 너희들을 구원하기 위하여 모든 것을 바친 나의 아들 예수를 '주여, 주여!' 하며 구세주라 너희들이 그리 부르짖고 울부짖는 것이니라.
4 그러니 나의 아들 예수는 무엇을 이루었던가?
5 나의 아들 예수는 육체의 고난을 받았음이니라.
6 그러면서 너희들이 나의 아들 예수가 너희들의 죄를 다 사해 주었다 그리 말함이니,
7 내가 오늘 너희들에게 예를 들어 하나의 지혜를 깨우쳐 주고자 함이니라.
8 나의 아들 예수가 세상에 살아오면서 예수도 너희들처럼 인간의 형체를 가졌기에, 더러는 나에게 죄를 지었으며 나에게 실수를 한 그와 같은 나의 아들이라고 하자.
9 그러니 그 아들이 나에게 오르는 길은 그 목숨을 버리는 고통을 받으며 그와 같은 것을 치르지 아니하면 나에게 오를 수 없기에, 나의 아들 예수가 육체적인 그 고통이요, 고난을 받았다면 너희들은 과연 어찌하겠는가?
10 그러면 나의 아들 예수가 지었던 죄와 너희들이 지금 인간 세상에 살면서 지은 죄 중에 과연 누구의 죄의 비중이 높으며 누가 더 많은 죄를 지었다 말할 수 있는가?
11 너희들은 나의 아들 예수는 육적으로 죄를 지은 것이 없다 하나, 영혼이요, 영적으로 나에게 죄를 지어서 그 죄를 사하지 아니하면 나에게 오를 수 없어,
12 그 육체의 고난이요, 그 죽음으로써 나의 아들 예수가 하늘에 오르기 위한 모든 죄의 대가를 지상에서 치렀다 생각한다면, 과연 너희들은 어찌하겠는가?
13 너희들이 과연 어떠한 육체의 고난과 고통을 받아야 될 것이며, 그리고 너희들이 그와 같은 길을 가지 아니하면 아니 됨을 너희들이 생각할 수 있는 지혜는 없는가?
14 만일 너희들이 나의 아들 예수가 영적인 죄요, 육적인 나에게 용서받지 못할 그 죄를 지어,
15 그 모두를 갚고 그 모두를 대가를 치르지 아니하면 나에게 오를 수 없는 그와 같은 형국이어서,
16 그가 그 육체의 고난을 마다하지 아니하고, 그 모든 대가를 치르고 그 죄를 육에서 지상의 세상에서 사하며,
17 그것이 하늘에 오르는 길이요, 그렇지 아니하면 올 수 없어서 그가 그 모든 고난을 받고 인내했다면, 너희들은 과연 어떠하겠는가?
18 너희들은 얼마만큼 육체적인 고난이요, 고통을 받고 너희들이 치러야 거기에 오고 못 오는 것인가를 알겠는가?
19 한 번 너희들이 그와 같은 것으로써 지혜를 돌려 생각해 보도록 그리하라.
20 그와 같은 역사가 이루어졌든 안 이루어졌든, 너희들은 그와 같은 형국으로 생각할 필요가 있으니,
21 정녕 너희들이 예수의 보혈로써, 예수의 죽음으로써 너희들의 죄를 씻어 주며 너희들의 죄를 용서하기 위하여 그 고통의 육의 고난 속에서 갔다 생각하는 것만을 너희들이 강조하며 울부짖

지 말라.
22 내가 그와 같은 것이 아니라 한 뜻을
알겠느냐?
23 나는 여기서 이제 나의 아들을 따르는
제자 너희들에게 묻노라.
24 나의 아들 예수가 작은 죄를 지었으
며, 작은 나로부터 용서받을 수 없는
것이며 그 실수가 있었기에,
25 그것을 지상에서 다 지우고 나에게
오를 수 있는 길은 그 목숨을 바쳐 만
백성에게 '내가 원수를 사랑하느니
라.'
26 그리하여 너희들을 깨우쳐 주고 그 모
범을 보이지 아니하면 예수가 나에게
오를 수 없었기에 예수가 그 길을 선
택했다면,
27 오늘의 나의 아들을 따르는 제자 너희
들은 과연 예수보다 너희들이 지상에
서 지은 죄가 많은가, 적은가를 한번
생각해 보라.
28 만일 너희들이 많다면 어떠한 고통을
겪고 가야 되겠는가?
29 나의 아들 예수가, '아버님! 정녕 이
잔을 받지 아니하면 아니 되겠사옵나
이까? 이 잔을 옮기면 아니 되겠사옵
나이까? 그러나 아버님 뜻대로 하옵
소서.' 하는 예수의 그 애절한 기도 내
용을 잘 듣고 분석하라.
30 세상에 너희들이 뒤집힐 일이며, 너희
들이 지금 통곡할 일이 여기에 있음이
니라.
31 내가 나의 아들을 통하여 내리니, 나
의 아들을 따르는 제자들이요, 너희들
은 그리 생각하라.
32 예수도 육의 세상에 육을 가지고 살
면서 하나님께 작은 죄요, 영혼의 죄
를 지은 것이 있다면, 그를 그리하여
목숨을 던지는 고난 속에 '내가 원수
를 사랑하느니라.' 이것이 하늘의 뜻
이라 하는 그 역사를 이루지 아니하고
그 대가를 치르지 아니하면 예수는 나
에게 오를 수 없기에 그가 그를 통해
서 역사했다면,
33 너희들과 예수 중에 누가 더 죄가 많
으며 누가 더 영혼의 죄를 많이 지었
으며 성령의 훼방 죄를 지었는가 생
각해서,
34 너희들이 나에게 오른다면 너희들이
어떠한 고통과 역사를 치러야 되는가,
육의 세상에서 얼마만큼 너희들이 대
가를 치러야 너희들이 나에게 올 수
있는가 한번 생각해 보라.
35 너희들은 아마 몸과 피를 갈기갈기
찢어서 붙이는 그 고통을 겪고도 절대
너희들의 죄를 사할 수 없는 것이 오
늘의 너희들이거늘,
36 내가 너희들에게 하늘에 오르는 나의
양식을 내려보내 너희들의 죄악을 모
두를 용서받을 수 있는 나의 법전이
요, 행하는 것을 내려보냄이니,
37 너희들이 어떠한 마음으로 어떠한 자
세로 거듭나야 되는지를 생각해 보도
록 그리하라, 사랑하는 나의 아들아!

## 10,729 번째 하나님 말씀

*2004년 4월 23일 07시 21분*

1 사랑하는 나의 아들아!
2 "네, 아버님! 말씀하옵소서."
3 지금 수천 년 동안 그 믿음의 길을 온

백성들이 어찌했는지 알겠느냐?
4 너희들은 이 대지 위에 새로운 씨앗을
뿌림이니, 건강하며 건전한 씨앗을 뿌
려야 그는 새싹이 세상에 나와 또 그
열매를 맺음이니, 모든 백성들에게 그
은혜로 돌려주는 것이 아니더냐?
5 그러나 수천 년 동안 오는 그동안에
지금의 백성들은 싹이 틀 수 없는 썩
은 씨앗을 가지고 싹이 난다며 그걸
뿌리고 또 심는 그와 같은 역사가 6천
년 동안 반복되었다 함을 알겠느냐?
6 그러니 썩은 씨앗을 가지고 세상에 뿌
리니, 그 새싹이 날 수 없으며 열매를
거둘 수 없는 것이니라.
7 나의 사랑하는 백성 너희들이 결국 무
엇이더냐?
8 마지막에 너희들이 내가 거둬들일 수
있는 그 열매를 맺는 것이 너희들이
삶의 최종 목표이니라, 그리고 목적임
을 너희들은 알아야 될 것이니라.
9 그러니 수천 년 동안 너희들이 썩은
씨앗을 뿌려 새싹이 나오지 못하였음
이니,
10 바로 그와 같은 형국이 된 것을 오늘
의 내가 나의 아들을 통하여 내가 선
택한 그 나의 아들을 따르는 제자 너
희들이 지금 새로운 옥토 위에 새로운
싹이 날 수 있는 씨앗을 심어 가고 있
음이니라.
11 그것이 너희들이 오늘의 역사함이니,
이는 곧 무엇이라 했느냐?
12 나의 법전을 읽고 정독하지 아니하면
하늘의 이치요, 구원의 길을 볼 수 없
다 함이 여기에 있음이니라.
13 그러니 너희들이 새싹을 뿌려 그 싹이
나 세상에 너희들의 양식이 될 수 있
는 그와 같은 시대가 열어지고 있으
며, 너희들이 그와 같은 역사를 하고
있다는 것을 알아야 될 것이니라.
14 6천 년 동안 모든 백성 너희들이 나에
게 오고자 오는 그 길에 너희들이 아
무 쓸모없는 그 짐을 지고 오지 않았
더냐?
15 너희들이 한 목적지를 위해 다 같이
가되, 거둬들이지 못할 쓸모없는 짐을
짊어지고 가는 자와 너희들이 거둬들
일 수 있는 짐을 지고 가는 자의 그 차
이가 무엇인 줄 알겠느냐?
16 결국 너희들은 내가 거둬들이는 그 열
매가 되어야 하는 것이거늘, 열매가
될 수 없는 것이요, 썩은 열매가 되는
그 짐을 가지고 온 자와 열매를 열어
거둬들일 수 있는 그 열매를 짊어지고
오는 자는, 이것이 얼마나 무서운 차
인가를 아는가?
17 지금의 너희들이 6천 년 동안 흘러온
것이 아무 쓸모도 없는 열매를 짊어지
고 너희들이 힘들고 어려운 길을 나를
향하여 왔음이니,
18 그리하여 내가 열매를 거둬 받아들일
수 있는 열매를 지고 오기 시작하는
것이 나의 아들딸 너희들이요, 선택된
자들이라는 것을 알아야 될 것이니라.
19 내가 나의 아들 예수의 그 죽음을 다
시 비춰 보며 너희들이 다시 조명해
생각해 보라 하지 아니하였더냐?
20 너희들의 구원이요, 너희들을 위하여
죽어 간 그 나의 아들 예수의 보혈, 그
것으로써 너희들이 구세주요, 영광된
아버님을 대신한 자요, 더욱이 또한

나와 같은 아버지라 너희들이 그리 말
함이니라.
21 내가 너희들에게 일찍이 깨우쳐, 육을
가진 자는 신이 아니요, 육을 가지고
는 신이 존재할 수 없다 한 그 뜻을 알
겠느냐?
22 그러니 지금 나의 아들을 따르는 제자
너희들은 나의 아들 예수의 죽음을 다
시 재조명하도록 그리해야 될 것이며,
너희들에게 내가 가르쳐 준 대로 너희
자신에게 대비하여 생각하도록 그리
하라.
23 너희들을 위하여 피 흘러 죽은 것이
아니요, 너희들을 위하여 그 고통스러
운 죽음이라 너희들이 그리 말하기 전
에,
24 예수도 인간이었기 때문에, 예수도 육
을 가지고 있기 때문에 알게 모르게
그 실수한 그 작은 것들, 미미한 것,
보이지 않는 그 작은 영혼의 실수요,
성령의 실수요,
25 그리고 너희들이 육의 삶의 실수가 있
어 그와 같이 그 고통과 고난의 목숨
을 던지는 길을 던져 모두를 역사하지
아니하면 그가 올 수 없었다는 것을
너희들은 한번 생각해 본다면,
26 과연 너희들이 오늘의 지은 죄를 어떠
한 것으로써 이 지상에서 지워야 되는
가?
27 사랑하는 나의 아들아!
28 네 마음을 내가 달래고자 이 뜻을 전
함이니 그리 알라.
29 네가 지금 당장 모두의 목숨을 끊음으
로써 거듭날 수 있다 하면, 그리고 네
가 160권의 법전을 쓰고 난 다음에 너
스스로 어떠한 역사든, 네가 무엇을
이루든, 네 목숨을 모든 백성들에게
깨우치는 결과적인 하나의 선물로써
던져 네 죄를 사하고자 하는 것,
30 네가 죽어 네 그 모두를 용서받을 수
있는 그 길을 선택하고자 하는 네 마
음을 아느니,
31 그러기에 내가 그 뜻을 가르쳐 주며,
내가 그와 같은 의미를 가르쳐 주는
것이 여기에 있음이니라.
32 그와 같은 생각을 지우도록 그리하라.
33 너는 160권의 법전을 세상에 내며, 하
늘의 뜻을 기록하여 만백성에게 시적
이요, 아름다운 그 정서적인 가르침을
계속 네가 세상에 전하고 와야 될 것
이니,
34 네가 네 목숨을 바쳐 네가 가지고 있
는 죄를 용서받으려면, 그리고 그것으
로써 만백성을 깨우친 대가로써 네가
어떠한 은혜라도, 네가 은혜이기 전에
네가 죄를 용서받을 수 있다면, 그 길
을 선택하려는 네 마음을 달래고자 내
가 전함이니,
35 그와 같은 일을 두 번 다시 겪지 말라.
36 예수의 죽음이 그러했다면, 지금의 나
의 아들이 또 그와 같은 죽음의 길을
선택한다면, 두 번씩이나 그를 보는
나 여호와의 마음이 과연 어떠하기에
네가 그리 생각하는가?
37 너는 나의 뜻을 기록하고 기록하여 전
할 것이 아직도 수없이 남아 있음이
니, 그와 같은 생각을 하지 말며,
38 네가 그와 같은 마음을 먹었거든 스스
로 죽은 자라 생각하여 거듭나는 삶을
살도록 그리하며,

39 너희 제자들 또한 육에서 모든 죄의
대가를 다 벗어나는 고난의 길을 가라.
40 목숨을 던져 너희들이 죽어 가는, 살
점을 하나하나 너희들이 도려내어 용
서를 비는 그와 같은 너희들이 죄의
고해성사를 하는 마음으로 살라 그리
전하거라.

## 10,730 번째 하나님 말씀

*2004년 4월 23일 07시 28분*

1 사랑하는 나의 아들아!
2 "네, 아버님! 말씀하옵소서."
3 하늘의 이치요, 나 여호와의 뜻이요,
세상에 역사하는 그와 같은 이치를 너
는 어찌 보며 어찌 가는가?
4 그리고 모든 지금의 종교 집단 그들이
불같이 일어나는 것을 너는 어찌 보는
가?
5 "네, 아버님! 제가 그렇사옵나이다.
6 제가 저의 제자들에게 전하고 싶은 이
야기는, 아버님께서 물으시는 말을 대
답해 올린다면, 저는 감히 이리 말씀
을 드리고 싶사옵나이다, 아버님!
7 아버님께서 역사하시는 모든 것도 육
을 통하여 모두를 역사하며 모두를 바
로잡아 가고 있사옵나이다.
8 그와 마찬가지로 또한 사탄이 역사하
는 것도 바로 무엇이냐 하면, 육을 통
하여 절대적으로 모든 것을 역사한다
저는 그리 생각되옵나이다.
9 그러니 저의 제자들이 잘못되는 그
길의 마음 하나 잘못 먹음으로 육이
강성해질 때, 그 육이 번창할 때, 그
잘못 번창해지는 것은 바로 무엇이냐
하면,
10 육은 번창하되 아버님이 원하시는 영
혼이 하늘에 오르는 길은 멀어지며,
영혼은 죽어 가는 그와 같은 삶을 살
게 된다는 것을 저는 느끼고 있사옵나
이다.
11 그러니 오늘의 모든 종교 집단이요,
지도자들이 강성하며 지금 소리를 높
여 그와 같이 하는 것,
12 그것은 사탄이 육을 통하여 역사하는
그와 같은 길에 빠져 있기 때문에 모
두가 지금 잘못 가는 그와 같은 형국
으로 되어 있다 그리 생각하옵나이다.
13 아버님의 참진리요, 진정한 하늘의 뜻
을 역사하는 것은 부귀와 영화요, 육
의 강성함이요, 물질이요, 재물을 쌓
아 놓고 가는 그와 같은 것이 아니라,
14 물 흐르듯이 조용히 깨우침이 위대함
이요, 바른 진리를 받아들이는 그 변
화되는 영혼이 사는 것이 가장 크고
위대한 것이거늘,
15 지금의 모든 믿음이요, 종교 집단이
가는 것은 저희들이 사탄이 육으로써
그 육을 강성하게 육성하는 그와 같은
그들의 지시요, 그들의 가르침에 따
라, 지금 이와 같이 오늘의 세상이 혼
란케 되었다 그리 생각하옵나이다.
16 정녕 육을 통하여 아버님께서 역사하
시는 그 길을 받았더라면, 오늘은 하
늘에서 이루어진 것같이 지상의 낙원
이 이루어졌을 것을,
17 오늘에 사람이 사람을 두려워하며 말
세요, 종말이라 말할 수 있는 도둑이
들끓는 세상이요, 사람이 사람을 보기
를 겁을 먹는 그와 같은 세상이 되었

으니,
18 사탄이 육을 통하여 모두를 역사하는
그와 같은 오늘의 형국이 되었기 때문
이옵나이다.
19 육을 통하여 역사하기 때문에 육이 잘
되면 영혼이 죽는 것이요,
20 그와 같은 형국으로써 오늘의 모든 종
교 집단이요, 지도자들이 육의 부귀영
화를 위하여 육이 강성해졌음이니,
21 그것이 오늘의 잘못된 기본이요, 기틀
이라 그리 생각되옵나이다.
22 모든 핍박과 고난 속에서 거듭나는
것이며, 그리고 시련과 시련 속에서
거듭나는 그와 같은 믿음의 길을 가는
것이 아니요,
23 모두가 다 육의 세상에 사탄의 장난에
의하여, 육의 부귀영화를 위하여 그곳
에 모두가 다 빠져 있기 때문에,
24 오늘의 부귀요, 오늘의 이러한 것이
모두가 다 실패작이요, 잘못된 것이라
그리 생각되옵나이다.
25 그를 아시는 아버님이시기에, 아버님
께서 이를 바로잡으라 하시며,
26 세상의 만백성 저희들은 그것을 알지
못하고 부패할 대로 부패해 사탄의
장난에 의하여 육이 강성하는 그 부흥
을 위하여 모두가 따라가며, 그것이
하늘에 오르는 길이라 그리 가고 있는
것을 보니, 제 마음이 그리하여 저리
고 아프옵나이다.
27 사탄은 육을 통하여 역사하기 때문에,
육이 강성한 모습으로 이렇게 변할
때, 그것은 모두가 다 사탄의 장난이
며,
28 참진리요, 영혼을 위하는 길이 아니
며, 영혼은 죽어 가는 그와 같은 믿음
으로 변질되었다는 것,
29 그것이 바로 하늘에서 이루어진 것같
이 지상의 낙원이 이루어지지 못하는
것이니,
30 육을 가지고 아버님이 역사하시는 것
이냐 아니냐를 구분해야 될 것을,
31 그를 구분하며 판단할 수 있는 능력
까지도 잃어버린 백성들이 되어, 오로
지 부패 속에서 부흥의 역사를 이루
는 것,
32 그 길이 바른길이요, 하늘에 오르는
길이라며 지금 그들이 달려가고 있는
그 마음을 돌려놓고 바로잡기가 너무
나 어렵고 힘든 것이라 그리 생각되옵
나이다.
33 그리하여 160권의 법전이 세상에 나
가 그들이 읽고 읽었을 때, 부흥하는
것이 무엇이며, 부흥의 역사를 이루는
것이 어떠한 것인가,
34 아버님의 뜻에 따라 영혼이 거듭나는
그 부흥의 역사를 이루는 것이 정녕
부흥의 역사라는 것을,
35 물질에 따라서 부흥하는 것은 부패요,
영혼이 죽어 가는 세상으로, 반대 길
로 가고 있다는 것을, 영적인 것이 무
너지며 구원의 길에 멀어지며 거듭나
는 것이 멀어지는 길이라는 것을 그들
이 깨닫도록 그리하는 것이 저희들의
임무라 생각되옵나이다.
36 그러니 이 세상이 이와 같이 썩고 썩
었으며 두렵고 두려우며 무섭고 무서
운 세상으로 변해진 것이,
37 사탄이 육을 통하여 모두를 육성하여
영혼이 죽어 간 세상이요, 아버님의

진리가 죽어 가는 세상이 되었기 때
문에 오늘의 이와 같이 험악한 세상이
요,
38 이를 바로잡고자 하는 것이 아버님의
뜻이며, 거기에 쓰이고자 하여 부름을
받은 것이 저희들이라 그리 생각되옵
나이다."
39 그러하니라, 나의 아들아!
40 모두가 사탄의 육의 장난에 의하여 지
금 너희들의 영혼이 죽어 갔으며 나
의 진리가 짓밟혀 죽어져,
41 너희들이 이루어져서는 안 될 물질이
요, 명예요, 그 역사를 위하여 너희들
이 부흥할수록 부패하니,
42 이것은 영적인 부패요, 부패로써 지금
흘러가고 있다는 것이 그것임을 알라,
사랑하는 나의 아들아!

## 10,731 번째 하나님 말씀

*2004년 4월 23일 07시 33분*

1 사랑하는 나의 아들아!
2 "네, 아버님! 말씀하옵소서."
3 만백성을 살려야 하는 그 종교 지도
자요, 목회자라는 자들이 성령이 아니
요, 너희들 인간 세상의 그 상식을 먹
고 지금 뒤죽박죽이 되었음이니,
4 그들이 성령이 없으며 제자리를 바로
지키지 못하였기 때문이니라.
5 책임을 져야 될 자들이 인간 세상에
물들어 그 물을 마시기를 좋아하고
있음이니,
6 그것 때문에 너희들이 나 여호와의 뜻
이요, 하늘의 뜻을 절대 알지 못하며
전하지 못함이니,
7 영혼을 살리는 양식을 전할 수 없는
것이 오늘의 목회자요, 목사요, 종교
지도자 너희들이니라.
8 그러니 너희들이 영적인 기근에 지금
도달했으며,
9 나의 영혼은 시달리고 시달려 설 자리
가 없으며 지탱할 자리가 없도록 너희
들이 모두가 밀어붙이며, 그와 같이
고통을 주고 있는 것이니라.
10 오로지 외적인 것, 외부로 보이는 것
에만 치우쳐 너희들이 성령을 받았다
말하며,
11 그리고 만백성을 인도하는 것이 너희
들이 축복받는 길이요, 하늘에 오르는
길이라 하는 이러한 것에 너희들이
지금 치우쳐 달려가는 것이니, 그건
또한 무엇이더냐?
12 너희들이 그 면죄부를 해 주기 위하
여, 재물을 받고 면죄부를 팔아먹기
위해 사람을 긁어모으는 형국을 하고
있다 하지 아니하였느냐?
13 그러니 지금의 모든 성령으로써 나의
피조물 만백성을 인도한다는 자들이
그 모두가 세상 물에 물들어 있으며
세상의 단물을 먹기에 정신이 없음이
니,
14 바로 나의 피조물 만백성 너희들이
영적인 기근에 시달리고 있으며,
15 그리하여 더 이상 너희들이 구원의 길
을 볼 수 없을 만큼 너희들을 무너트
리고 그리 썩게 만든 자들이 그들이
니라.
16 그러니 나 여호와의 지혜요, 나의 뜻
은 전혀 찾아볼 수가 없는 것이요, 그
리고 나와는 관계없는 오늘의 신앙생

활로 가고 있음이니,
17 그것조차도 모르고 달려가는 것이 나
의 어리석고 불쌍한 백성들이니라.
18 그러니 영적인 고갈이요, 영적인 기근
에 고통받고 시달려 다시 구원을 반
을 수 없으며 하늘의 뜻을 볼 수 없는
그 백성들,
19 마지막 꺼져 가는 그 촛불에 기름을
부어 그들을 살리는 것이 너희들임을
알라.
20 오늘의 지도자들이 잘못되었으며, 지
도자들이 그저 단물만 먹고 사는 자들
이요, 세상 것을 빨아먹기에 정신이
없는 자들이 어찌 영혼을 구하며 영혼
을 살린단 말이더냐?
21 너희들이 영혼의 양식을 전달하지 못
하며 영혼의 양분을 전달하지 못하기
에,
22 지금 모두가 다 너희들이 물과 양분
을 주지 아니하여 시들어 가는 풀잎
처럼 모두가 시들시들 다 죽어 가며
기근 상태에 있으니,
23 거기에 너희들이 나의 새로운 법전으
로써 그들에게 양식을 주어야 되며
영혼의 양식을 주어 병을 치료하고 고
치도록 그리하라, 사랑하는 나의 아들
딸들아!
24 이제 때가 다 되었으며 시간이 없느니
라.
25 이마저 때가 지나면 기근에 시달리는
그 풀잎은 말라죽듯이, 말라죽어 뿌리
까지 죽으면 그를 살릴 수가 없음이니,
26 지금 그래도 뿌리라도 남아 있는 이때
너희들이 양분을 공급하여 그들을 살
리도록 그리하라, 사랑하는 나의 아들
딸들아!
27 세상 물을 빨아먹고 단물을 먹기에 빠
져 있는 목자들이 계속 그들에게 빨아
먹기만 하니,
28 영양은 공급하지 못하며 빨아먹기만
한 그 흡혈귀들을 차단하며, 그들을
유황불에 던져 버리는 그 역사의 책임
이 너희들에게 있다는 것을 잊지 말
라, 사랑하는 나의 아들딸들아!

## 10,732 번째 하나님 말씀

*2004년 4월 23일 09시 25분*

1 사랑하는 나의 아들아!
2 "네, 아버님! 말씀하옵소서."
3 너희들이 높은 나무를 오르고자 함이
니, 오르는 기술이 없는 그 사람이 어
찌 그 나무를 올라갈 수 있겠느냐?
4 그러니 그가 그 나무를 정복하며 올라
갈 수 있는 것은 많은 노력과 훈련을
거듭함으로써 그는 결국 오를 수 있는
것이 아니더냐?
5 그러니 지금 나의 법전이요, 새로운
성경이 세상에 내려가는 것은, 너희들
이 오를 줄 모르고 기술이 없는 그와
같은 자에게 나무를 오를 수 있는 기
술을 가르쳐 주며 그 모든 진리의 뜻
을 깨우쳐 주는 것이 바로 새로운 성
경임을 알라.
6 오늘의 모든 믿음의 길을 가는 종교
집단 지도자 너희들이 어떠하던가?
7 너희들은 오르려 하지 말며, 노력하
지 말라, 손발이 터지고 아픈 그 노력
을 뭐라 하느냐?
8 그대로 너희들이 바라만 보고 있으면,

나 여호와가 너희들이 그 나무를 정복
할 수 있도록 올려다 줄 것이거늘, 하
며 그와 같이 가르치는 것이 오늘의
종교 집단이요, 지도자들이니라.
9 그러나 나는 너희들에게 절대 그리하
지 아니하며, 그와 같은 역사는 없음
이니라.
10 너희들이 스스로 노력하여 그 나무를
오르는 기술을 배우는 것이 너희들이
나에게 오르는 길이요, 너희들의 할
일이지,
11 내가 너희들을 그저 그 나무에 오를
수 있도록 정상에 올려놓는다는 그와
같은 너희들의 오늘의 믿음이기에 잘
못되었으며,
12 나의 피조물 만백성이 올려 주기만 바
라다 그저 생명을 마치는 그 어리석
은 백성이 되었음을 알라.
13 너희들은 지금 어떠한 것이라 하였느
냐?
14 수영을 하여 강을 건너는 기술을 가르
치지 아니하고 기술 없는 백성들에게,
뛰어들라, 뛰어들라, 그러면 너희들을
나 여호와가 구원해 줄 것이며 강뚝에
갖다 놓을 것이라 하여,
15 너희들이 물고기 밥이 되며 죽어 가는
그와 같은 형국이 오늘의 믿음이라 하
였음이니라.
16 그러니 너희들은 노력이요, 너희들이
스스로 구하는 것은 하지 아니하며,
그저 믿기만 하면 된다는 그와 같은
믿음으로 가기에,
17 나의 피조물 만백성이 하늘에 오를 자
요, 구원을 받을 수 있는 그 백성들마
저도 모두가 다 지금 나에게 오르지
못하며, 너희들이 가서는 안 되는 그
지옥 불로 가는 그와 같은 형국이 되
었다 함이니라.
18 그러니 사랑하는 나의 아들을 따르는
제자들이요, 나의 법전을 읽고 깨우친
만백성, 너희들은 나의 법전을 정독하
고 깨우쳐, 스스로 모두를 깨우치도록
하라.
19 지금 내가 법전을 내려보내는 것이 무
엇이더냐?
20 너희들이 높고 높은 그 하늘이요, 나
여호와에게 오르는 그와 같은 것을 내
가 너희들에게 가르쳐 주고 다 그를
내려보냄이니,
21 이를 읽고 깨우쳐 터득하여 너희들이
오르는 것은 너희들의 노력이요, 수고
로움에 있다는 것을 잊지 말라.
22 너희들이 그 높고 높은 하늘에 그곳을
오르는 것, 너희들이 인간의 노력으로
써 인간의 그 죄를 안고는 올 수 없는
그곳,
23 그 모두를 너희들이 버리고 지워 버리
는 그와 같은 노력으로써만 올 수 있
는 그 길을 너희들이 올 수 있도록 그
모든 기본이요, 근본을 내려보내는 것
이 나의 새로운 성경이니라.
24 그러니 나의 새로운 성경을 읽고 깨우
쳐 너희들이 오르는 그 기술을 터득하
여 스스로 오르도록 하여, 너희들이
그 영광을 얻도록 그리하라, 사랑하는
나의 아들딸들아!
25 너희들이 노력 없이, 그 피나는 수고
로움이 없이는 결국 아무것도 얻을 수
없으며 이룰 수 없다는 하늘의 이치를
깨닫도록 그리하라.

## 10,733 번째 하나님 말씀

*2004년 4월 23일 09시 29분*

1 사랑하는 나의 아들아!
2 "네, 아버님! 말씀하옵소서."
3 너희들이 성경 공부를 하며, 헌금을 바치며 그 믿음의 길이요, 신앙의 길을 가는 궁극적인 목적이 무엇이더냐?
4 너희들 스스로가 구원이라는 것이요, 구원을 받기 위한 것이 너희들의 오늘의 믿음이 아니더냐?
5 그러니 너희들이 예수를 통하여 전하고자 한 내가 역사하고자 한 것, 이를 발견하고 찾고 이를 알려 노력하는 수고로움이 없이 너희들은 결코 그와 같은 것이 이루어질 수 없는 것이니라.
6 내가 나의 법전이요, 새로운 성경에 기록하여 너희들에게 전함이니, 너희들이 구원의 길을 위하여 오늘의 믿음이요, 신앙생활을 한다면, 너희들이 그 길을 얻고자 한다면,
7 너희들은 내가 나의 아들 예수를 통하여 전하고자 한 것, 그리고 내가 그 뜻을 이루고자 했던 것을 찾아 발견하고 그 의미를 알아야 될 것이며,
8 더욱이 너희들은 예수가 어떠한 삶을 살았는가, 그것을 알기 위한 노력이요, 그 노력 없이는 아무것도 이룰 수 없으며 볼 수 없음을 알라.
9 네 죄를 대속해 주고 너를 구원해 주기 위하여 보혈을 흘렸다 생각하지 말라.
10 그것은 너희들의 망상이요, 너희들의 다 부질없는 꿈이니라.
11 나의 아들 예수가 어떤 사람이었으며, 나의 아들 예수가 사람으로서 어떠한 삶을 살았으며, 너희들과 똑같이 육을 가진 나의 아들 예수가 과연 그 생애를 어찌 살았는가?
12 너희들은 그 살아옴을 알아야 될 것이며, 그를 연구하지 아니하면 절대 알 수 없음이니라.
13 너희들의 오늘의 그 믿음이 무엇이더냐?
14 나의 아들 예수가 인간의 형태로써 살아온 삶을 알고 연구하고 그것을 너희들이 발견하여 찾는 노력을 하지 아니하고,
15 너희들은 그저 십자가라는 것을 네 주변에, 그저 네 방에 모두를 매달아 놓고 걸어 놓고 너희들이 그를 바라보는 것,
16 그리고 예수의 사진을 걸어 놓고 십자가 사진을 걸어 놓고 너희들이 거기서 정성이요, 모두를 다 바치는 것이 너희들의 믿음이요, 하늘에 오르는 길이라 착각하고 있음이니,
17 너희들이 이 착각과 환상에서 벗어나지 아니하면 아니 됨이니라.
18 너희들이 십자가를 네 주변에 많이 걸어 놓는다 하여, 너희들이 십자가의 사진을 많이 붙여 놓고, 나의 아들 예수의 사진을 많이 붙여 놓고 쳐다보고 바라보는 것으로써 너희들이 정성을 다하는 것이며, 믿음을 다하는 것이며, 하늘에 오르는 길을 얻는다 그리하지 말라.
19 그러면서 너희들은 나의 아들 예수의 그 보혈로써 구원을 받았다 하는 그 생각에서 벗어나라.

20 다만, 너희들이 구원의 길을 보고자
한다면 나의 아들 예수가 어떠한 삶을
살았는가, 그 삶을 닮고 그를 알고자
최선의 노력을 다하며 그를 발견하는
데 모두를 다 바치라.
21 사람으로서 살아간 나의 아들의 삶을
들여다보지 아니하면 너희들은 결코
아무것도 볼 수 없음이니 그리 알라.
22 순수한 마음으로써 너희들이 그것부
터 들여다보며 그것을 알고자 한다면,
23 너희들이 성령의 그 뜻을 알며 내 뜻
을 알게 되며, 하늘의 뜻과 하늘의 이
치를 깨닫는 지혜를 거기서 얻게 될
것이니,
24 그때부터 너희들이 거듭나는 백성임
을 알라, 사랑하는 나의 아들딸들아!

## 10,734 번째 하나님 말씀

*2004년 4월 23일 09시 34분*

1 사랑하는 나의 아들아!
2 "네, 아버님! 말씀하옵소서."
3 내 마음이 얼마나 아프고 저려 오는지
너는 알고 있지 않으냐?
4 "네, 아버님! 그리 알고 있사옵나이다.
5 수천 년 동안 믿음의 길을 오며 예수
께서 세상에 와 죽음으로써 못 박히면
서 전하고자 했던 그 심정이요, 그 마
음은 전혀 들여다보지 아니하는 것이
오늘의 믿음이요, 믿음의 길을 가는
백성들의 자세이니,
6 예수님께서 돌아가시면서 전하고자
했던 그 아픈 심정을 그 누가 알겠사
옵나이까?"
7 사랑하는 나의 아들아!
8 "네, 아버님!"
9 예수가 죽어 가는 죽음의 그 길이요,
십자가에 못 박혀 죽지 아니하면 아니
되는 그 심정이요, 그 상황의 절박함
을 너는 알아야 될 것이며, 너의 제자
들은 그를 들여다보며 그를 연구해야
될 것이며,
10 그와 같은 상황이 왜 이루어졌으며,
그와 같은 길을 가지 아니하면 아니
되었는가 그것을 너희들은 연구하고
그 상황이요, 그 시대를 들여다봐야
될 것이니라.
11 지금의 모든 믿음의 길을 가는 백성들
이 예수의 그 심정과 그 상황과 그 절
박함 그 모두는 뒷전으로 하고,
12 예수가 그저 십자가에 죽어 가는 그
과정만을 장황하게 공부하고 성경에
서 깨우쳐 주고 전하는 것이 아니더
냐?
13 예수를 누가 죽이도록 했으며, 어찌하
여 예수가 죽게 되었으며, 그저 예수
가 누구로 하였든 모함을 받아 죽었다
하며,
14 그와 같이 이루어진 하나의 과정만을
너희들이 장황하게 공부하고 연구하
는 것이지,
15 너희들이 나의 아들 예수가 그와 같이
죽어 가지 아니하면 아니 되는 그의
심정과 그 당시의 절박했던 그와 같
은 상황이요, 그 여건의 모두는 파헤
쳐 너희 것으로 만들며 공부하는 자가
없음이니라.
16 다만, 예수를 누가 팔았으며, 몇 냥에
팔았으며, 그리고 누가 그를 매달았으
며, 그가 죽음을 어찌했으며 그를 어

찌했다는 것,
17 너희들이 그 상황만을 장황하게 떠들
고 공부하는 것이지, 죽어 가야 되는
그 과정에 대한 것은 연구하는 자가
없음이니라.
18 그러니 그와 같이 그 자체만을 가지
고 너희들이 지금 공부하는 것이니라.
19 예수가 죽어 가는 그 일련의 과정만
을 가지고 거기에 매달려 너희들이 연
연하는 것이니,
20 너희들이 정녕 예수가 죽어 가야 했
던 그 심정과, 그 절박하며 그를 모면
하지 못하였던 그 상황이요, 그 모두
를 알아야만 너희들이 속을 아는 것
이요,
21 지금의 너희들이 그 흘러간 장황한 역
사요, 누구나 다 기록하여 알 수 있는
한 과정만을 가지고 연연하고 매달려
공부하는 것은 빈 껍데기만을 가지고
너희들이 믿음이요, 그 신앙의 길을
가는 것이니라.
22 여기서 너희들은 헤어나지 아니하면
아니 됨이니라.
23 그러니 속과 알맹이는 다 버리고 겉만
가지고 그리 매달리는 것이 오늘의
십자가를 매달아 놓으며, 십자가를 네
주변에 놓고 너희들이 제 소원이나 비
는 기복신앙이 되어 버린 것이 아니더
냐?
24 그러니 십자가를 놓고, 십자가를 붙여
놓고 너희들이 제 소원을 빌고 매달림
이니, 너희들이 돼지머리 놓고 절하는
그것과 무엇이 다르더냐?
25 너희들이 절에서 부처를 깎아 놓고 부
처 앞에 절하여 소원을 비는 자들과
무엇이 다르던가?
26 하나도 너희들이 다른 것이 없다는 것
을 알라.
27 사랑하는 나의 아들딸들아!
28 이제 나의 아들을 따르는 제자 너희
들은 예수의 그 심정을 들여다보며,
그 절박했음을 들여다보며, 내가 등을
돌려야 했던 것을 들여다보며,
29 예수가 간곡히 기도했던, 그 잔을 받
지 않고자 했던 그 상황이요, 그 모두
를 들여다보는 알맹이 공부를 하라.
30 알맹이가 있는 공부를 해야지, 겉만
을 가지고 알맹이 없는 것을 가지고
매달리는 오늘의 신앙이요, 믿음에서
는 아무것도 알 수 없으며 얻어질 수
없는 것이라는 것을 알라, 사랑하는
나의 아들아!
31 너희들이 인간 세상에 자식을 가르침
이니, 너희가 몇 살에 태어나 어찌 자
랐다며 그것을 가르치는 것과,
32 너희가 어렵고 힘들 때 어찌 이겨 냈
으며 어찌 견뎌 냈는지를 너희 자식
에게 가르치는 것 중에,
33 어떤 것이 산 교육이요, 그들의 삶의
길잡이가 되는가를 한번 알아보라.
34 너희가 몇 살에 나서 어찌 살고 어찌
결혼하여 자식을 낳았다는 그와 같은
평범한 것으로써 과연 그 부모의 삶
을 보고 자식이 바로 가겠는가?
35 역경에서 힘들고 어려울 때마다 그를
어찌 견디고 인내했는가 그것을 손에
쥐여 주듯이 가르쳐 주는 것이 그 자
식에게 하는 올바른 교육이 아니더냐?
36 모두가 다 겉만을 보고, 알맹이가 없
는 것을 보고 지금 울고불고 너희들이

가는 믿음이요, 신앙이니,
37 이것을 바로잡고자 하는 것이 나 여호
와의 뜻이요, 바로잡는 데 너희들이
필요한 것임을 알라, 사랑하는 나의
아들딸들아!

## 10,735 번째 하나님 말씀

*2004년 4월 23일 09시 38분*

1 사랑하는 나의 아들아!
2 "네, 아버님! 말씀하옵소서."
3 구약 시대요, 신약 시대를 흘러오면서
나의 사랑하는 백성들 중에 가장 축복
된 것이요, 영광된 백성이요, 그 모든
은혜를 받은 백성이 어떠한 백성이라
내가 하였느냐?
4 바로 지금 나의 아들을 따르는 제자들
이요, 그리고 나의 법전을 접하며 나
의 강론을 듣는 너희들이요, 이와 같
이 나의 법전을 가지고 연구하는 너희
들이 이 땅이요, 이 세상에서 가장 축
복된 영광이요, 가장 은혜 받은 백성
이라 함을 잊어서는 아니 될 것이니라.
5 너희들이 나의 법전을 읽고 깨우침으
로 무엇을 하는가?
6 스스로 너희들의 죄가 무엇인가 알며,
의가 무엇인가 알며, 벌이 무엇인가를
깨닫고 있지 않더냐?
7 성경에 기록된 그와 같은 내용 모두
를 다 너희들이 나의 법전을 읽고 깨
우치면서 알게 될 것이며,
8 심판이 무엇이요, 심판은 어찌 되는가
를 모두를 알고 있지 않더냐?
9 그러니 땅과 하늘과의 교통하는 그 모
두를 알고 있으며, 하늘의 뜻을 알고
있으며, 지상의 역사하는 것을 알고
있음이니,
10 너희들이 이와 같이 하늘과 땅의 비밀
을 다 알고 있는 백성이 아니더냐?
11 그러니 하늘에서 가장 귀하고 가장 소
중한 보화를 그득히 담아 가지고 있는
것이 지금 나의 아들을 따르는 제자들
이요, 법전을 읽고 깨우친 만백성 너
희들이라는 것을 알라.
12 어떠한 귀중한 진주요, 보배도 이와
같은 것은 없음이니라.
13 나의 법전을 접하는 그것만이 너희들
이 하늘에 오르는 길이니라.
14 더욱이 너희들이 참진리요, 진주를 그
득히 담으면 무엇하던가?
15 그를 쓸 줄 모르며 그게 가지고 있는
가치를 모른다면 너희들은 아니 되나,
16 너희들은 나의 법전을 읽고 깨우치면
서 그 진주의 귀함을 알며, 관리할 줄
알며, 다스릴 줄 알며, 그를 지키는 것
을 아는 그와 같은 오늘의 그 깨달음
속에서 살아가는 나의 백성들이니,
17 너희들보다 더 위대하고 큰 은혜요,
축복을 받은 백성이 없다는 것을 절대
잊지 말라.
18 그러니 너희들이 나로부터 받은 은혜
요, 축복에 대하여 너희들이 무엇으로
써 나에게 돌리겠는가?
19 인간 세상에서도 너희들이 모르는 자
가 너희들을 수없이 끝없이 도와줄
때, 너희들은 무엇인가 보답을 하고자
하는 것이며,
20 보답을 하지 아니하면 스스로가 고통
스러우며 괴로운 것이니, 무엇인가를
너희들이 보답하고자 하는 것이 아니

더냐?

21 너희들이 은혜가 넘치면 인간 세상에서 생명이라도 바쳐 그 은혜에 보답을 하고자 하는 것이 너희들 인간의 마음이니,

22 이 세상 수천 년 동안 흘러오는 그 백성들 중에서 가장 큰 축복이요, 영광을 받은 백성들이요, 그 누구도 가질 수 없는 하늘의 보배를 그득히 받은 너희들이 과연 어떠한 것으로써 나에게 보답할 수 있는가?

23 작은 거짓말도 하지 말라 함이니라.

24 그리고 작은 거짓말도 하지 말며, 너희들이 두마음을 갖지 말라는 것이며, 그리고 죽은 자가 되는 삶으로 사는 것이 너희들이 나에게 받은 은혜에 보답하는 길이요,

25 그 그득한 보화요, 진주에 대한, 너희들이 그 상을 받은 것에 대한 보답하는 길이라는 것을 그리 전하라, 사랑하는 나의 아들아!

## 10,736 번째 하나님 말씀

*2004년 4월 23일 09시 43분*

1 사랑하는 나의 아들아!

2 "네, 아버님! 말씀하옵소서."

3 성서에 기록하여 너희들에게 전하기를, 참진리요, 구원의 길을 보았으며 구원받았다 생각하며 구원을 받았다 말하는 자, 그리고 참진리의 길을 가고 있다는 자, 그 모두는 어찌하라 했느냐?

4 참진리요, 구원의 길이요, 하늘의 진주를 발견했을 때, 너희들은 모두를 다 팔아 그를 지키고 너희들이 구하도록 하라는 것이 하늘의 뜻이라 하지 아니하였더냐?

5 이제 너희들이 그 모두의 참진리를 구했으며 참진주를 구했다면, 그 구원의 길을 보았다면,

6 너희들이 그 모두를 던져 그를 지키고 행하라.

7 참진리의 구원의 길에 섰다면 너희들은 그를 지키고 그를 역사하기 위하여 너희들의 모두를 다 팔아 그 값진 것을 사라 너희들이 성경에 기록하여 전했음이니라.

8 그러니 너희들이 진주의 보화가 묻힌 그 땅을 발견했으면 모두를 팔아 그를 다 사라 하였음이니,

9 사랑하는 나의 아들아! 이와 같은 가르침이 과연 어떠한 것이더냐?

10 "네, 아버님!

11 아버님께서 성경에 기록하신 그 뜻을 모르는 자, 모두는 저희들이 믿음의 길을 가는 자니, 그리고 믿음의 길을 가는 자는 참진주요, 진리를 보았음이니,

12 제 가지고 있는 재산이요, 제 모두를 다 팔아 그 모두를 바침으로써 그것을 사는 것이라 그리 가르치옵나이다.

13 그러니 그것이 도둑들이요, 그것이 사탄이라 저는 그리 생각되오며, 그들이 아버님의 뜻을 모르기에 그리 전하는 것이요,

14 그리 잘못 전하기에 이 세상이 이리 험악하여, 160권의 법전이 세상에 내려오는 어렵고 어려운 이 길을 간다 생각하옵나이다."

15 사랑하는 나의 아들아!
16 그러면 너희들은 참진리가 묻혀 있는
밭을 발견했으면 그 모두를 다 팔아
그 밭을 사라 했으니, 그 뜻이 무엇이
더냐?
17 "네, 아버님! 그렇사옵나이다.
18 지금 아버님께서 내리시는 새로운 성
경이요, 이 법전이야말로 그 밭 속에
묻혀 있는 금은보화요, 진주보다도 더
소중하고 귀한 것이옵나이다.
19 그러니 이걸 사기 위해서 저희들이 가
지고 있는 재산이요, 모든 재물을 다
바쳐 이 길을 가는 데 모두를 다 바치
며, 법전을 내는 데 모두를 다 바치라
는 그와 같은 뜻으로 종교 집단 지도
자는 그리 가르칠 것이며 그리 유도할
것이라 생각되옵나이다."
20 그러나 과연 너는 어찌 생각하는가?
21 "아버님! 그것이 아니옵나이다.
22 참진리를 발견했으며 구원의 길을 봤
으며 아버님께서 내리신 이 새로운
성경이요, 새로운 법전을 봐 하늘에
오르는 길을 알았다면,
23 그 모두를 다 팔아 이걸 사라는 것은
가지고 있는 재물이요, 시간이요, 그
모두를 바치라는 것이 아니라,
24 지금까지 저희들이 살아오며 짓고 있
는 수많은 죄들을 다 일순간에 버리며
그를 팔아 버리라 하는 말씀이라 그리
들으며, 그를 버리라 하는 말씀이라
저는 그리 알고 있으며,
25 아버님께서 하신 뜻이 또 그러한 것이
라 생각되옵나이다."
26 그러니라, 사랑하는 나의 아들아!
27 너희들이 지금 참진리요, 나의 법전을
봤으며 이것이 하늘의 뜻이요, 창조주
의 뜻이라면,
28 너희들이 하늘의 진주를 봤으니 그 진
주를 사라는 것은, 너희들이 재물을
바치며, 네 시간을 바치며, 네 육신의
모두를 다 바쳐 나의 법전을 만들어
세상에 전하라는 것이 아니라,
29 너희들이 지금 가지고 있는 그 죄의
모두를 다 팔아 버리라는 것이며 그를
다 던져 버리라는 것이니라.
30 그를 팔라 함이니, 내 뜻을 네가 알고
있으니, 너의 제자들에게 그리 가르치
고 깨우쳐 주도록 하라.
31 너희들이 진주를 발견했으며, 하늘에
오르는 참진리요, 성서를 새로운 성경
을 발견했으니,
32 지금까지 너희들이 살아오면서 짓고
온 온갖 죄요, 그 모두를 다 팔아 버리
며 그 모두를 다 던져 버리라는 것이
니라.
33 너희들이 던져 버리고 놓으라는 것이
내가 너희들의 모두를 다 팔아 이를
구하고 이 길을 가라는 가르침이지,
너희들이 재물을 바쳐 무엇을 역사하
라는 것이 아니니라.
34 그러니 오늘의 종교 집단이요, 목자들
이 다 도둑이 되어 버렸으며 도둑의
괴수들로 되었다 함을 알겠느냐?
35 양의 탈을 쓴 이리들이니라.
36 그들이 죄를 짓고 있음을 모르는 것,
제가 모르기 때문에 그 모든 소유물을
팔아 모두를 다 바쳐 저희들의 교회
요, 제 앞에 바치라는 것이라 그리 가
르침이니, 그게 아니니라.
37 너희들이 참진리요, 나의 법전을 접하

는 그 순간에 너희들의 모두를 다 팔
아 이를 구하라는 것은, 재물로 하는
것이 아니요,
38 네가 가지고 있는 악습이요, 그 못된
습관이요, 죄지은 그 죄를 다 일순간
에 너희들이 팔라 함이니,
39 두 번 다시 그와 같은 행위를 하지 않
도록 팔아 버리라는 것이 나 여호와의
가르침이요, 뜻이라는 것을 만백성에
게 전하라.
40 그러니 성서의 가르침을 얼마나 너희
들이 왜곡되게 가르치고 가고 있는가?
41 내 뜻을 아는 것은 하늘의 뜻이요, 천
사의 길을 가도록 가르치며, 내 뜻을
모르는 것은 너희들이 사탄이요, 도둑
이요, 거짓말쟁이요, 사기꾼이 되는
것이라는 것을 이제 알았느냐?
42 그러니 오(O)와 엑스(X)의 그 답을 구
분하지 못하는 자, 바로 그 무서운 차
이가 있기 때문이니라, 사랑하는 나의
아들딸들아!

## 10,737 번째 하나님 말씀

*2004년 4월 23일 10시 05분*

1 사랑하는 나의 아들아!
2 "네, 아버님! 말씀하옵소서."
3 너희가 나의 법전을 접하니, 구원의
길이요, 참진리요, 나 여호와의 뜻이
요, 진주를 구했으니, 비진리로 지금
까지 왔던 그 모두의 삶을 너희들이
다 버리지 아니하면 아니 됨이니라.
4 그리고 너희들이 살아온 악습이요, 그
모두를 다 버리고 너희들은 새로운 길
로 들어서지 아니하면 절대 아니 됨을
알라.
5 너희들이 나의 성령이요, 새로운 성경
을 접해서 하늘의 뜻을 알았다면, 그
를 너희들이 깨달은 백성이라면,
6 지금까지 살아온 너희들의 그 모든 잘
못됨을 다 일순간에 버리는 그와 같은
변화가 없이는 너희들이 구원될 수 없
기 때문임을 알라.
7 그것이 바로 너희들이 모두를 다 팔아
버리라 함이니라.
8 그렇지 않으면 내 품에 너희들이 안길
수 없으며 나에게 오를 수 없다는 것
을 명심하고 또 명심해야 될 것이니라.
9 오늘의 믿음의 길을 가는 백성 너희들
이 그 믿음의 근본이 무엇이더냐?
10 안식일이라는 것을 너희들이 지켜 그
종교 지도자의 강론이요, 설교를 들으
며 헌금을 열심히 갖다 내고 너희들이
십일조를 열심히 갖다 바치는 것,
11 그것이 너희들이 바른 믿음이요, 참신
앙이요, 너희들이 하늘에 오르는 길이
라 생각하고 있음이니,
12 과연 너희들이 그와 같은 믿음으로 오
면서 지금 구원을 받았다 생각하고 확
신하는가?
13 너희들이 말로써는 구원받은 자요, 구
원받았다 하나, 너희 자신이 확신하지
못하고 있느니라.
14 그러니 너희들이 정녕 구원을 받고자
한다면, 그리고 나의 법전을 접하며
새로운 성경을 접한 백성 너희들은 지
금까지 살아온 그 모든 죄의 뿌리를
빨리 뽑아 버리며, 버리지 못하면 아
니 됨이니라.
15 그러니 그와 같은 것을 아무것도 버리

지 못하고 뿌리를 뽑지 못하고 너희들
이 지금까지 온 그 믿음의 길을 그대
로 간다면, 아무것도 이루어질 수 없
는 것이니라.
16 그러니 지금 믿음의 세상에 접해 있다
살다 온 나의 아들을 따르는 제자들이
지난날의 너희들의 그 신앙이요, 그
모두를 일순간에 지금 버리지 아니하
며 털어 버리지 아니하면 너희 또한
변할 수 없음을 알라.
17 나의 법전을 접했으니, 너희들이 과거
의 믿어 오던 그 믿음이요, 그 신앙의
생활을 완전히 뽑아 버리고 일순간에
지워 버리라.
18 그 모두를 팔아 버리지 아니하면 너희
들이 거듭나는 길을 볼 수 없음이니라.
19 그리고 나의 법전을 읽고 깨우친다 해
도 너희들이 돌아설 수가 없으며 너희
들이 변화될 수 없음이니,
20 악의 뿌리를 뽑지 못하기 때문이니,
그 모두를 일순간에 다 지워 버리는
그와 같은 거듭나는 삶으로 이루라.
21 그리하여야만 너희들이 모든 걸 이룰
수 있을 것이라는 것을 전하라.

## 10,738 번째 하나님 말씀

*2004년 4월 23일 10시 12분*

1 사랑하는 나의 아들아!
2 "네, 아버님! 말씀하옵소서."
3 지금까지 믿음 속에서 살아왔던 너희
들이 나의 아들을 따르며 나의 법전을
접함이니라.
4 그러니 너희들이 모든 지금 확신했던
그 지난날의 믿음이요, 그 신앙생활
모두를,
5 나의 법전을 접하며 이게 정녕 나 여
호와의 뜻이요, 하늘의 뜻이라 하면,
너희들 자신이 믿어 왔던 그 믿음을
너희 스스로 모두를 다 지워 버리고
버리지 아니하면 아무도 너희들이 거
듭나는 기회를 볼 수 없다는 것을 알
라.
6 나의 법전을 읽는 순간에 너희들이 모
두를 다 버리지 아니하면 아니 됨이니
라.
7 참진리의 길이요, 나 여호와의 뜻을
너희들이 알았다면, 무엇 때문에 너희
들이 지금까지 왔던 그 믿음이요, 그
믿음의 세상의 흐름을 버리지 못하고
연연하는가?
8 이는 너희들이 말로는 나 여호와의 뜻
이요, 나의 법전이 참진리요, 하늘의
뜻이라 말하나,
9 너희들 마음속 깊은 곳에 아직 믿음이
부족하며, 그를 믿지 못하기 때문에
너희들이 버리지 못하지 않는가?
10 너희들은 참진리의 길을 알았다면, 나
의 뜻을 안다면, 무엇이 두려워서 모
두를 버리지 못한단 말이더냐?
11 버리는 그와 같은 너희들이 결단이 없
이는 아니 됨이니라.
12 너희가 지금까지 온 그 믿음의 길이
하늘에 오르는 길이 아니요, 죄의 연
속이었다는 것을 너희들은 알라.
13 그리하여 너희들이 나의 법전을 읽고
오면서 너희들이 변화되고 깨닫는 것
이 무엇이더냐?
14 너희들이 지금까지 왔던 삶이 죄인 줄
모르던 것이 다 죄요, 잘못되었다는

것을 아니, 너희들이 그 죄를 지워 버
리며 그 악습을 버리려 지금 수없는
노력을 하지 않느냐?
15 그리하여 아무리 너희들이 마음을 굳
혀 보고 또 마음을 다져 먹어 보며, 죄
를 짓지 아니하고 악습을 버리며, 선
한 백성으로 살아보려 해도, 그리고
버리려 해도,
16 또 버리고 버려도 너희들이 그 버릴
것이 또 남아 있으니,
17 너희들이 버리는 것이 깊이 들어가면
들어갈수록 너희들이 버려야 될 것이
더 깊은 마음속에 남아 있으며, 계속
전진할 때마다 아직도 버릴 것이 너희
들에게 남아 있으니,
18 너희들의 마음의 고통이요, 그 아픔을
나는 알고 있느니라.
19 너희들이 다 버렸다 생각하며 뒤돌아
보면 또 버릴 것이 남아 있으며, 또 살
다 보면 버릴 것이 또 튀쳐나오니,
20 너희들이 깊이 들어갈수록 버려야 될
것은 또 남아 있고 또 남아 있는 그와
같은 너희들의 생활에 오늘의 너희들
이 괴로워하며 고통스러운 그것이 바
로 무엇이더냐?
21 너희들이 나의 법전을 읽고 깨우치는
것이요, 변화되는 것이기 때문에,
22 그와 같이 변해 가는 백성 너희들이
지난날에 느끼지 못했던 그 신앙생활
에 흘러왔던 것, 절대적이라 믿었던
그 모두를 너희들이 한순간에 버리지
아니하면 아니 됨이니라.
23 그리하여 그를 버리지 못하고 거듭나
지 못하는 백성 너희들을 위하여 나의
법전을 정독하며 그 의미를 깊이 깨우
치라 하지 아니하였더냐?
24 나의 법전을 정독하고 읽는 그 길만이
너희들이 지금 뽑아도 뽑아도 또 있으
며, 다 뽑았으려니 생각하고 뒤돌아보
면 또 튀쳐나오는 버려야 될 그 마음,
25 너희들의 끝도 한도 없는 그 고통이
요, 그 괴로움의 싸움을, 나의 법전을
읽고 정독했을 때 너희들이 모두를 버
릴 수 있는 은혜와 능력을 얻게 됨이
니 그리 알라.
26 네 육의 삶의 자랑이요, 그리고 네 육
의 삶의 가장 중요한 것이요, 남에게
보이고자 하는 그와 같은 모든 삶을
다 싸다 버리지 아니하면 아니 되느니
라.
27 너희들이 그 모두를 버리지 못하며 너
희들이 높고자 하는 것을 버리지 못했
으며, 너희들이 다스리고자 하는 것을
많이 버리지 못했으며,
28 주인의 역할을 하고자 하는 것을 아직
도 너희들이 버리지 못했으며, 오만과
자만을 다스리지 못했기 때문에,
29 스스로 자신을 다스리지 못한다면 너
희들은 아무것도 얻을 수 없으니, 너
희들의 육의 삶에서 자랑이요, 영광이
요, 중요한 것이요, 소중한 것 그 모두
를 싸다 버리는 그와 같은 너희들이
버리는 마음으로써 다스리라.
30 그리해야만 너희들이 모두를 알 것이
니라.
31 지금 모두를 싸다 버리지 못하며, 지
금까지 왔던 너희들의 그 믿음에 연연
하여 아직도 나의 아들을 믿지 못하
며, 나의 새로운 성경을 믿지 못하며,
32 그 믿는 마음의 뿌리가 너희들의 머리

끝에서 발끝까지 모두를 차지하지 아
니하였을 때, 너희들은 나에게 와서
받을 상이 빈곤하기 때문이니라.
33 너희들이 그와 같은 마음을 버리지 못
하고 지금에 우왕좌왕하는 믿음으로
간다면, 나에게 와 받을 상이 빈곤하
여,
34 내가 너희들의 그 아픈 마음을 보기
딱해서 너희들에게 모두를 버리라 함
이니 그리 알라, 사랑하는 나의 아들
딸들아!

## 10,739 번째 하나님 말씀

*2004년 4월 23일 10시 14분*

1 사랑하는 나의 아들아!
2 "네, 아버님! 말씀하옵소서."
3 너희들이 육의 세상에서 자랑하고 싶
은 것, 소중하고 그리고 남에게 보이
고자 하는 그와 같은 마음을 모두를
다 싸다 버리라 하며 내가 했음이니라.
4 아무리 아깝고 아쉬운 것인들, 육의
생각에서 너희들이 가지고 있는 것,
우선 그를 다 버리니, 너희들이 아무
리 버리려 해도 버리지 못하는 그 마
음을 내가 무어라 말했느냐?
5 우선 작은 것부터 불필요한 것, 필요
치 아니하다 느끼는 것부터 너희들이
서서히 버려 보라.
6 그리고 너희들이 나의 법전을 읽고 또
정독하고 정독하다 보면,
7 너희들이 지난날에 아까워서 버리지
못했던 것, 소중해서 버리지 못했던
것, 아쉬워서 놓지 못했던 것을 좀 더
큰 것을 너희들이 버릴 수 있는 그 마
음이 생길 것이니라.
8 그러니 너희들이 조금만 나의 법전을
읽고 깨우치면, 너희들이 조금 더 높
아지는 만큼 큰 것을 버릴 수 있음이
니라.
9 그리하여 조금 높은 것을 버려도 아쉽
지 않다는 깨달음이 되었거든, 또 너
희들이 나의 법전을 읽고 정독하고 또
나의 아들의 강론을 듣고 깨우치며 세
상을 들여다보면,
10 지난날의 너희들이 정녕 아까워서 놓
지 못하며 아쉬워서 버리지 못했던 것
을 버릴 수 있는 그와 같은 경지요, 깨
달음이 또 높아짐이니라.
11 그리하여 너희들이 하나하나 버리도
록 하라.
12 지난날에 너희들이 버리지 못한 것을
좀 더 큰 것을 버릴 수 있는 것, 그것
은 나의 법전을 읽고 나의 아들의 강
론을 듣고 너희들이 변하고 변화되는
만큼 더 큰 것을 놓을 수 있고 또 큰
것을 놓게 되니,
13 이 세상에 아깝고 아쉬워 두려워서 못
놓을 것이 없느니라, 사랑하는 나의
아들딸들아!
14 그리 훈련을 하라, 나의 법전을 그리
하여 읽고 또 읽으라 함이 여기 있느
니라.

## 10,740 번째 하나님 말씀

*2004년 4월 23일 19시 15분*

1 사랑하는 나의 아들아!
2 "네, 아버님! 말씀하옵소서."
3 너희들이 인간의 삶을 살다 나에게 와

심판을 받음이니, 너희들은 천태만상
의 벌을 받을 것이며, 또한 너희들이
천태만상의 형태로써 변화되어 나간
다 그리하였음이니라.
4 너희들은 지옥의 그 두렵고 무서운 것
이 무엇인가를 아는가?
5 너희들이 그 지옥의 벌에 대하여, 그
대가에 대하여 말로만 듣고 그를 알고
있으나, 정녕 너희들이 그와 같은 체
험을 하며 그 고통을 겪을 때, 어떠한
것인가 과연 생각해 보았는가?
6 나는 나의 아들을 통하여 너희들에게
그리 말하였느니라.
7 무덤과 같은 속에 있는 것, 그리고 제
몸만이 운신할 수 있으며 그 땅굴 속
에 있는 것, 그리고 간신히 쭈그려 앉
아 움직일 수 없는 그와 같은 암실에
갇혀 있는 것, 그 모두가 너희들이 수
천수만 가지의 치러야 될 그 죄목이니,
8 과연 너희들이 움직이지도 못하며 그
와 같은 속에서 견디는 벌을 받는다
할 때, 너희들이 과연 지금도 이 세상
에서 죄를 짓고 살 수 있다 생각하는
가?
9 너희가 끓는 유황불에 들어간다 그리
말함이니, 끓는 유황불에 들어가서 너
희들이 모든 고통을 견디고 산다고 생
각해 보라.
10 그러고도 너희들이 인간 세상에서 죄
를 지을 수 있으며, 나의 십계명대로
지키고 살 수 있다 없다 시시비비를
할 수 있는가?
11 너희들이 끓는 기름 가마 속이요, 바
늘방석이요, 너희들이 형용할 수 없는
수천수만 가지의 그 벌 속에 너희들
이 처해 있는 입장이라 생각했을 때,
12 과연 너희들은 그와 같은 죄를 지었을
때 그 대가를 치른다면, 오늘의 육의
삶에서 너희들이 죄를 지을 수 있으
며, 과연 그와 같이 너희들이 죄를 짓
고 안 짓는 것을 가지고 시시비비할
수 있으며, 감히 너희들이 죄에 대한
생각이요, 육의 행동을 할 수 있는가?
13 너희들이 뱀이요, 쥐요, 들쥐요, 미물
로서 태어난다 생각하면, 과연 너희들
이 그 죄를 짓고 살 수 있다 생각하는
가?
14 이제 나의 아들을 따르는 제자들이요,
나의 법전을 읽고 깨우친 백성, 너희
들은 들으라.
15 너희들이 어떠한 형태든 그 죄의 대가
를 치름이니, 너희들은 네 몸만을 움
직일 수 있는 무덤과 같은 속에서 견
디는 벌이 있는가 하면,
16 너희 자신이 누워 있는 장소요, 움직
일 수 없는 숨 막히는 그와 같은 속에
서 너희들이 영원히 나오지 못하고 그
속에서 사는 벌을 치러야 된다는 것이
너희들의 그 죄목의 하나라면, 과연
너희들이 그 마음 자세를 다스리지 않
고 그곳에 살겠는가?
17 너희들이 그와 같은 것을 벗어날 수
있다면, 오늘의 육의 삶에서 죄를 짓
지 아니하며 추한 삶을 살지 아니하면
그것을 벗어난다고 하면, 너희들이 그
래도 죄를 지을 수 있겠는가?
18 너희들이 유황불 속에 던져진다 했음
이니, 너희들이 유황불의 그 뜨거운
불 속에 당하는 그와 같은 벌을 치른
다면,

19 너희들이 과연 지금도 여기서 짓는 죄요, 지금의 잘못 사는 것으로써 그와 같은 벌을 받으며, 너희들이 그 죄를 짓지 아니하면 그와 같은 벌을 받지 아니한다면,

20 너희들이 과연 지금의 죄를 지을 수 있으며, 그 죄가 어떻고 저쩌고 시시비비를 할 수 있는가?

21 나의 아들을 따르는 제자들이요, 그리고 나의 법전을 읽고 깨우치는 만백성, 너희들은 들으라.

22 너희들이 오늘의 삶에 따라서 그 죄의 대가가 너희들이 상상할 수 없는 고통 속에서, 그것도 영원히 그 속에 너희들이 기다려야 하니,

23 펄펄 끓는 뜨거운 물에 너희들이 두 발을 담그고 견디고 앉아 있지도 못할 것이나, 너희들이 그 발을 빼지 못하며 그 고통을 다 겪어야 된다면 과연 견딜 수 있겠는가?

24 영원히 그와 같은 벌을 받는다면, 그러고도 너희들이 이 지상의 삶에서 죄를 지을 수 있다 하겠느냐?

25 너희들이 죄를 짓지 않는 자, 그와 같은 고통을 다 벗어날 수 있음이니, 죄를 짓는 자, 그 고통에서 벗어날 수 없으며 그 모두를 다 하나하나 너희들이 치러야 된다면,

26 그래도 너희들이 죄를 짓든 말든 그건 너희들이 알아서 하라.

27 감히 너희들이 육에서 하는 것이 아무것도 아니요, 행동이 아무것도 아니라 하나, 너희들이 육의 삶에 의해서 짓는 그 죄로써 모두의 대가를 치르니,

28 이제 나의 법전을 읽는 자, 나의 아들을 통하여 강론을 듣는 너희들이 이 순간부터 작든 크든 죄를 짓든 말든 그건 너희들의 자유의사니라.

29 그러나 너희들이 그 죄를 지을 때, 너희들이 상상할 수 없는 그 고통을 겪으며 거기서 견뎌야 됨이니,

30 너희들이 어떠한 고통 속에서 영원히 벗어나지 못하며, 너 자신이 거기서 숨 막히는 속에서 견뎌야 되며, 물속과 같은 곳에서 너희들이 견뎌야 되는 그와 같은 벌을 받는다면, 과연 생각해 보라.

31 나 여호와는 너희들에게 모두를 다 주었으며, 자유의지를 주었으며, 그리고 먹고살 수 있는 모두를 다 주었으며,

32 그리하여 거짓되지 아니하며, 남에게 사기 치지 아니하며, 남을 거짓되게 하지 말며, 욕심을 버리고 살라 내가 너희들에게 명하여 다 주었거늘,

33 그를 지키지 아니하고 다 버리고 사악한 삶을 산 자, 너희들이 과연 숨을 쉴 수 없는 그 속에서 견딜 수 있는가?

34 공기가 없는 속에서 너희들이 숨이 막혀 견디는 그것이 계속 지속되고 거기서 역사한다면, 그 고통에서 너희들이 벗어나지 아니하고 계속 그 대가를 치러야 한다면,

35 그러고도 너희들이 이 세상에서 죄를 지으며, 너희들이 남을 시기하며 질투하며 음해하는 마음이요, 그리고 감히 그 죄에 대한 생각을 할 수 있고 행동에 옮길 수 있는가?

36 이제 나의 아들을 따르는 제자 너희들은 이 대목을 읽고 너희들이 스스로 같이 연구하고 깨우쳐, 어떠한 것이

어떤 죄인가, 어떠한 형태로 너희들이
견뎌야 되는가를 스스로 깨닫도록 그
리하라.

## 10,741 번째 하나님 말씀

*2004년 4월 23일 19시 20분*

1 사랑하는 나의 아들아!
2 "네, 아버님! 말씀하옵소서."
3 나의 사랑하는 백성 너희들이 지금까
지 살아온 모두를 갖다 내가 어찌해야
된다 하였느냐?
4 너희들은 잘 들어 기억하고 행해야 될
것이니라.
5 지금까지 너희가 쌓고 살아온 그 역사
의 세상의 그것, 그리고 너희들이 그
틀에 살아온 삶이요, 그리하여 너희들
이 틀에 박힌 그와 같은 삶을 살아온
오늘의 너희들의 삶을 반대 방향으로
돌리지 아니하면, 너희들이 나를 볼
수 없으며 구원을 받을 수 없다 내가
너희들에게 일찍이 전했음이니라.
6 그러니 지금까지 너희들이 믿음의 길
을 오는 그와 같은 종교 집단이요, 지
도자들은 무어라 말하느냐?
7 절대적인 믿음이요, 절대적인 신앙이
요, 그리고 너희들은 절대적으로 구원
을 받았다 하나,
8 너희들이 오늘의 신앙생활을, 너희 그
생활 자체요, 믿음의 자체도 모두 반
대로 돌려놓지 아니하면 아니 되며,
나를 볼 수 없다 함을 알라.
9 너희들이 인간 세상의 삶을 반대로 돌
리는 그와 같은 삶을 살 때, 너희들이
하늘의 뜻을 아는 것이 아니요,
10 구원을 받았다 하는 것, 절대적인 믿
음이라는 것, 그리고 너희들은 영원히
나 여호와의 뜻에 의하여 내 품에 올
수 있으며 나에게 오는 길을 왔으며,
내 뜻에 의하여 흐트러짐이 없이 살아
온 백성이라 말하는 너희들의 그 믿
음, 지금의 모든 종교 집단 속에 속해
있는 지도자서부터 그 백성들,
11 그 모두가 다 너희들의 그 믿음을 반
대방향으로써 반대에서 보지 아니하
면 절대 아니 된다는 것을 내가 너희
들에게 전함이니,
12 너희들이 받아들여 거듭나는 그와 같
은 길을 역사하든, 너희 자신을 들여
다봐 너희들이 잘못되었음을 깨달아
너희들이 나의 법전을 정독하여 깨우
치는 그 길을 가든 안 가든, 그것은 너
희들의 뜻에 달렸음이니라.
13 그러나 지금 나의 새로운 성경을 너희
들이 정독하고 정독하여 거듭남을 위
하여 너희들이 재무장하는 그와 같은
삶을 살지 아니하고는 절대 너희들이
거듭날 수 없으며 나에게 오를 수 없
다는 것을 명심 또 명심하도록 그리하
라.
14 내가 나의 법전에 기록하여 증거로써
너희들에게 전함이니, 지금까지 쌓아
온 모든 믿음이요, 신앙이요, 그 모두
를 다 허물어 버리라.
15 그를 허물어 버리지 아니하면 너희들
은 절대 아니 됨이니라.
16 지금까지 살아왔던 방법의 삶의 너희
들이 개인의 역사요, 그리고 너희들이
죽기 아니면 살기로 구원받았다 하여
모두를 바쳐 왔던 그 믿음이요, 지금

쌓았던 너희들이 공적이라는 것, 그
모두를 다 허물어트리며 다 버리지 아
니하면 아니 됩이니라.
17 그 모두를 다 버려야 될 것이니라.
18 그 모두를 다 버리고 새로운 성경 위
에 다시 너희들이 나의 법전에 의한
삶이요, 십계명에 의한 삶의 그 기초
에 의하여 하나하나 다시 쌓는 그와
같은 거듭나는 삶을 살지 아니하고는
절대 너희들이 나를 볼 수도 없으니,
19 나를 보지 못하는 백성이 어찌 구원의
길을 올 수 있단 말이더냐?
20 그러니 너희들이 여기서 깨우쳐야 될
것이니라.
21 이제 나의 법전을 가슴에 안고 정독하
는 것, 그리고 지금까지 너희들이 살
아왔던 그 삶 모두를 다 던져 버리고
무너트려 버리고 다 태워 버리고 짓이
겨 버리고,
22 반대방향으로써 너희들이 거듭나는
그 길만이 나의 백성으로서 나에게 오
를 수 있는 길이요, 거듭나는 은혜와
영광을 받는 길이라는 것을 절대 잊지
말라.
23 내가 어찌하여 너희들이 지금 가는 그
믿음을 이와 같이 다 버리고 지우라
하겠느냐?
24 그러면서 내가 새로운 성경을 내려보
내니, 나의 새로운 성경을 너희들이
읽고 깨우쳐, 그 속에 너희들이 잘못
살며 잘못 가라는 뜻이 없다면,
25 너희들이 지금까지 살아온 삶을 다 무
너트리고 다 태워 버리고 짓이겨 버리
고 거듭나는 용기를 가지라 내가 하는
그 뜻을 알게 될 것이니라.
26 모두를 다 버리지 아니하면 아니 됩이
니라.
27 믿음의 그 길에서 이 순간, 나의 법전
을 읽는 순간에 너희들이 그 속에서
삶의 모두를 정지시키며,
28 지금까지 쌓았던 것을 너희들이 허물
어 버리고 다 버리고 태워 버리고, 거
듭나는 그와 같은 믿음의 길을 가지
아니하면 절대 아니 됩이니, 명심하고
또 명심하도록 그리하라.

## 10,742 번째 하나님 말씀

*2004년 4월 23일 19시 24분*

1 사랑하는 나의 아들아!
2 "네, 아버님! 말씀하옵소서."
3 창조주 나 여호와가 너희들에게 그 높
은 지혜요, 너희들의 깨달음이요, 판
단력을 준 것이 무엇이라 생각하는가?
4 "네, 아버님! 그렇사옵나이다.
5 아버님께서 그 높은 지혜요, 판단력이
요, 그 모든 기준을 내려 주신 것은,
6 저희가 진정한 삶이 무엇이며, 그리고
바른 삶이 무엇이며 정의로운 삶이 무
엇이며, 하늘을 향하여 한 점의 부끄
러움이 없는 삶이 무엇인가를 깨달아
살 수 있도록,
7 저희들에게 높은 지혜와 그 생각이요,
판단의 기준을 할 수 있는 그 모두를
주신 상이라 그리 생각하옵나이다."
8 사랑하는 나의 아들아! 그러하니라.
9 너희들이 정의로운 삶이요, 하늘을 향
하여 한 점의 부끄러움이 없는 그와
같은 삶을 살 수 있도록, 그와 같이 너
희들이 판단하는 그 지혜를 내가 주기

위하여 높이 너희들에게 모두를 다 주
었거늘,
10 어찌하여 너희들이 그와 같은 것을 사
용하지 아니하며 그를 쓰지 아니하며,
너희들이 육의 삶을 위하여 모두를 다
버리는 그와 같은 어리석은 삶을 산단
말이더냐?
11 너희들이 생각하고 깨닫고 그리고 변
화되는 시대에 따라 변화될 수 있는,
너희들의 미래를 위하여 준비할 수 있
는 그와 같은 너희들의 삶을 위하여
내가 너희들에게 높은 지혜를 주었음
이니라.
12 그러나 너희들이 그 변화되는 것에 따
라서 또 변화되는 삶이요, 새로운 역
사를 이룰 때 대응할 수 있는 그와 같
은 너희들의 모든 지혜를 내가 주었거
늘,
13 너희들이 어찌하여 이 세상에 살아 있
는 그와 같은 속에서 내 뜻에 의해 사
는 삶이 아니요,
14 너희들이 나 여호와가 존재함을 믿지
아니하며, 말로써만 나를 경배하고 나
를 믿는다 하나 진정한 너희들의 마음
속 깊은 곳에 나를 믿고 경배하는 마
음이 없는 백성으로, 육의 삶이요, 육
의 그 모두를 다 맞추어 살아가는 것
이 오늘의 너희들이 아니더냐?
15 그러니 내가 너희들에게 다시 한 번
전하노라.
16 너희들이 인간 세상에 인간의 지식이
요, 인간의 삶이요, 그 욕심에 의하여
벗어나지 못하고 모든 것을 거기에 맞
춰 행하고 따지고 역사하고 간다면,
17 이는 내가 가장 높이 준 그 지혜를 너
희들이 망각하는 것이며, 그 은혜를
저버리는 자요, 그를 잘못 쓰는 자라
는 걸 알아야 될 것이니라.
18 그러니 너희들이 지금서부터 마음 자
세를 다시 하라.
19 너희들이 나 여호와가 존재함을 알며,
나 여호와가 존재하기에 두려움을 알
며, 그리하여 너희들이 나의 뜻대로
살지 아니하면 아니 된다는 것, 그와
같은 이치를 먼저 깨우치는 지혜를 갖
도록 그리하라.
20 내가 모든 것을 이해하고 따를 수 있
도록 높은 지혜요, 판단력을 주었건만,
21 너희들이 육의 삶이요, 그 욕심에 가
려 그와 같은 것을 쓰지 못하며 빛을
보지 못함이니,
22 진주가 흙에 가려 그 빛을 발휘하지
못한다는 그와 같은 것이 너희들의 오
늘의 삶이라는 것을, 그것이 나의 사
랑하는 백성 너희들 각자의 삶이라는
것을 잊지 말라.

## 10,743 번째 하나님 말씀

*2004년 4월 23일 19시 29분*

1 사랑하는 나의 아들아!
2 "네, 아버님! 말씀하옵소서."
3 너희들의 삶의 목적이 어디 있는가?
4 너희들은 오늘의 육의 삶이요, 육에서
모두가 끝나는 것, 영혼의 집의 그 삶
을 위하여 너희들의 모두를 거기에 매
달리며 거기에 모두를 다 바치고 사는
것이니,
5 그리하여 너희들이 어리석은 백성이
요, 나와 관계없는 백성의 삶을 간다

하였음이니라.
6 너희들이 육의 삶에 그 욕심이요, 거
기에 모두를 바치고 살아가는 백성은
다음 세상에 너희들이 미래에 대한 준
비를 하지 못하는 자들이니라.
7 그러니 너희들이 나와 관계없다는 그
의미를 알겠느냐?
8 진정한 믿음의 길을 가는 백성이요,
지혜 있는 백성이라면, 너희들이 영혼
의 집인 육의 삶을 살다 흙으로 돌아
가는 그를 위하여,
9 영혼의 집을 위하여 너희들이 모두를
바치는 그와 같은 어리석은 삶은 살지
않을 것이니라.
10 그리하여 영혼이 존재하는 다음 세상
에 미래의 세상의 존재함을 알며, 그
세상의 삶을 준비하는 것이 너희들의
그 믿음이요, 오늘의 너희들의 신앙의
근본이 되어야 하는 것이니라.
11 그러니 믿음의 길을 가는 백성이요,
신앙의 길을 간다는 백성, 너희들은
오늘의 육의 삶을 위하여 모두를 다
바치는 삶이 아니라,
12 다음 세상의 삶을 준비하는 것이 바로
신앙인이요, 믿음의 길을 가는 백성들
이니라.
13 그러나 그와 같은 믿음의 길을 가고
신앙의 길을 가야 할 백성들이, 너희
들이 이방인이라는 그 백성만도 못하
며, 미래를 준비하지 못하느니라.
14 너희들이 종교 지도자에게 잘 보이고
자, 종교 지도자에게 비위를 맞추고
자, 종교 지도자에게 칭찬의 말 한마
디를 듣고자 하는 것이 너희들의 오늘
의 신앙이요, 믿음이요,
15 그리고 육의 세상에서 너희들이 오늘
의 행복을 위하여 모두를 비는 것이
아니더냐?
16 너희들이 하늘을 향하여 기도하는 것
이 어떠한 것인 줄 알겠느냐?
17 너희들이 육의 삶을 위해서 모두를 기
도하는 그와 같은 어리석은 삶으로써
삶이니,
18 육은 너희들의 영혼의 집이라 했거늘,
속의 알맹인 영혼을 위하는 것이 아니
라, 영혼의 집을 위하여, 겉을 위해 살
아가는 것이 지금의 모든 신앙이요,
믿음의 길을 가는 자세라 함을 이제
너희들은 깨우치도록 그리하라.
19 그러한 백성 너희들이 기본자세가 무
엇인가, 인간의 기본 틀이 무엇인가도
알지 못하는 자들이니라.
20 그러니 너희들이 지금 신앙의 길이 나
여호와의 뜻인 알맹이를 위한 그와 같
은 믿음이 아니라, 영혼의 집을 위하
는 믿음의 길을 가기에, 너희들이 기
본자세도 되지 아니한 자들임을 알아
야 될 것이니라.
21 내가 너희들에게 말하느니라.
22 너희들이 다음 세상을 위하여, 다음
세상을 준비하는 삶이요, 너희들이 육
의 세상을 위한 그 믿음의 길을 가지
않는 백성들은 어떠한 자세로써 살아
야 되는 줄 알겠느냐?
23 지금 나의 아들딸들이 가는 삶을 보라.
24 나의 아들딸들이 지금 가는 그 삶이
무엇이더냐?
25 온유한 마음이요, 그리고 사랑을 베풂
이요, 겸손한 마음 자세요, 하늘에 오
르는 구원의 길도 남에게 양보하겠다

는 그와 같은 마음 자세로 가는 것,
26 이것이 바로 믿음의 길을 가는 길이
요, 신앙의 길을 가는 백성들이 가야
할 자세임을 알라.
27 그러나 수천 년 동안 이를 배우고 가
르쳐 왔다는 그 백성들이 어떠한 줄
알겠느냐?
28 하늘에서 보는 너희들은 지금 나의 아
들딸들이 짧은 시간에 공부하고 깨우
쳐 그들이 온유한 마음이요, 겸손한
마음이요, 사랑을 베푸는 마음이요,
29 '나'를 비우는 그와 같은 마음 자세로
살아가는 그들의 만분의 일도 따라오
지 못하며,
30 오늘의 신앙의 대표적인 너희들이 얼
마나 이기적이고 교만하고 오만하며
고집 덩어리로 뭉쳐져 있는 백성인 줄
알겠느냐?
31 지금까지 오는 모든 종교 집단이요,
지도자요, 그 신도, 너희들이 가장 이
기적이요, 그리고 교만한 자들이라는
것을 알라.
32 그러니 너희들이 나와 관계없으며, 오
늘의 믿음으로써는 너희들이 구원을
받을 수 없으며, 하늘에 오르는 빛을
볼 수 없으며,
33 하늘에 오르는 그 빛을 볼 수 있는 반
석 위에 설 수 있는 자격도 없는 것이
라 한 그 무서움을 알라.

## 10,744 번째 하나님 말씀

*2004년 4월 23일 19시 35분*

1 사랑하는 나의 아들아!
2 "네, 아버님! 말씀하옵소서."
3 지금의 믿음의 길을 가는 백성들이요,
지도자, 그 모두가 다 어떠한 믿음의
길을 가고 있는가?
4 너희들이 울고불고하며 매달리는 것,
콧물 눈물을 흘리며 소원하는 것, 그
와 같은 것으로써 너희들이 모든 구원
의 길이요, 구원을 받는다 그리 생각
하느니라.
5 그러나 너희들이 울고불고하는 것으
로써 너희들이 잘못된 믿음이요, 지금
썩은 믿음이요, 죽은 믿음으로 가는
것,
6 잘못된 믿음을 돌이킬 수 없으며, 너
희들의 죽어져 가는 그 믿음이 살 수
없음이니라.
7 그러니 너희들은 울고불고하는 것, 재
물을 바치는 것, 그리고 헌금을 갖다
많이 내는 것,
8 그와 같은 행위로써 너희들의 잘못된
믿음이 바로 오며, 떠나간 믿음이 돌
아오며, 죽어져 있는 그 믿음이 살아
난다 그리 생각하지 말라.
9 너희들이 그와 같은 것으로써 거듭날
수 있는 은혜를 얻으며, 너희들이 잘
못 가는 그 참진리의 길을 볼 수 있다
면 오죽이나 편하겠느냐?
10 그러나 너희들은 절대 그를 가지고 볼
수 없음이니라.
11 너희들이 잘못된 믿음이요, 다 쓰러진
믿음이요, 그와 같은 믿음으로써 울고
불고 아무리 애걸복걸한다고 해서, 그
것이 돌아오고 너희들이 다시 설 수
있는 것이 아니라는 것을 알라.
12 너희들이 지금 잘못 가는 믿음이요,
그 죽어진 믿음을 살릴 수 있는 것은

너희들의 행함이 중요함이니라.
13 하늘을 향하여 한 점의 부끄러움이 없는 그 삶을 너희들이 오늘서부터 사는 것, 그것이 잘못 미끌어진 믿음이요, 그 모두를 바로 돌아올 수 있으며 죽은 믿음이 살아날 수 있다는 것을 알라.
14 너희들이 헌금을 바치며, 울고불고하며, 너희들이 목자의 손을 잡고 애걸복걸하며, 그에게 축복의 기도를 해 달라 하여 너희들이 중언부언하는 그와 같은 소리를 듣고 또 듣고 은혜 받았다 그리해도,
15 너희들의 믿음이 돌아오며 너희들의 미끌어진 믿음이요, 잘못된 믿음이요, 흘러간 믿음의 그 자세가 돌아올 수는 없는 것이니라.
16 모두가 너희들에게 흘러진 것, 너희들에게 그 죽은 믿음으로써 가고 있는 그와 같은 길, 그 모두는 너희들이 지금으로부터 하늘을 향하여 한 점의 부끄러움이 없는 삶을 살아가는 것,
17 그 모든 고통과 인내로써 그와 같은 길을 사는 것이 너희들이 구원을 받을 수 있는 길이요,
18 미끌어진 믿음이요, 흘러간 그 믿음을 다시 볼 수 있으며 다시 돌이킬 수 있다는 것,
19 죽은 자도 살릴 수 있다는 그와 같은 성서에 기록한 내용을 깊이 깨우쳐 행하도록 그리하라.

## 10,745 번째 하나님 말씀

*2004년 4월 23일 19시 49분*

1 사랑하는 나의 아들아!
2 "네, 아버님! 말씀하옵소서."
3 참진리의 믿음의 길을 가는 백성은 이 세상의 모든 것을 너희들이 어찌 생각하고 어찌 믿고 가는가?
4 믿음의 길을 가는 그와 같은 백성들, 나의 아들을 따르는 그 제자들과 그리고 지금 너희들이 그저 맹목적으로 맹종 맹신하는 믿음으로 가는 그 종교 집단이요, 그 구원을 받았다는 백성, 그들과의 차이가 무엇인 줄 알겠느냐?
5 나의 아들을 따르는 백성들은 나 여호와가 이 세상의 모든 것을 창조했다며 그들은 말로만 하는 것이 아니요, 행동으로써 그리 믿음이니라.
6 그리고 직접 믿고 그리하여 소중히 생각하는 자세로써 지금 나의 아들을 따라가는 제자들은 그리 살아가느니라.
7 그러나 지금의 믿음의 길을 오는 백성 너희들은 그리 생각하지 아니하느니라.
8 나 여호와가 창조했다는 것을 말로만 너희들이 하며, 직접 믿고 소중히 생각하는 자세가 없는 자들이니라.
9 그러기에 너희들이 기복신앙의 대표로서 흘러감을 알아야 될 것이니라.
10 그리고 모두는 나 여호와가 주관한다는 확실한 그 믿음을 지금의 나의 아들을 따르는 백성들은 다 믿느니라.
11 그러나 지금 수천 년 동안 너희들이 그 믿음의 대표적인 자라며 울고불고 광란의 짓을 하는 자,

12 그리고 다른 믿음의 길을 가는 자, 뜻
이 다른 자는 사람으로 취급을 하지
아니하며, 그들을 단죄하여 나로부터
상을 받는다 생각하는 어리석은 그 백
성들,
13 너희들은 모두가 나 여호와가 주관하
여 이루어진다는 확실한 믿음이 부족
한 자들이니라.
14 너희들이 가는 길이요, 그 믿음이 내
가 모두를 주관하여 간다는 것을 확
실히 믿는 너희들이라면,
15 어찌하여 남의 것, 이것저것을 시시비
비하며 단죄하려 들며, 너희들이 단죄
의 명을 받은 자처럼 착각 속에 살아
가는 그와 같은 흉악무도한 행동을 할
수 있단 말이더냐?
16 어떠한 행위든 너희들이 그 흉악무도
한 행위를 하는 자들은 바로 나의 피
조물 만백성의 자격이 없는 자니라.
17 나의 아들을 따르는 제자들은 자연의
모든 동식물이 하는 이야기요, 미생물
이 하는 이야기까지 다 듣고 살아가는
그들이요,
18 그리하여 그 모두를 사랑하는 것이며,
그 모두는 나 여호와가 주관하는 것이
요, 한 잎의 꽃잎도 나 여호와가 준 생
명이요,
19 그가 나를 아버지라 부를 수 있는 자
격을 가진 자들이라는 이와 같은 확실
한 주관을 가지고 사는 것이 그들이니,
20 너희들과 그들은 하늘과 땅보다도 차
이가 있는 백성임을 알아야 될 것이니
라.
21 나의 아들을 따르는 제자들은 나 여호
와가 항상 같이하고 있다 하며, 나와
더불어 가는 것을 알고 있느니라.
22 그러나 지금의 믿음의 길을 가는 백성
너희들은 말로는 그리하나 행함은 그
리하지 아니하느니라.
23 그러니 너희들이 지금 어떠한 형국으
로 살아가느냐?
24 그러니 내가 너희들을 구원하고자 문
을 항상 열어 놓고 기다리고 기다리나,
25 너희들이 내 문 앞에 와 내 황금의 문
을 들어서는 자가 없다 하지 않았더냐?
26 누구도 들어온 자가 없으며 들어올 백
성이 없다는 나 여호와의 무서운 뜻을
알라.
27 너희들이 그 모두를 잊고 산다는 것,
그리고 너희들이 말로는 그러하나 결
국 너희들은 진실된 믿음으로써 나를
지금 믿지 아니함이니라.
28 그러니 그와 같은 믿음으로 가는 백성
너희들이 말로써 행동하는 자, 말로써
전해 듣는 지옥의 그 상황이요, 지옥
의 환경을 들어서 알 것이니라.
29 유황불이요, 끓는 기름 가마 속이요,
바늘방석이요, 수없는 이야기를 들었
을 것이니,
30 말로만 전해 듣고 말로만 들어 상상하
던 그 지옥의 처참함을 너희들이 직접
행하게 되며 그를 치러야 되며, 너희
들이 그 고개를 넘지 아니하면 아니
된다는 그 무서운 사실을 생각해 보도
록 그리하라.
31 결국, 그를 넘고 치르지 아니하면 아
니 되는 것이 오늘의 믿음의 길을 가
는 백성 너희들이니라.
32 너희가 죄를 범하고 그러고도 살 수
있다 생각하는가?

33 너희들이 모두 유전이요, 말로 전하는
지옥의 그 모든 대가를 실제로 너희들
이 치른다고 생각할 때,
34 그래도 너희들이 죄를 짓고 시시비비
하며 살아갈 수 있는 것인가 한번 생
각해 보라.
35 너희들이 무어라 말하였느냐?
36 나의 아들 예수를 통하여 내가 너희들
에게 무어라 전하였느냐?
37 부자가 하늘나라에 들어간다는 것은
낙타가 바늘구멍을 들어가는 것보다
도 더 어렵고 힘든 것이라 하였거늘,
38 오늘의 모든 믿음의 길을 가는 그 백
성들은 무엇을 위하여 비느냐?
39 부자가 되기 위하여 기도하며, 황금을
더 얻기 위하여 기도하며, 재물을 쌓
기 위하여 기도하며,
40 너희들이 소원하는 것을 이루고, 더
높고자 하는 육의 만사형통의 이루어
지는 걸 위하여 애걸복걸하고 기도하
고 바람이니,
41 너희들이 이게 나의 뜻에 의해 가는
백성들이란 말이더냐?
42 부자가 하늘에 오르는 것은 낙타가 바
늘구멍을 통과하는 것보다 더 어렵다
그리 가르쳤거늘,
43 그 부자가 되기 위하여 너희들이 더
부자가 되게 해 달라, 재물을 얻게 해
달라, 명예를 얻게 해 달라며 제 소원
을 빌고 비는 것이 오늘의 믿음의 길
을 가는 자요,
44 애걸복걸하는 너희들이 울고불고하
는 그 기도 소리니, 그게 기복신앙의
대표자들이 아니고 무엇이더냐?
45 그러니 너희들이 울부짖는 그 소리가
개구리 울음소리만도 못하며, 바위에
부서지는 파도 소리만도 못하다는 것
이 나의 아들을 통하여 전한 의미를
아느냐?
46 내가 부끄럽고 더 부끄러워 나의 법전
에 기록하고 싶지 않은 내용들이니라.
47 너희들이 부자가 되기 위해서 빌고 비
는 그 소원이야말로
48 부자는 낙타가 바늘구멍을 통과하는
것보다 하늘에 들어가기가 어렵다 하
는 것을, 너희들이 어려운 것을 원하
고 소원하는 것이니,
49 너희들은 결국은 안 오겠다는 것이며,
나와는 관계없는 것이며, 육의 삶을
위해 살아가는 너희들이 아니더냐?
50 그러니 그와 같은 욕심에 사는 자, 너
희들이 하늘에 오르기 위해서는 부자
가 되어서는 아니 된다는 것을 무시하
며, 부자가 되고자 몸부림치는 너희들
의 그 믿음이 진정한 참진리요, 하늘
에 대한 믿음이냐?
51 그러니 너희들이 하늘에 올 수 없다는
것을 알면서도 부자가 되고자 하는 자
들이, 너희들이 손해 보며, 너희들 것
을 던지며, 너희들 것을 양보하는, 그
리고 남을 위해 너희들의 모두를 놓을
수 있는 그 믿음으로 가라 가라 내가
한들,
52 너희들이 '소귀에 경 읽기'지, 과연 너
희들이 그를 행할 수 있는 백성이라
말할 수 있느냐?
53 그러나 나의 아들을 따르는 제자들은
그러하지 아니하니라.
54 그들은 그 길을 갈 수 있으며 가고자
노력하니,

55 그들은 부자가 되게 해 달라 나에게
기도하지 아니하며, 더 갖기 위해서
기도하지 아니하며, 제 자식이요, 제
가정의 영달을 위해서 기도하지 아니
하며,
56 육의 모두를 다 만사형통을 이루는 재
물을 위하여, 너희들이 육의 세상에서
도 통하지 않는 그 만사형통으로 쓰는
그 재물이요, 부귀와 영화요, 권력을
얻기 위하여 애걸복걸하는 그와 같은
기도를 하지 아니함이니,
57 지금 나의 아들을 따르는 제자들과 너
희들과의 그 차별화가 어떠한 것인가
를 한번 너희 스스로 점수를 매겨 보
도록 하라, 어리석고 불쌍한 백성들아!

## 10,746 번째 하나님 말씀

*2004년 4월 23일 19시 52분*

1 사랑하는 나의 아들아!
2 "네, 아버님! 말씀하옵소서."
3 너희들이 열매를 거두는 그와 같은 믿
음으로 가지 아니하며, 너희들이 수천
년 동안 온 그 믿음이 무어라 하였더
냐?
4 너희들은 죽어 없어질 영혼의 그 집을
위하여 그 모든 믿음이요, 신앙의 생
활을 맞춰 갔다 함이니라.
5 그러니 너희들이 그 영혼을 위하여 살
아가지 아니하며, 영혼을 지키는 그
집을 위하여 믿음의 길을 가는 자들이
요,
6 지금의 나의 아들을 따르는 그 백성들
은 그 영혼을 지키는 집을 위한 믿음
이 아니요, 그 영혼이 거듭나는 삶을
위해 그 믿음의 길을 감이니, 이것이
너희들이 얼마나 무서운 것인 줄 알겠
느냐?
7 나의 아들을 따르는 제자들은 열매를
거두기 위한 그 길을 가는 자요,
8 너희들은 열매를 거둘 수 없는 그와
같은 길을 가는 자요, 너희들이 지금
가라지만을 기르고 있는 그와 같은 행
위를 하고 있다 함을 어찌 모른단 말
이더냐?
9 지금 너희들이 육의 욕심을 채우기 위
하여 욕심대로 살아간다는 것을 알고
있느냐?
10 지금 믿음의 길을 가는 그 백성들, 영
혼의 집을 위하여 믿고 그를 위해 살
아가는 자, 너희들이 그 육신의 욕심
을 채우기 위하여 욕심을 버리지 못
하고 살아가는 자라는 것을 알라.
11 너희들이 거듭나는 영혼의 삶을 위하
여 나의 법전대로 살지 아니하면 아니
됨이니라.
12 누가 뭐라 해도 창조주 내가 명하는
것이니, 너희들은 이제 나의 법전대로
살지 아니하며 그를 지키고 살지 않는
자는 절대 아니 됨이니라.
13 너희들이 세속적인 신앙이요, 육적인
신앙을 위한 믿음에서 벗어나지 아니
하면 절대 아니 됨이니라.
14 이제 너희들은 영적인 구원을 위한 참
진리의 길을 찾지 아니하며 그 믿음으
로 가지 아니하면 아니 되는 것이 너
희들의 운명이니라.
15 그러니 너희들이 그를 바로잡지 못하
며 깨닫지 못하기에 내가 나의 아들을
통하여 160권이라는 대장정의 법전을

내려보내는 것이 무엇인 줄 알겠느냐?
16 그 법전대로 너희들이 살라 함이니라.
17 그러면 세속적인 신앙이요, 육적인 신
앙에서 너희들이 눈을 뜰 수 있으며,
오늘의 너희들의 믿음이 얼마나 잘못
되었으며 얼마나 어리석은 믿음인지
를 너희들이 알 수 있으며, 거기서 답
을 찾을 수 있기 때문이니,
18 이를 접하지 아니하면 구원의 길을 볼
수 없다 함이 여기 있느니라.
19 이제 사랑하는 나의 아들딸들아!
20 너희들의 육을 위하는 것은 무엇이라
하였느냐?
21 너희들의 영혼을 지켜 주기 위하여 존
재하는 그 집을 위하여 너희들이 믿음
의 길을 가고 신앙생활 하는 자이니,
22 영혼을 위한 그와 같은 신앙이요, 믿
음으로 거듭나라 하니,
23 나의 뜻을 명심하여 들어 깨우쳐 행하
도록 그리하라.
24 그렇지 아니하면 아니 됨이니라.

## 10,747 번째 하나님 말씀

*2004년 4월 23일 19시 59분*

1 사랑하는 나의 아들아!
2 "네, 아버님! 말씀하옵소서."
3 너희들은 참진리요, 진실된 삶을 살기
위하여 오늘 얼마나 노력하며, 그 길
을 가기 위하여 모두를 얼마나 바치는
가?
4 너희들이 나에게 오르는 길이요, 영원
히 거듭나는 그와 같은 삶을 위해서는
참진리요, 진실된 삶을 살아가는 것,
5 그것만이 너희들이 그와 같은 영광이
요, 은혜를 얻을 수 있는 길임을 알아
야 될 것이니라.
6 그러나 지금의 믿음의 길을 오는 그
백성들이 너희들이 지금 가는 그 길만
큼만 따라왔다면, 160권의 법전을 역
사하며 새로운 시대를 열지 아니하며,
너희들이 마지막 심판의 시대는 또한
있지 아니하였을 것이니라.
7 그러나 믿음의 길을 오는 그 백성들이
현실적인 삶이요, 물질적인 욕구에 허
무하게 무너지는 것이 오늘의 너희들
믿음의 현주소이니라.
8 너희들이 울고불고 광란의 짓을 하며
구원을 받았다 하며, 나의 아들 예수
의 보혈로써 그 은혜에 감사할 길이
없다며 찬송하며 울고불고 광란의 짓
을 하는 너희들,
9 너희들이 현실적인 그 삶이요, 현실적
인 그 물질 앞에 그 욕구에 허무하게
무너지는 자요,
10 너희들이 언제 믿음을 갔으며, 나의
아들 예수를 찾았으며, 진정한 하늘의
두려움이요, 나 여호와가 존재함을 아
는 백성들인가?
11 그저 그 모두를 일순간에 현실적인 물
질의 이해관계 앞에서 무너지는 것이
오늘의 믿음의 길을 가는 백성 너희들
이니라.
12 어찌하여 너희들이 영원히 사는 참진
리요, 진실된 것이요, 정의로운 그 삶
을 그저 재물 앞에 헌신짝처럼 버릴
수 있는 그와 같은 백성으로 타락되고
전락되었단 말이더냐?
13 그러면서 말로만 너희들이 나를 경배
하며 내 뜻대로 살며, 그리고 너희들

은 나를 위하여 모든 목숨을 바칠 수
있는 자들이라 그리 말하나,
14 참진리요, 정의로움이요, 진실이라는
그 모두를 다 헌신짝 버리듯이 버려
버리고 사는 자들이 믿음의 길을 가
는 백성 너희들이니라.
15 그러니 현실적인 이익의 분배 앞에
너희들이 모두를 버릴 수 있는 자가
되어 버렸으며, 모두가 타락자가 되었
다는 것이 내가 보는 너희들의 오늘
의 현주소이니라.
16 너희들은 아니라 그리 말하나, 너희는
결코 그와 같은 것에서 벗어나지 못
한 자들이니라.
17 너희들이 참진리요, 진실된 마음과 정
의로운 마음으로써 거듭나지 아니하
면 아니 됨이니라.
18 지금 나의 아들을 따르는 그 제자들이
요, 법전을 읽고 깨우치는 백성들의
자세가 무엇인 줄 알겠느냐?
19 참진리 앞에 어떠한 이익의 분배요,
현실적인 물질을 놓고 그들을 시험한
다 해도,
20 그들은 거기에 넘어지지 아니하며, 넘
어지지 않으려고 몸부림치는 백성들
이니라.
21 그리고 그들의 마음이 무엇인 줄 알겠
느냐?
22 참진리가 그 마음에 들어왔을 때, 그
리고 진실된 마음이 그 자리를 잡았을
때, 정의로운 마음이 그들의 마음에
잡혔을 때,
23 그들은 절대 죽으면 죽었지, 변치 않
는 그와 같은 길을 가고자 하는 것이
나의 아들을 따르는 자들이요, 나의
법전을 읽고 깨우친 백성들이 마음이
변하여 굳어지는 것이니라.
24 지금의 나의 아들을 따르는 제자들은
어떠한 것에도 타협하지 아니하며, 불
의에 넘어지지 아니하며, 그 길을 가
고자 몸부림치는 백성들이니라.
25 그러니 너희들은 지금 초보적인 믿음
이요, 초보적인 깨달음에서 벗어나지
못한 자들임을 알라.
26 모든 믿음의 길을 가는 백성 너희들은
들으라.
27 나의 아들을 따르는 제자들이요, 법전
을 읽고 깨우친 백성들은 너희들처럼
평생을 바쳤으며, 몇십 년이라는 그
믿음의 세월을 가지 아니하였다 해도,
28 그들은 참진리를 목숨을 바쳐 지키려
하며, 진실된 마음이요, 정의로운 그
마음을 목숨을 던져 지키려는 자들이
니라.
29 그러니 그들에게 그 선생인 나의 아들
이 무어라 가르치느냐?
30 너희들이 하늘의 구원의 길이 한 자리
가 있다면, 그를 양보하는 마음이 신
앙인이요, 믿음의 길을 가는 백성이라
가르침이니,
31 그들이 무엇을 양보하지 못하며 무엇
을 놓지 못하겠는가?
32 그러나 너희들은 그리 가르치지 아니
하느니라.
33 너희들은 지금 그저 육의 삶이요, 육
의 영달을 위하여 물질 앞에 얼마나
무섭게 변하는 자들이요,
34 그 물질을 거둬들이기 위해서 종교 집
단이요, 지도자들이 얼마나 사악하고
간악한 방법을 쓰는가?

35 그를 보고 깨우친 그들이기 때문에 그들은 물질의 소중함을 알고 재물의 소중한 것을 알며, 현실의 삶이 얼마나 귀하고 소중한 것인가, 부를 누리는 것이 얼마나 소중하고 귀한 것인가, 거기에 그 자신들이 지금 귀가 막혔고 눈이 먼 자들이니라.
36 그리하여 부자가 하늘에 오르는 것은 낙타가 바늘구멍을 통과하는 것보다 어렵고 어렵다는 그 재물을 얻고자 달라, 이루어 달라 기도하니,
37 너희들이 얼마나 정신병자요, 착각 속에 살아가는 백성들이란 말이더냐?
38 그러니 너희들이 기초적인 믿음도 시작되지 아니하였으며, 기초적인 믿음이 다져지지도 아니하였으며, 기초가 하나도 되지 아니한 뿌리가 없는 것이 너희들의 오늘의 믿음이라 함이니,
39 그리하여 너희들이 재물 앞에 무너지며, 물질 앞에 무너지며, 현실의 삶에 타협하며,
40 모든 것을 정의로움이요, 참진리를 헌신짝처럼 집어던지고 달려 나가는 너희들의 오늘의 형국이라 함을 잊지 말라, 만백성들아!

## 10,748 번째 하나님 말씀

*2004년 4월 24일 06시 11분*

1 사랑하는 나의 아들아!
2 "네, 아버님! 말씀하옵소서."
3 너희들은 다스리고 고치고 또 변화되는 그와 같은 노력으로써 하나하나 깨달아 가며, 너희들 자신이 변화되는 그와 같은 삶을 살아야만 되는 것이니라.
4 그러나 너희들은 변화되는 그 길이 정녕 어떠한 길이요, 어떠한 곳을 선택하여 가고 있느냐 하는 것이 가장 귀하고 소중한 것이니라.
5 아무리 귀하고 귀한 기계요, 능력 있는 기계라 해도 그를 재정비하지 아니하며 다스리지 아니하며 가꾸지 아니하고 너희들이 계속 사용만 한다면 그는 무엇이더냐?
6 곧 무너지고 망가지게 되어 있음이니라.
7 너희들이 걸치고 있는 아름다운 옷도 아무리 아름답고 예뻐도 너희들이 손질을 하지 아니하며 다스리지 않고 그것을 계속 입고 뒹굴고 산다면,
8 그 옷에서는 결국 악취가 나게 되며, 많은 사람이 인상을 찌푸리며 많은 사람이 너희들 곁에 오기를 꺼릴 것이니라.
9 그와 같이 너희들이 걸치고 있는 아주 예쁘고 아름다운 비단옷도 너희들이 세탁하며 다시 다스리고 다스려 가지 아니하고 그저 입고 뒹굴고 산다면,
10 그 악취로써 사람들이 네 주변에 올 수 없는 것이 너희들이 입고 있는 아름다운 옷의 형태일 것이니라.
11 그러니 내가 왜 너희들에게 그 한 벌의 아름다운 비단 옷을 예를 들어 말하는가?
12 너희들 자신이 다스리고 가꿔 또 너희 자신을 들여다보며 손질하며 그리 가지 아니하면 절대 아니 됨이니라.
13 그러니 다스릴 줄 모르는 자, 뒤돌아보지 못하는 자는 바로 무엇이더냐?

14 비단옷을 너희들이 세탁하지 아니하
고 입고 뒹구는 자처럼 악에 물들고
또 악에 물드니, 그 악에 물든 것이 너
희들이 물들면 물들수록 더 악취가
남이니,
15 결국 너희들은 나에게 오를 수 있는
백성이 되지 못하는 자라 함이니라.
16 그리하여 너희들을 다스리고 가꾸고
닦고 그리하여 잘 관리하지 아니하면
절대 아니 됨이니,
17 그것이 바로 너희들이 아름다운 모습
으로 살아가고자 하는 그 노력의 의미
이니라.
18 그러니 나의 아들의 그 제자들이요,
모든 백성 너희들은 그저 사람들과 알
고 지내는 그와 같은 부분에서 너희들
이 등지고 떠나고 스스로 모두를 포
기하는 삶을 살지 말고,
19 그 속에 와서 너희들이 닦고 가꾸는
그와 같은 그 역사를 보여 주도록 그
리하라.
20 그리고 너희들이 변하는 모습을 보여
주도록 하라.
21 그러면 그 모든 사람들이 너희들을
따르며 존경하지 아니하겠는가?
22 너희들의 악습이 드러난다 하여, 네
마음을 다스리지 못한다 하여 모든 인
간관계를 끊고 살고자 하는 것은 아
니 됨이니라.
23 그러니 그 속에서 너희들이 경쟁이 아
니요, 즐기는 것이요, 그리고 남들이
시시비비를 하며 무어라 말하든, 너희
들은 그 속에서 그저 만남을 행복하게
생각하며, 행복한 마음으로 너희 스스
로 다스려 나가는 변화되는 그 모습이
중요함을 알아야 될 것이니라.
24 그리하여 너희들은 그들을 버리지 말
며, 버려서는 아니 됨이니라.
25 너희들은 다르니라.
26 너희들은 인간 세상의 삶을 살면서도
하늘의 법도에 적용하니, 너희들의 깨
달음이 그리 높다 하지 않았더냐?
27 그러니 깨달음이 변화된 너희들이 보
여 주고 또 그들에게 깨우쳐 주도록
그리하며,
28 나의 아들을 통하여 내리는 강론을 들
으며 나의 법전을 읽고 깨우쳐 또 변
하고 변하는 것을 나가서 너희들이 가
르치고 깨우쳐 주는 그와 같은 역사를
하지 아니하면,
29 나의 피조물 만백성을 구원할 수 없으
며, 그들이 하늘에 오르는 길을 볼 수
없음이니, 그와 같은 의미를 알라.
30 그리하여 항상 너희들이 나의 법전을
읽고 다스리며, 나의 아들을 통하여
내리는 강론을 듣고 다스려,
31 너희들이 세척하고 세척하여 잘 다스
려서 입는 고운 옷처럼, 그와 같이 너
희 자신이 변하지 아니하면 아니 됨이
니라, 사랑하는 나의 아들딸들아!
32 너희들이 스스로 변화되는 그와 같은
삶을 살지 않는 자는 곱고 아름다운
그 비단옷을 입고 뒹굴고 그저 평생
입고 살려 함이니,
33 손질하지 아니하고 세탁하지 아니하
며 또 곱게 단장하지 아니하니, 거기
서 풍기는 그 악취로 사람이 옆에 갈
수 없는 형국이 되듯이,
34 너희들이 지금 다스리고 씻고 빛을
내지 아니하면, 너희들은 결국 악의

냄새요, 악의 구렁에 빠지게 되어 있
음이니,
35 항상 다스려 너희들이 전진하며, 그
전진한 걸 가지고 나가서 또한 만백성
에게 너희들이 양식을 공급하지 아니
하면, 그 백성들이 또 썩어져 감이니,
이와 같은 이치를 너희들은 깨달아야
될 것이니라.
36 그러니 너희들이 만난 사람들이요, 너
희들이 서로 얽히고설킨 그 인간관계
를, 거기서 네 생각이요, 네가 변화되
는 길에 반대된다 하여 그를 버리지
말고 그들을 구원하라.
37 그렇지 아니하면 아니 될 것이며, 그
들을 버려서는 아니 되는 것이 너희들
이 가야 할 운명이라는 걸 알라, 사랑
하는 나의 아들아!
38 이제 너희들이 대중 속에 들어가며,
많은 백성들 속에 뛰어들어 가 구할
때가 되었음이니, 그리 알라.
39 그를 버리지 말도록 하라.

## 10,749 번째 하나님 말씀

*2004년 4월 24일 06시 16분*

1 사랑하는 나의 아들아!
2 "네, 아버님! 말씀하옵소서."
3 너희들에게 가장 중요한 것은 무엇인
줄 알겠느냐?
4 너희들이 깨달아야 할 것은 참진리이
니라.
5 그리고 하늘의 지혜를 얻음이라는 걸
잊지 말라.
6 이 세상에 기적과 이적과 그리고 병
고침이요, 방언이요, 모든 은사요, 그
와 같은 기적을 이룬다 하는 것, 그것
이 다 위대함이요, 위대한 것의 역사
라 생각하지 말라.
7 너희들이 오늘의 믿음은 그와 같은 기
적의 역사를 위하여 믿음의 길을 가
며, 그것이 가장 위대한 믿음이요, 가
장 위대한 역사의 변화라 너희들은 그
리 생각하나, 그 생각에서 벗어나야
됨을 알라.
8 가장 위대한 것은 하늘의 지혜를 아는
것이요, 하늘의 지혜를 얻음이니라,
사랑하는 나의 아들딸들아!
9 하늘의 지혜를 얻지 아니하면 너희들
이 거듭나는 그 길을 알 수 없기 때문
이니라.
10 하늘의 지혜가 없는 백성은 얼마나 생
각이 부족한 백성인 줄 알겠느냐?
11 그러니 지금 수천 년 동안 믿음의 길
을 오는 그 백성들이 초보적인 믿음이
요, 그리고 세상사에서 벗어나지 못한
가장 어리석고 불쌍한 백성들의 믿음
이라 함이니라.
12 너희들이 지금 나 여호와의 뜻에 의해
역사하며, 하늘에 오르는 길이요, 구
원을 받았다 하나, 너희들이 지금 어
떠한 백성의 모습인 줄 알겠느냐?
13 너희들이 시집 장가를 가야 할 만한
그 성년이 된 젊은이가 깨달음이 없으
며, 너희들이 말하는 지능이 좀 부족
하여, 먹고 자는 것밖에 모르며, 어린
아이와 똑같은 행동을 하며, 그들과
즐겨 노는 것이 수준에 맞으며,
14 시집가고 장가갈 나이의 그 젊은이가
그와 같다면, 과연 너희들은 그가 정
상이라 생각하겠느냐?

15 그는 변하지 아니한 자요, 그저 어린
아이 생각대로 그대로 지금 살아가니,
몸은 컸으나 그 생각이 그러하니,
16 오늘의 믿음의 길을 가는 백성 너희들
이 지금 그 성년이 되어 시집가고 장
가갈 그 나이에 너희들이 어린아이와
노는 그 수준이 맞는 지능이 부족한
사람의 형국이니라.
17 그러니 너희들이 초보적인 그 믿음이
요, 초보적인 기초에서 전혀 벗어나지
못한 어리석은 백성들이니,
18 내가 너희들을 어찌 쓰며, 너희들을
무엇을 믿고 너희들에게 모두를 역사
하겠는가?
19 저 자신도 지금 정상적인 그와 같은
길을 가지 못하고 있는 것이 너희들이
니,
20 오늘의 수천 년 동안 온 믿음이요, 그
종교 집단이요, 구원을 받았다는 백
성, 너희들이 성년이 되어 가정을 이
루며 또한 사회에 도움이 되는 사람으
로 살아가는 것이 당연한 것이거늘,
21 세 살 먹은 어린아이의 지능도 못 따
라가는 그와 같은 자세가 되어 있음이
니,
22 그게 바로 너희들이 초보적인 기초를
벗어나지 못한 어리석은 백성들의 모
습이라 함이니라.
23 그러니 이제 내가 나의 아들을 통하여
너희들에게 깨우치는 것을 생각해 보
고 또 생각해 보라.
24 어찌하여 너희들이 그리 부족한 사람
으로서, 그와 같은 모습으로써 하늘의
지혜를 얻을 수 있으며 하늘에 오를
수 있다 하느냐?
25 그러니 하늘의 지혜를 얻지 못한 백성
이 그와 같은 초보적인 믿음이요, 정
신 미달인 그 젊은이와 같음을 알라
그리 전하니,
26 너희들이 기적과 이적을 따르는 자는
정신이 부족한 그 성년이 된 사람이요,
27 너희들이 하늘의 지혜를 얻기 위하여
노력하는 자, 그는 바로 너희들이 변
화되는 삶이요, 정상적인 길을 가는
백성들이라 하는 것을 가슴 깊이 새겨
듣도록 그리하라, 사랑하는 나의 아들
딸들아!
28 내가 너희들을 사랑함이니라.

## **10,750** 번째 하나님 말씀

*2004년 4월 24일 06시 19분*

1 사랑하는 나의 아들아!
2 "네, 아버님! 말씀하옵소서."
3 완벽한 것이 세상에 내려오게 될 때,
너희들이 부분적인 것은 모두가 폐해
지며 덮어 버린다 하지 않았더냐?
4 그러니 너희들은 그 믿음의 길을 가르
치는 자들, 그리고 그 깨달음을 얻어
서 가르치는 자들이 부분적인 것을 거
기만 의미하는 것이 아니며, 거기에만
비유하여 너희들에게 전한 것이 아님
을 알도록 그리하라.
5 일부의 깨달음을 아는 자들, 그와 같
은 자들이 완벽한 나의 법전이 세상에
내려옴이니, 그 모두를 폐해야 되고
그들을 닫는 것, 그것만이 아니니라.
6 너희들이 이적과 기적이요, 그 역사
요, 방언이요, 치료의 은사요, 모든 너
희들이 그 은사를 얻었다 하는 것, 그

모두도 다 마지막 때가 되면 폐해짐을
모두를 알아야 될 것이니라.
7 그 모두를 다 물리쳐 버리고, 지금은
나 여호와의 뜻이요, 나의 지혜가 있
는 자, 하늘의 뜻을 알게 되며,
8 그 하늘의 뜻을 아는 자만이 빛이 될
것이며, 빛이 되어 만백성을 구하는
그와 같은 역사를 하게 된다는 것을
알라.
9 그러니 너희들이 마지막 때가 와 부분
적인 것을 폐하는 것은, 너희들이 기
적이요, 이적이요, 모세가 이루었던
것, 나의 아들 예수가 이루었던 그 모
두가 다 폐해짐이니라.
10 그 이루었던 기적과 이적 그 모두가
폐해지며, 그것도 또한 다 덮어진다는
것을 너희들은 알아야 될 것이니라.
11 그러니 새로운 시대요, 새로운 역사는
그와 같은 것이 아니요,
12 나 여호와의 지혜를 너희들이 얻는
것, 그 지혜를 너희들이 받아 깨달아
변한 모습으로 사는 것, 그것이 가장
위대한 것이요, 그것이 마지막 시대에
역사한다는 걸 알라.
13 나 여호와의 지혜를 얻는 자만이 하늘
의 뜻을 알며, 나에게 오를 수 있는 길
을 알며, 빛과 소금이 되어 만백성을
구하는 전사로서 거듭나는 것이기 때
문이니라, 사랑하는 나의 아들딸들아!
14 기적과 이적으로써는 나의 백성을 구
하는 것이 아니요, 너희들의 지혜로써
모두를 다스려 나감이니라.
15 제3의 시대에 나 여호와의 성령으로
모두가 역사하며 너희들이 그를 이루
고자 하는 것이요, 그와 같이 변화되
고자 하는 것, 변화시키고자 하는 것
이 나 여호와의 뜻이니라.
16 그러니 나의 법전을 접하고 나의 아들
을 통하여 내리는 강론을 듣고 듣는
너희들이 먼저 변화되는 그와 같은 삶
을 살지 아니하면 절대 아니 됨이니라.
17 그러니 너희들은 지금 영원한 빛과 소
금이 되는 자들이니라.
18 정녕 참진리요, 하늘에 오르는 길을
오는 자, 그리고 새로운 시내에 선택
된 자들, 너희들은 영원히 변화되는
삶이 가장 중요한 것이니라.
19 영원히 변화되는 그와 같은 삶을 살지
아니하고 너희들이 변질된다면, 그는
나에게 뜻을 받은 자가 아니요,
20 부분적인 것을 폐하고 새로운 시대에
완벽한 시대를 역사하는 나의 선택된
백성에서 탈락되며 너희들이 무너진
다는 것을 알라, 사랑하는 나의 아들
딸들아!

## 10,751 번째 하나님 말씀

*2004년 4월 24일 06시 24분*

1 사랑하는 나의 아들아!
2 "네, 아버님! 말씀하옵소서."
3 나의 법전을 접하는 백성이요, 그리고
이를 깨우친 너희들은 나의 법전대로
스스로 자기의 모형을 만들어 가지 아
니하면 아니 된다 함을 알라.
4 내가 너희들에게 아무리 귀하고 소중
한 것도 너희들이 갈고 닦고 쓰지 아
니하면 녹슬어 쓰지 못하며, 그와 같
은 형국으로 무너지게 되는 것이 너희
들의 삶이라 하지 아니하였더냐?

5 그러니 새로운 성경이요, 나 여호와의
뜻이요, 내 성령이요, 내 모두를 태워
서 너희들을 구원하기 위해 내려보내
는 나의 법전을 접하며, 나의 아들을
통하여 내리는 강론을 직접 듣는 너희
들이요, 기도 또한 직접 듣고 접하는
너희들은,
6 스스로 너희들이 변하여 자기의 그 아
름다운 모형을 만들지 아니하면 아니
된다 하지 않았더냐?
7 너 자신들이 하나의 아름다운 꽃을 피
우며, 세상에 가장 아름다운 향기를
보내는 너희들이 되지 아니하면 아니
된다 하지 아니했느냐?
8 그러니 지금 자기 자신의 그 모형을
만들지 못하는 백성들은 곧 그게 무엇
이더냐?
9 너희들이 아무리 울고불고 믿음의 길
을 간다 해도, 너희들이 나의 법전이
요, 십계명에 따라 자기 자신을 자기
모형을 가꾸고 달궈 그리 만들어 가지
아니한다면,
10 모두 죽음의 믿음의 길에서 벗어나지
못한 백성들이요, 죽음의 그 믿음에서
허덕이는 백성이라는 것을 너희들은
알라.
11 스스로 노력하지 아니하며 너희들이
스스로 저 자신을 닦고, 아름다운 꽃
이 되도록, 그리고 저 스스로 아름다
운 모형을 만들도록 노력하지 아니하
면 아니 됨이니라.
12 너희들의 외형은 사람의 모형이나, 가
장 아름다운 너희들의 그 모형이 무너
지고 찌그러지고 부서지는 것이 너희
들의 마음이라 하지 아니하였더냐?
13 그리 무너지고 부서지는 것은 너희들
의 영혼이 부서짐이니,
14 부서지고 찌들어진 그 영혼의 형태로
써는 나에게 오르지 못한다 하지 아니
하였더냐?
15 그러니 너희들이 하늘의 지혜를 받는
그 은혜를 받을 수가 없음이니, 하늘
의 지혜를 받는 은혜를 너희들이 받지
못한다면 아무것도 이룰 수 없으며 아
무것도 역사할 수 없는 것이니라.
16 이제 나의 아들을 따르는 제자들이요,
나의 법전을 읽고 깨우친 만백성, 너
희들은 들으라.
17 나 여호와가 원하는 대로 너희들이 그
스스로 모형을 아름답게 가꾸라.
18 그리고 십계명이 바라는 것, 그리고
나의 새로운 성경이 바라는 것, 거기
에 맞는 너희들의 그 모형을 피나는
노력으로써 잘 가꿔 다스리지 아니하
는 자는 결코 나의 은혜를, 지혜의 은
혜를 얻을 수가 없으며 받을 수가 없
다는 것을 알라.
19 너희들은 내가 만든 그 아름다운 모습
을 지키기 위하여 그를 닦고 빛내고
가꾸어 가는 자가 아니면,
20 결코 너희들은 나로부터 하늘의 지혜
를 받는 은혜를 얻을 수 없다는 그 무
섭고 무서운 사실을 알도록 그리하며,
그들에게 전하도록 하라, 사랑하는 나
의 아들아!
21 너희들의 모형을 스스로 깎아 만들도
록 피나는 노력을 하라 그리 전하라.

## 10,752 번째 하나님 말씀

*2004년 4월 24일 06시 32분*

1 사랑하는 나의 아들아!
2 "네, 아버님! 말씀하옵소서."
3 마지막 시대에 내가 모든 비밀된 것을
개봉한다는 것을 알겠느냐?
4 너는 그 뜻을 어찌 생각하며 어찌 받
아들이느냐?
5 "네, 아버님! 그렇사옵나이다.
6 마지막 시대는 구약이요, 신약의 시대
요, 제3의 시대요, 오늘의 그 시대가
마지막이라는 그 의미도 있으며 이때
를 의미하나,
7 아버님께서 말씀하시는 인간의 그 마
지막 시대에 모두가 이루어지고 역사
한다는 것은 그것이 아니라 저는 생
각하옵나이다.
8 그 의미는 또한 이와 같은 뜻을 가지
고 있다 생각되옵나이다.
9 인간의 능력이 최대한으로 발전하고
발전될 때까지, 그리고 인간의 노력으
로써는 인간의 육이 존재하는 그 속
에서 머리가 발달하고 발달하여 마지
막까지 왔을 때,
10 최선의 머리를 다 발전시키고 또 변화
시켰을 때, 그때 하늘의 지혜를 얻을
수 있는 문이 열린다는 것,
11 그래서 인간 저희들의 그 지혜요, 그
리고 머리가 발달되고 과학의 문명이
발달되며 깨우치고 깨우치는 극치의
한도까지 온다 했을 때,
12 100이라는 노력을 하는 것이 저희들
이 가지고 있는 지혜요, 101서부터 하
늘의 지혜라면, 101를 받을 수 있는
100의 그 발달 되는 머리요, 그때까지
변화가 되는 것,
13 그리고 최선의 노력을 다하여 인간으
로서 인간의 지혜를 역사하는 것, 그
때가 마지막 시대라 그리 생각되옵나
이다."
14 그러니 지금의 시대가 과연 너는 마지
막 시대라는 그 의미를 알겠느냐?
15 "네, 아버님!
16 지금은 모든 과학이 발달되었으며, 인
간의 머리가 발달될 대로 발달되었으
며,
17 그리고 모든 사람들이 쉽게 만나고 접
할 수 있는 모든 과학의 문명이 지금
이루어졌으니,
18 이것이 그리하여 아버님의 마지막 때
라는 그 의미의 말씀이요, 마지막 시
대의 의미가 일치되는 것이라 저는 이
미 그를 깨닫고 있었사옵나이다."
19 사랑하는 나의 아들아!
20 그 의미가 깊음을 너는 알라.
21 마지막 시대가 너희들이 구약과 신약
의 시대요, 마지막 시대에 여는 것이
마지막 시대의 의미니,
22 그 마지막 시대를 받침하는 것이 바로
무엇이냐 하면,
23 네가 말하는 대로 인간의 능력이 100
이라면 100이라는 그 지혜에 도달할
때까지 너희들이 노력하는 것,
24 그것이 너희들의 마지막의 그 시대의
의미의 깊음이 거기에 있음이니,
25 그때 너희들이 하늘의 지혜를 얻으니,
내가 그때를 기다려 지금 제3의 시대
를 열어 감이니,
26 이게 바로 마지막 시대의 그 의미라는

것을 너희들은 알도록 네 제자들에게
깨우침을 주도록 그리하거라, 사랑하
는 나의 아들아!
27 "네, 아버님! 알겠사옵나이다.
28 모두를 봉인하여 두신 아버님의 뜻을
이제야 제가 알고 있으며 그 뜻을 이
제 알았사옵나이다."
29 모든 뜻은 너희들이 모르는 그 지혜
요, 그리고 너희들이 그 알고 있는 지
혜, 그 모두를 다 동원하여 모르는 지
혜는 아는 지혜로써 너희들이 스스로
변화되며 최정상에 올랐을 때,
30 너희들의 깨달음이 최정상에 올랐을
때, 그것이 바로 마지막 시대라는 것
의 의미를 네가 알았으면,
31 너는 너의 제자들에게 그와 같은 지
혜를 열어 주도록 그리하라, 사랑하는
나의 아들아!
32 너희들이 그와 같이 노력을 하지 아니
하였을 때는 내가 하늘의 뜻을 알려
주지 아니하며,
33 너희들이 그 하늘의 뜻을 알 수 없기
때문에 내가 깨우쳐 주어도 너희들이
받아들이지 못함이니라.
34 너희들이 100이라는 지혜를 깨우쳐
너희들이 101요, 하늘의 지혜를 들어
서기 직전까지 노력하지 아니하면,
35 내가 성서의 비밀을 가르쳐 준다 해
도, 너희들이 전한다 해도 그를 알 수
없기에, 모두를 다 봉인해 두었으며
비밀로 역사한 뜻을 너는 알겠느냐,
사랑하는 나의 아들아!
36 그때가 왔기에 마지막 시대요, 그때를
맞춰서 제3의 시대가 열어짐이니,
37 이게 다 마지막 시대라는 것을 너희들
은 이제 깊이 깨우쳐 그 의미를 알게
되었을 것이니라.
38 지혜가 최고로 열리고 발달되었을 때,
그때가 마지막 시대이니,
39 그때가 되지 아니하면 성경의 비밀을
알 수 없다 함이니 그리 알라.
40 마지막 때까지 비밀을 지키노라, 그리
고 마지막 때까지 그를 인봉해 놓는다
내가 가르친 뜻을 알겠느냐?
41 성서에 그리 가르쳐 전했느니라.
42 '마지막 때까지 이를 간수하고 이 틀
을 봉인하여 많은 사람이 왕래하며 지
식이 더하리라.' 그리하여 그때 가서
그 가르침의 의미를 전하게 될 것이라
는 내 뜻을 알겠느냐?
43 많은 사람들이 쉽게 왕래할 수 있다는
것은 무엇이더냐?
44 모든 교통의 수단이요, 너희들이 움직
이고 동원하는 것이 가장 편안하고 마
음대로 할 수 있는 그와 같은 시대로
변화되는 것이요, 그리고 너희들의 지
식이 더할 것이라 한 것은 무엇이더냐?
45 너희들이 인간의 지혜가 극도로 발달
되었을 때, 그때 하늘의 뜻이요, 성경
을 개봉함으로 너희들이 그를 바로 알
아들을 수 있으며, 미달된 백성이 알
수 없으니,
46 오늘의 제3의 시대가 마지막 시대가
열려 간다는 내가 너희들에게 명한 그
뜻을 알겠느냐?
47 그 모두를 관장하며 그 모두를 다스리
는 마지막 때, 모든 책임을 가슴에 안
고 있는 것이 너의 제자들이라는 것을
잊지 말라 하라.
48 그러면 너희들이 흔들리는 마음이요,

믿음이 부족한 마음이요, 하늘의 뜻을
모르는 자,
49 나의 아들이 정녕 나의 아들이라 명
한 자요, 그리고 나의 법전이 하늘에
오르는 길이요, 진리의 길인지 아닌지
흔들리는 너희들의 마음 또한 바로잡
을 수 있을 것이니, 그들에게 그리 전
하라.

## 10,753 번째 하나님 말씀

*2004년 4월 24일 06시 36분*

1 사랑하는 나의 아들아!
2 "네, 아버님! 말씀하옵소서."
3 네가 나로부터 선택된 아들로서 만백
성을 구하려 160권의 법전을 만들며,
너를 따르는 제자들이요, 나의 법전을
읽고 깨우친 백성 너희 또한 선택된
자들이니라.
4 그러니 변하는 삶을 살며 하늘의 뜻을
알고 살아가는 너희들, 만백성들이 너
희들을 필요치 아니하며 너희들을 찾
아보려 하지 아니하며 너희들을 원하
지 아니한다면, 결코 그것은 무엇이더
냐?
5 너희들이 너희 자신의 그 가치를 지키
지 못하였기 때문이며, 너희들 자신을
제대로 다스리지 못하고 왔기 때문임
을 알라.
6 나 여호와의 뜻을 따라 행하는 나의
아들이요, 그리고 그 제자, 너희들은,
7 지금의 그 깨우침이요, 진리에 갈급한
그 모든 백성들이 너희들을 찾을 것이
며, 너희들을 필요로 할 것이며, 너희
들을 원하는 그와 같은 너희들의 자리
를 지키지 못한다면, 결국 무엇이더냐?
8 너희들이 그들이 필요한 사람으로서
변화되지 못한 것은 너희들이 너희 자
신의 가치를 높이지 못했으며, 너희들
자신이 정녕 변하지 못하였기 때문이
라는 그 무서운 사실을 알겠느냐?
9 너희들이 정녕 바로 났으며 바로 변화
되었으며 너희들이 그와 같은 삶을 살
며, 나의 법전대로 행하고 사는 백성
이라면,
10 모든 백성들이 너희들을 필요로 할 것
이며, 그들이 너희들로부터 등을 돌리
지 아니하며, 그들이 너희들로부터 멀
어지지는 결코 아니할 것이니라.
11 모든 주변에 있는 백성들이 너희들로
부터 멀어지며 너희들에게 등을 돌린
다는 것은,
12 너희들의 믿음이 다른 그것에 앞서,
너희들의 가치요, 너희들의 존재를 아
름답게 다스려 제자로서, 나의 대명을
역사하는 전사로서 자신을 가꾸고 다
스리지 못한 것이니,
13 모두는 다 너희들의 책임이요, 너희들
이 다 치러야 할 죄의 대가라는 것을
알라, 사랑하는 나의 아들딸들아!
14 너희들이 모두를 경쟁자로 생각하며
네 마음을 비우지 못했으며, 시기하고
질투하는 그와 같은 마음을 비우지 못
했으며, 욕심의 뿌리를 버리지 못했기
때문이니라.
15 너희들은 세상을 사는 데 경쟁자요,
힘들고 어려운 것이요, 그와 같은 마
음을 다 버리고, 너희들이 힘겹고 버
거운 상대들이라 생각하지 말며,
16 세상을 너희들이 그저 즐기는 마음으

로 아름다운 모습으로 살아가는 그와
같은 마음으로 살아갈 때,
17 너희들에게 등 돌리는 자가 없으며,
너희들을 따돌리는 자가 없으며, 너희
들로부터 돌아서는 자가 없을 것이니,
18 그 모두는 다 너희들의 탓이니라.
19 그러니 세상을 보라.
20 너희들이 모두를 다 마음을 지워 버리
고 아름다운 마음으로 세상을 살지 못
하기 때문이니,
21 모두는 다 네 탓이요, 너희들의 잘못
이라는 걸 절대 잊지 말라, 사랑하는
나의 아들딸들아!

## 10,754 번째 하나님 말씀

*2004년 4월 24일 06시 46분*

1 사랑하는 나의 아들아!
2 "네, 아버님! 말씀하옵소서."
3 인간 너희들이 그 끼니를 때우지 못하
며 끼니를 채우지 못한다면, 결국 너
희들은 어떠한 것이더냐?
4 결국 너희들은 모두가 다 죽음으로써
끝나며, 그것으로써 모두가 일관하는
것이 아니더냐?
5 이제 너의 제자들에게 깨우쳐 주도록
그리하라.
6 너의 제자들이 알고 있는 그 백성들이
요, 그리고 너희들이 이름 석 자를 기
억할 수 있는 그와 같은 백성들,
7 그 모두에게서 너희들이 손을 놓으며
등을 돌리는 그 순간에 그들은 모두가
굶어 죽는 그와 같은 형국이 됨이니,
8 곧 이는 구원을 받지 못하는 그와 같
은 자들이 되는 것임을 너희들은 알아
야 될 것이니라.
9 사랑하는 나의 아들을 따르는 제자 너
희들은 들으라.
10 너희들은 이미 나로부터 선택된 백성
이요, 하늘의 법도에 의해 사는 백성
이라 하지 아니하였더냐?
11 너희들이 알고 있는 형제요, 자식이
요, 그 모두가 다 너희들을 따라오지
아니하며 너희들과 같이 가지 아니할
때,
12 그들은 결국 굶어 죽는 그와 같은 형
국으로써 그 모두가 다 죽음이니, 그
들이 구원의 길을 오를 수 없는 것이
니라.
13 그러니 그들이 구원의 길을 오고 못
오는 것은 또한 누구에게 달렸던가?
14 너희들에게 달렸음이니라.
15 그러나 너희들에게 달렸고 안 달린 것
은 관계없음이니라.
16 다만, 너희들이 그들을 놓고 떠나 그
를 놓는 순간에, 그들로부터 너희들이
등을 돌리는 그 순간에, 너희들이 포
기하는 순간에,
17 그들은 지금 살고 있으나 먹지 못하며
끼니를 채우지 못하여 말라 죽는 형국
과 같이 된다는 것을 알아야 될 것이
니,
18 이제 내가 하늘의 법도요, 너희들이
얼마나 귀하고 소중한 것인가를 전함
이니, 명심하도록 그리하라.
19 너희들이 알고 있는 단체요, 너희들이
같이 어울려 살아가는 속이요, 너희들
의 부모 형제요, 자식과의 그 관계요,
20 그 모두에서 너희들이 나의 성전에 와
나의 강론을 들으며 나의 법전을 읽는

것을 포기할 때, 그리고 너희들이 더
이상 관심을 갖지 아니할 때,
21 그들은 끼니를 채우지 못하여 말라죽
어 가는 그와 같은 형국으로 된다는
것을 명심하도록 그리하라.
22 오로지 나의 법전이 하늘에 오르는 길
이요, 너희들이 가는 길이 나 여호와
의 진리라 함이니,
23 그렇다 하면 이 진리의 길을 가지 아
니하는 자는 바로 무엇이더냐?
24 지옥으로 가는 길의 삶을 살지 않더냐?
25 그러니 너희들이 거기에서 떠나는 그
순간에 모든 인연이 끊어짐이니, 그들
은 바로 굶어 죽는 그와 같은 형국이
됨이니라, 사랑하는 나의 아들딸들아!
26 너희들이 어찌 변화되고 안 되는 것은
다음의 문제요, 그것은 중요한 것이
아니니라.
27 다만, 너희들이 마음을 거둬들이고 포
기했을 때, 그들은 굶어 죽는 그와 같
은 자들이 된다는 것을 절대 잊지 말
도록 그리하거라, 사랑하는 나의 아들
딸들아!
28 네 부모요, 네 형제요, 이 세상의 많은
인간 중에 그래도 이름 석 자를 기억
하며 얼굴을 기억해 줄 수 있는 자들
이 굶어 죽는 그와 같은 형국으로 된
다면, 얼마나 너희들이 가슴 아픈 일
이더냐?
29 그러니 너희들이 거기서 마음과 몸이
떠나는 순간에 그들이 모두 그리됨이
니, 어찌한단 말이더냐?
30 이는 하늘에 오르는 길이요, 참진리의
길인 나의 법전이요, 너희들이 가는
길이 정통의 길이기 때문이니,
31 너희들이 거기서 떠나는 순간에 모두
를 포기함이니, 그들은 너희들과 더불
어 이 길을 갈 수 없음이니, 그들이 굶
어 죽는 그와 같은 형국이 됨이니라,
사랑하는 나의 아들딸들아!
32 너희들이 변화되고 안 변화되고 그들
이 보고 깨우치고 안 깨우치는 것은
뒷전의 문제며 다음의 문제이니라.
33 우선 너희들은 그와 같이 무서운 사실
을 알도록 그리하라.
34 그러니 모든 인간관계요, 형제지간에
너희들이 그 고리를 끊지 말며 포기하
지 말도록 그리하라.
35 너희들이 정녕 그들을 사랑한다면, 너
희들이 포기하는 마음으로 등을 돌렸
을 때, 그 순간에 그들은 굶기 시작하
는 백성이 된다는 사실을 알겠느냐?
36 너희들의 모임이요, 단체요, 그리고
너희들이 알고 지내는 모든 사람들이
요, 그리고 형제요, 그들에게 너희들
의 마음을 거두지 말도록 그리하라.
37 언젠가는 그가 돌아올 것이며 그를 구
원하겠다는 마음으로 너희들이 희생
과 봉사를 계속하지 아니하면 아니 되
느니라.
38 너를 핍박하는 형제요, 그 부모도 다
너희들이 손을 놓는 순간에 그들은 굶
어 죽는 자들이요, 굶기 시작한다는
것을 알겠느냐?
39 이것이 하늘의 진리요, 하늘의 뜻이
요, 마지막 길이기에, 이를 버리면 그
누구도 구원받을 수 없기에, 그들이
굶어 죽는 형국이 되는 것은 당연한
것이거늘, 어찌하여 너희들이 그 이치
요, 그것도 깨닫지 못한단 말이더냐?

40 그러니 지도자 너희들이 어떻게 그들에게 보여서 그들이 돌아오느냐 하는 것은 두 번째 문제요, 다만 너희들의 마음을 거두지 말도록 그리하며, 그곳에서 몸과 마음이 떠나지 않도록 그리하라.
41 형제지간에 몸과 마음을 떠나지 말며, 그리하여 그들이 굶어 죽지 아니하는 것이요,
42 너희들이 몸과 마음을 포기하고 등 돌리는 순간에 그들은 굶어 죽기 시작함이니,
43 너희들이 미련을 가지고 있고 인도하고 있다는 생각을 가지고 있는 동안 그들은 아직 굶어 죽지 아니함이니라.
44 왜 그런 줄 알겠느냐, 사랑하는 나의 아들아!
45 "네, 아버님! 그것은 기회가 있기 때문이옵나이다.
46 저희들이 포기하지 아니하고 저의 제자들이 포기하지 않을 때, 그 제자들은 그들과 대화하며 만남의 광장이 계속 이루어질 것이니,
47 어느 순간에 그들이 변화될 수 있는 그 기회가 있기에 아버님께서 그들에게 양식을 주고 계시며 굶게 하지 아니하시옵나이다.
48 그러나 저의 제자들의 그 모두가 마음을 거두고 정신적인 생각을 다 거두고 지워 버렸을 때,
49 그 모두는 그 순간에 굶기 시작하는 백성들이니, 지옥으로 가는 길을 가는 백성이라는 것, 이것이 얼마나 두렵고 무서운 것인가를 이제야 깨달았사옵나이다.
50 그러니 저희들이 잘 깨우쳐 바로 가서 그들이 보고 오고 안 오는 것은 둘째 문제요,
51 우선은 그 어떠한 형태든 마음을 거두지 말며 그들과 끈을 가지고 있는 것이 얼마나 귀하고 소중한 것인가를 저의 제자들에게 깨우쳐 전하겠사옵나이다, 아버님!"
52 그리하라, 나의 아들아!
53 그것이 얼마나 귀하고 소중한가를 너는 보았지 않더냐?
54 "네, 아버님! 보았사옵나이다.
55 사람이 아무리 힘이 있고 장성하나, 그리고 그들이 지금 힘이 있어 저의 제자들을 핍박하며 오늘의 법전을 핍박하나,
56 그들이 몇 끼만 굶으면 시들시들 무너지는 것은 당연한 것이니, 결코 그들은 음식을 취하지 못함이니, 죽어 가는 그 형국이옵나이다.
57 그러기 때문에 저희들이 버려서는 아니 되며, 누구의 이름을 놓아서도 아니 되며, 어떠한 만남의 끈을 놓아서도 아니 되며,
58 그들 모두를 죽게 하는 것이니, 그 죄가 두렵고 무섭사옵나이다."
59 그들과 너희들이 상통하지 못하며 그들과 너희들이 하나가 되지 못하면,
60 그 속에서 너희들이 천사와 같은 마음으로 그들을 대하도록 그리하지 아니하면 너희들이 끈을 놓게 됨이니,
61 끈을 놓는 것은 너희들의 욕심이요, 너희들의 마음이 사악하기에 끈을 놓는다는 것을 잊지 말라, 사랑하는 나의 아들아!

62 너희들이 끊도록 만드는 것, 끊고자
하는 마음이 생긴다면, 그것은 순간적
인 사탄의 마음이요, 나 여호와의 뜻
이 아님을 알라, 나의 아들아!
63 그리고 너의 제자들에게 그를 명심하
여 깨우쳐 주도록 그리하고 이 중요한
대목을 전하라.

## 10,755 번째 하나님 말씀

*2004년 4월 24일 06시 51분*

1 사랑하는 나의 아들아!
2 "네, 아버님! 말씀하옵소서."
3 때가 되었으며, 내가 성서에 비밀된
그 모두를 봉인함을 열어 너희들에게
지혜를 가르쳐 주는 것은 무엇이더냐?
4 인간 너희들의 지혜가 극도에 달하여
발전되었으며, 그리고 또한 너희들이
그 심판의 시대가 지금 되고 있다는
것을 알아야 될 것이니라.
5 곧 심판의 시대가 가까워졌으며, 너희
들의 지혜가 인간의 지혜로써는 발달
할 만큼 발달했으며,
6 인간이 서로 만나고 헤어지는 것이 쉽
게 이루어지며, 누구나 금방 만나고
헤어질 수 있는, 이 세상이 하나가 되
는 그와 같은 세상이 된 것이 바로 너
희들의 지혜가 최대로 발달된 상태며,
최대의 극치에 오른 시대이니라.
7 그러니 지금 내가 지금 제3의 시대를
열어 모두를 다 마지막 시대를 열어
감이니, 이는 바로 무엇이더냐?
8 심판의 시대가 지금 이루어지며 심판
의 시대가 되었다는 것을 너희들에게
알려 주는 것이니라.
9 나의 인봉된 비밀이 다 전하여지며,
그것이 깨우침으로써 너희들에게 전
해지며, 내가 새로운 성경으로써 그와
더불어 너희들이 지혜를 얻도록 깨달
음을 주고 있음이니, 이것은 바로 너
희들이 그 마지막 때가 되었다는 것임
을 알라.
10 그러나 여기서 너희들이 명심하여 들
으라.
11 너희들이 때가 되어 비밀된 성서를 열
어 주며 내가 새로운 성경을 세상에
내려보낸다 해도,
12 너희들이 이를 듣기만 하면 모두가 다
하늘의 지혜를 얻어 깨달음을 얻어 구
원을 받는 것이 아니라는 것을 알라.
13 너희들의 악습을 버리며, 너희들이 인
간 세속에서 천사와 같은 삶을 살고자
피나는 노력을 하는 자가 그 지혜를
얻을 수 있다는 것을 알라.
14 천사가 되고자 노력하는 자만이 성령
으로 임함이니, 그 성령이 임하는 백
성만이 그 지혜를 얻는다는 것을 절대
잊지 말아야 될 것이니라.
15 너희들이 하늘나라에 오를 수 있는
것, 하늘나라에 역사한다는 것, 나의
모두를 안다는 것은 너희들이 성령이
임하는 백성으로 변화되는 노력하에
나의 하늘의 지혜가 너희들에게 부어
짐이니,
16 그 성령으로 사는 삶을 살지 아니하
면, 너희들이 그 길을 가지 아니하면,
결코 너희들에게 하늘의 그 위대한 지
혜를 부어 줌이 없음을 알아야 될 것
이니라.
17 이제 사랑하는 나의 아들딸들아!

18 너희들이 내가 나의 아들을 통하여 나
의 새로운 성경에 기록한 그 내용을
읽고 정독하면,
19 마지막 시대가 무엇이며, 마지막 시대
라는 그 말을 너희들이 알게 될 것이
며, 마지막 시대가 왔다는 것을 너희
스스로 인정하고 알게 될 것이니라.
20 그렇다면 이 모두는 나 여호와의 뜻이
요, 나의 아들은 나로부터 선택된 아
들로서 만백성 너희들을 구원하기에
오늘의 한 시대를 너희들과 같이 살아
감이니,
21 그 은혜에 감사하며 너희들이 범사에
감사하는 마음으로 살고 살아도 나의
은혜를 갚을 길이 없다는 것을 알라,
사랑하는 나의 아들딸들아!
22 다시 한 번 내가 너희들에게 말하느
니, 너희들이 지혜로운 자요, 성령으
로 임하는 백성이 되어야 너희들이
기억하고 있는 모든 사람들이 너희들
을 따라 구원을 받을 수 있으며,
23 너희들이 지치고 힘들어 그들의 손을
놓는 그와 같은 일이 없을 것이니라.
24 너희들이 손을 놓고 너희들 생각에서
지워 버리며, 모든 알고 있는 사람들
을 너희들이 버리면,
25 그들은 그때서부터 굶기 시작하는 백
성들이요, 굶어 죽어 가는 길을 간다
는 이 무서운 진리요, 나 여호와의 뜻
을 명심하고 명심하여,
26 너희들이 사람을 굶어 죽이는 그와
같은 일을 하지 않도록 그리하라, 사
랑하는 나의 아들딸들아!
27 모두를 기억하여 너희들이 머릿속에
입력하며, 그들을 깨우치고자, 그들이
돌아오기를 바라는 마음으로써 너희
들이 기도하라.

## 10,756 번째 하나님 말씀

*2004년 4월 24일 07시 01분*

1 사랑하는 나의 아들아!
2 "네, 아버님! 말씀하옵소서."
3 나의 법전을 세상에 내려보냄이니, 내
그 애절한 마음을 너희들이 아느냐?
4 내가 지금 바라보는 너희들이 그러하
니라.
5 수천 년 동안 너희들의 믿음이요, 하
늘에 오르는 길이라 하여 살아온 그
세월이 흘러옴이 다 무상하며 물거품
이 되었다는 것을 너희들은 알겠느냐?
6 지금 나 여호와가 창조한 아름다운 형
상을 가진 나의 아들딸 너희들이 수천
년 동안 잘못된 그 믿음 속에서 무너
지고 찌그러져, 지금은 사악한 마귀의
형상이 되어 있음이니라.
7 그러니 마귀의 그 험악한 형상으로써,
너희들의 그 형태로써는 하늘나라에
오를 수 없으며 나에게 오를 수 없는
너희들로 그리 타락됨이니,
8 그를 보고 내가 더 이상 견딜 수 없어,
내가 마지막 지금 나의 법전이라 하여
새로운 성경을 나의 아들을 통하여 세
상에 내려보내는 그 의미를 알겠느냐?
9 수천 년 동안 뭉그러지고 무너진 마귀
와 같은 그 형상을 가지고 세상을 지
배하는 너희들을 내가 원상태로 돌려
놓고자 하여,
10 너희들의 모습을 원상태로 돌아올 수
있도록, 돌려놓기 위하여 내가 오늘의

이 역사를 하고 있으며, 이 모두를 치
르고 있는 것을 알고 있느냐?
11 그 무너지고 마귀와 같은 형국을 치
료할 수 있는 것은 그 의서가 필요하
며 의사가 필요하듯이, 그리하여 내가
의서인 나의 새로운 성경을 세상에
내려보낸다 하지 아니하였더냐?
12 그러니 나의 법전이요, 새로운 성경을
보고 악한 자가 선한 사람으로서 거듭
나는 그와 같은 수술을 너희들이 해야
되며,
13 욕심 덩어리인 그 백성들이 사랑의 사
람으로 변화되는 것, 이것이 너희들이
역사하는 것이니라.
14 그러니 보이는 기적과 이적이요, 그것
보다 더 위대한 역사요, 기적이 무엇
인 줄 알겠느냐?
15 나를 등지고 가던 그 백성들이 깨우쳐
내 뜻에 따라 내 뜻에 의한 삶을 살고
계명에 따라 사는 백성, 나의 새로운
성경대로 살아가는 백성으로 변하는
것이 그보다 더 큰 기적이요, 이적이
없다 하지 아니하였더냐?
16 이제 너희들은 육의 이적이요, 기적에
만 연연하는 그와 같은 너희들의 잘못
된 믿음에서, 그게 중요하다 하여 매
달리는 그와 같은 것에서,
17 너희들이 천사와 같은 마음으로 변화
되는 것이 더 위대한 기적이요, 역사
라는 것을 깨달아야 될 것이며,
18 그와 같은 마음으로 삶을 살아가도록
하지 아니하면 아니 됨을 그들에게 전
하라, 사랑하는 나의 아들딸들아!

## 10,757 번째 하나님 말씀

*2004년 4월 24일 07시 03분*

1 사랑하는 나의 아들아!
2 "네, 아버님! 말씀하옵소서."
3 내가 너희들을 이 세상에 가장 아름다
운 마음씨요, 가장 아름다운 형태로
내려보냈거늘, 그 아름다운 마음이 마
귀의 마음이요, 아름다운 형태가 마귀
의 형상으로 너희들이 다 무너졌으니,
그를 찾고자 하는 것이 나 여호와의
뜻이요,
4 너희들이 그와 같은 처음의 모습으로
돌아오는 것이 바로 나에게 가장 큰
기쁨이요, 가장 큰 은혜에 보답하는
길이라 내가 그리하지 아니하였더냐?
5 그러니 너희들이 그 오늘의 삶에서 그
와 같은 형태로 돌아와 주기를 바라느
니라.
6 그와 같은 너희들이 가고자 하는 것은
오늘의 믿음이요, 잘못 가르치는 종교
집단이요, 지도자 그들이 성서의 뜻을
알지 못함이니,
7 나의 법전을 정독하고 깨우쳐 너희들
이 하늘의 뜻을 알며 성서의 비밀의
문을 열게 된다면, 오늘의 삶에서 너
희들이 거듭나는 그와 같은 삶으로 변
화될 수 있거늘,
8 너희들의 고집이요, 그 아집으로 인하
여 그를 보지도 아니하며 듣지도 않으
려 하며,
9 더욱이 보려는 백성들까지도 보지 못
하게 너희들이 지금 악을 쓰고 있는
이와 같은 형국이 되어 있으니,
10 그 죄의 치름을 다 너희들이 어찌하려

한단 말이더냐?
11 내가 너희들에게 말하였느니라.
12 너희들이 죽어 와 나에게 벌을 받아
유황불에 들어간다는 그 죄목을, 실제
로 너희들이 유황불에 들어가서 영원
히 죽지 않고 그 고통을 당한다는 걸
생각해 보라.
13 그러면 이 세상에 있는 것이 다 너무
나 귀하고 소중하다는 마음으로써 읽
고 듣고 깨우쳐, 변화할 수 있으면 변
하며 깨달을 수 있으면 깨달으라 그리
가르치는 것이 지도자로서의 자세이
거늘,
14 보지도 말라, 듣지도 말라, 읽지도 말
라 하는 것이 너희들이 얼마나 무서운
죄의 행위를 하는 것인가?
15 이것을 그들에게 깨우쳐 주고 그들이
먼저 알도록 그리하라, 사랑하는 나의
아들을 따르는 제자들아!

## 10,758 번째 하나님 말씀

*2004년 4월 24일 09시 44분*

1 사랑하는 나의 아들아!
2 "네, 아버님! 말씀하옵소서."
3 모든 종교 집단이요, 지도자들이 기도
라 하여 중언부언하느니라.
4 모든 백성들의 머리 위에 손을 얹고
저희들이 그 기도를 함이니, 짜깁기의
명수라 내가 그리하였느니라.
5 그들이 중언부언하는 그와 같은 기도
를 함이니, 내가 나의 아들 너에게 그
기도를 명한다면 과연 너는 어찌하겠
는가?
6 모든 지금 믿음의 길을 가는 그 신도
들이요, 성도들이 우러러보며 진정한
하늘로부터 명받은 목자라 그리 존경
하며 따르며 그에게 너희들이 아부하
는 자,
7 그와 같은 자요, 그 가장 일인자라 하
는 너희들 종교 집단의 우두머리들이
과연 너희들의 머리 위에 손을 얹고
기도하는 그 소리가 어찌하던가?
8 그러니 너희들은 그 대표적인 자가 기
도하는 자요,
9 그러니 내가 오늘 나의 아들 너에게
기도하는 그 권한을 준다 하면, 너는
과연 어떠한 기도를 하겠는가?
10 너도 그들과 똑같은 기도로써 일관할
수 있는가, 그렇지 않으면 내 뜻을 따
라 네가 기도하는 자로서 기도를 할
것인가?
11 오늘 내가 너를 통하여 너의 그 기도
소리를 듣고자 하니, 네가 한번 기도
를 하여 나의 법전에 기록하라.
12 오늘의 종교 집단들이 하는 그 기도
소리와, 인도하는 자들의 기도 소리이
며, 구원을 인도한다는 자들, 그리고
나에게 면죄부를 갖다 내 이름으로 팔
아먹는 자, 그 우두머리들이 하는 그
기도와,
13 오늘 네가 하는 그 기도를 대조하여
여기에 기록하고자 함이니,
14 네가 한번 네 기도를 나에게 올리도
록 그리하라.
15 사랑하는 나의 아들아! 내가 너에게
명함이니라.
16 "네, 아버님!
17 모든 종교 집단이요, 지도자들이 기도
하고 경배하는 것처럼, 저에게 아버님

께서 그와 같은 기도의 자격을 주시며
기도를 하라 하신다면,
18 저는 제 마음을 저의 제자들이요, 모
든 백성에게 이리 전하며 이리 기도를
드리고자 하옵나이다."
19 그러면 네가 너의 기도를 한 번 기록
하여 전하라, 사랑하는 나의 아들아!
20 "네, 아버님! 전지전능하신 아버님이
시여, 그리고 만물을 창조하신 아버님!
21 이 죄 많은 아버님의 아들이요, 그 만
백성의 죄 속에 있는 자가 아버님의
명을 받아 감히 기도를 드리오며,
22 대표 기도라는 것을 드리라 하여 제가
오늘 기도를 드리오니, 이를 거두어
주옵소서.
23 아버님! 저 자신이 그렇사옵나이다.
24 부모에게 불효하는 자요, 부모에게 효
도하지 못하니 부모에게 죄인이요,
25 위로는 하나님께 하나님의 뜻대로 살
아가지 못하니 하나님께 대한 죄인이
요,
26 그러니 모두의 죄인이니, 제가 어찌
살아가야 될 것인가 그걸 모르겠사옵
나이다.
27 저를 따르는 그 제자들 앞에서 제가
죄인이요, 또한 제 아내에게 죄인이
요, 그리고 제 자식에게 죄인이요, 모
든 친구들에게 죄인이요, 모든 이웃에
게 죄인이옵나이다.
28 온통 죄 속에 사는 것이요, 죄 속에 살
아가는 제가 무슨 기도를 드리며 무엇
을 말씀 올리겠사옵나이까?
29 다만, 아버님께서 기도를 하라 그리
명하시니, 제가 드릴 수 있는 기도는
그것뿐이옵나이다.
30 그러니 친구에게 죄인이요, 아는 사람
들에게 죄인이요, 모든 관계된 백성들
에게 죄를 짓고 사는 것이요,
31 모르고 가는 사람들의 그 단체 속에
서 살면서 그 세상에 살면서 또한 수
없는 죄를 짓고 사니 오로지 죄인이요,
32 부모에게 효도하지 못하며 효성을 다
하지 못하니 부모에게 죄인이요, 형제
지간에 우애가 없으니 죄인이요, 아내
에게 잘못하며 자식들에게 잘못하며
모두에게 잘못함이니, 그 모두가 죄요,
33 형제들에게도 바르게 살지 못하며 바
르게 보이지 못하니, 죄를 짓고 사는
것이 더 많으니 죄인이요,
34 그리하여 감히 두렵고 무섭기는 위로
는 아버님께 짓는 그 수많은 죄를 어
찌 용서받을 것인가 두려우며, 또한
모두에게 짓는 그 죄가 두려워 감히
입을 다물고 살아야 될 것이며,
35 아무런 말도 할 것이 없으며 말을 해
서도 아니 되는 것이 저희들의 입장이
요, 지도자의 자세라 그리 저는 기도
를 드리오며,
36 그것을 아버님께 말씀을 드리며, 많은
저의 제자들이요, 그리고 아버님의 법
전, 이 성령을 보고 깨우치는 그 모든
백성들에게 저는 그를 전하고 싶사옵
나이다.
37 부모에게 죄인이요, 형제에게 죄인이
요, 친구에게 죄인이요, 이웃에게 죄
인이요, 모든 사람들에게 죄인으로서
살아감이니,
38 과연 그 죄인이 더 아름다운 것을 입
고자 노력할 필요가 있으며, 그 자격
이 있으며,

39 더 좋은 것을 먹고자 하며, 더 좋은 집에서 생활하고자 하며, 더 나은 환경에서 생활하고자 하는 그와 같은 생각을 가질 수 있는 것인가, 그것을 저는 지금 모든 저의 제자들에게 전하고 싶사옵나이다.

40 저희들이 스스로 죄인이 덥다 하여 그 더위를 면하는 행위를 하지 말며, 춥다 하나 그 추위를 너희들이 면하려는 행위를 해서도 아니 되는 것이 죄인의 행위라 그리 생각되옵나이다, 아버님!

41 이것이 제가 아버님께 드릴 수 있는 기도요, 아버님이 허락하시니 대표 기도라 드릴 수 있는 것이옵나이다.

42 저는 그리 저의 제자들과 그리 살아가야겠다 생각하옵나이다.

43 죄를 지었기 때문에 죄인이요, 다만 하나님의 은혜로써 저희들이 갇혀 있는 것이 아니니,

44 인간 세상에서 죄를 지어 그가 갇혀 있음이니, 그 죄인이 과연 덥다 하여 제가 그 더위를 면해 달라 소리 지를 수 있으며, 추우니 춥다 그를 면해 달라 소리를 지를 수 있으며,

45 먹고 싶은 것, 입고 싶은 것을 마음대로 해 달라 할 수가 있는 것인가, 과연 죄인은 그와 같은 모든 자유로움이 없는 것이라 생각하옵나이다.

46 그 인간 세상에서 죄를 지은 그 죄인보다도 더 무서운 죄요, 더 큰 죄를 짓는 게 아버님 앞에서 저희들이 죄를 짓고 삶이니,

47 과연 저희들이 더 좋은 것, 더 화려한 것, 더 편하고 더 얻고자 하는 것,

48 모든 것을 다 제가 유리하고 제가 좋은 것을 한 가지라도 생각할 수 있는 자격이 없다는 것을,

49 저는 그를 깨달아 제자들과 제가 그와 같은 마음으로 살아가겠다는 생각을 하오며,

50 감히 사람들 앞에서든 누구 앞에서든 죄인이기 때문에 말할 자격이 없으며 입을 열 자격이 없다는 것을, 저는 그것으로써 아버님께 대표 기도로써 상달의 말씀을 드리고자 하옵나이다, 아버님!

51 제가 드리는 아버님이 허락하신 그 대표 기도는 그렇사옵나이다.

52 위로는 하나님께 큰 죄요, 그 죄를 다 갚을 길이 없사오며 면할 길이 없으니, 죄인으로서 살아가니,

53 죄인으로서 받을 그 외의 어떠한 혜택도, 어떠한 은혜의 영광된 것도 받아서는 아니 되는 것이 죄인의 몸이니,

54 스스로 제가 하나님께 죄인이요, 부모에게 죄인이요, 아래로는 모든 사람들에게 제가 죄인이라는 걸 알았으며, 죄 속에 사는 것을 알았으니,

55 구속을 받지 아니하고 제가 몸이 묶여 있지 아니하며, 통제를 받지 아니하고 자유로이 활동할 수 있다 해도,

56 이는 제가 죄 속에 살며 그 죄를 치르는 자요, 옥에 갇혀 있는 자와 같은 마음으로써 모두를 행하고 생각하며 양보하고 버리고 살아가는 그와 같은 마음으로 살아가야 된다는 것, 이것을 만천하에 전하고 싶으며,

57 법전을 읽고 깨우친 백성들이요, 저를 따르는 제자들이 또한 그와 같은 마음

으로써 살아가는 것이 인간의 도리거늘,

58 감히 얼마나 저희들이 방자했으며 얼마나 오만했으며, 죄인이라는 의식을 못 하고 산 그 죄 또한 얼마나 그것이 무서운가를,

59 저희는 죄인이기 때문에 죄인이라 저희 스스로 말했으니, 죄인의 대우 속에서 그와 같은 것을 벗어나지 아니하며, 그와 같은 생활에 만족하며, 그것을 감사하는 마음으로, 모든 낮은 자의 삶으로 살아가도록 그리하겠사옵나이다, 아버님!

60 이것이 제가 아버님께 드릴 수 있는 대표 기도이옵나이다."

61 사랑하는 나의 아들아! 그러니라.

62 지금 네가 나에게 기도할 수 있으며 중언부언 짜깁기를 할 수 있는 시간을 내가 줘 기도를 하라 했음이니,

63 네가 드린 그 기도를 나의 법전에 기록하여 만백성에게 전할 것이며,

64 수천 년 동안 많은 백성들로부터 존경받는 자, 그 이름을 듣기를 두려워하는 그 종교 지도자들이 하는 기도, 그들이 하는 것을 한 토막을 기록하여 나의 법전에 대조적으로 기록해 본다면,

65 과연 누가 나의 아들이요, 나의 뜻에 의해 가는 백성이요, 참진리의 길을 가는가?

66 죄인이기 때문에 가장 낮은 자요, 죄인이기 때문에 가장 낮은 생활을 해야 되며, 죄인이기 때문에 고통을 마다하지 아니하는 사람으로서 네가 바꿔 가고자 하며, 그 생활에서 벗어나지 아니하려는 그와 같은 네가 드리는 그 기도, 너는 결국 그와 같은 용기를 달라 함이 아니더냐?

67 네가 무엇을 먹을까, 무엇을 걸칠까, 어찌 화려한 생활을 좀 편한 생활을 할까 하며, 춥다 하여 추위를 면하기 위하여 너희들이 불을 때는 것, 덥다 하여 너희들이 찬바람이 나도록 하는 것,

68 그와 같은 그 모두가 죄인으로서는 할 수 없으며 죄인으로서는 누릴 수 없다는 것,

69 그러니 네가 가장 낮은 자요, 그와 같은 모두를 초월하는 것, 그와 같은 모습으로 살아가는 네가 되도록 해 달라는 너의 그 간절한 기도가 아니더냐?

70 네가 말하지 아니하여도 네 마음을 아느니라.

71 네가 그와 같은 것에 주저하지 아니하며, 거기에 연연하지 아니하며, 당당히 갈 수 있는 네 모습으로써 거듭나게 하며,

72 너의 제자들 또한 마음이 그리 변화되며 너의 제자들이 그리 갈 수 있도록 너는 나에게 해 달라는 그 상달의 기도로 네가 애원하는 것이 아니더냐?

73 사랑하는 나의 아들아!

74 그 기도를 내가 알고 있으며 듣고 있음이니, 네가 나에게 원하는 기도가 너희들의 모든 종교 집단이요, 지도자들이 그 우두머리라는 자들이 하는 기도를 기록하여 대조적으로 한번 보라.

75 과연 어떠한 것이 나의 아들이요, 내 뜻이요, 하늘의 법도에 따라가는 백성이며, 너희들 말로 죄인이라면서, 죄

인의 삶을 살아가는 자가 누군가?
76 말로는 죄인이라 하면서 너희들이 제왕과 같은 짓을 하고 산다면, 이것이 얼마나 가증스러운 것이며 위장된 것이며 거짓된 것이며 남을 속이는 삶이더냐, 사랑하는 나의 아들아!
77 너의 기도를 내 모두 거둬들이며 받아들이며, 네 뜻을 내가 알아 너를 그리 다스려 가며 너의 제자들 또한 그리 다스려 갈 것이니 그리 알라.

## 10,759 번째 하나님 말씀

*2004년 4월 24일 09시 47분*

1 사랑하는 나의 아들아!
2 "네, 아버님! 말씀하옵소서."
3 천 가지, 만 가지 그 생각 중에 아무것도 너를 위하는 생각이요, 네가 편하고자 하는 생각이요, 네가 즐거워하고자 하는 그와 같은 생각을 해서는 절대 아니 됨이니라.
4 너는 죄인이라 말했으며 너의 제자들 또한 죄인이라 하였음이니라.
5 그러니 죄인인 너희들이 그와 같은 생각을 한다면, 정녕 너희들이 그 죄인으로서 회개하고 깨우치는 것이더냐?
6 너희들이 말로써는 죄인이라 하면서, 행동은 제왕적인 대우를 받으며 제왕적인 생활을 하고 싶다면,
7 너희들이 나를 기만하는 것이요, 또 너희들이 나를 욕되게 하는 것이 아니더냐?
8 나로부터 지은 그 죄를 감당하기 어려우며, 네 부모로부터 죄지은 죄인이요, 형제로부터 죄지은 죄인이요, 만백성에게 죄인이라 한 너희들의 그 말이 맞는가?
9 너희들이 그와 같이 깨우치고 그리 간다 말을 하며, 그리 사는 것이 죄인이라는 도리가 너희들이 맞다 하면,
10 너희들은 실질적인 죄인의 행동을 하며, 그와 같은 삶을 살아 거기에서 벗어나면 아니 됨이니,
11 너를 위하는 것, 너희들이 편안하고자 하는 것, 너희들이 부귀영화의 어떠한 것도 유리한 쪽으로 모두를 생각해서는 아니 된다는 그 뜻을 알겠느냐?
12 그를 행하고 가라, 사랑하는 나의 아들아!
13 그래도 너희들이 목숨을 바쳐 나의 뜻을 전하고자 했던 예수의 그 고통만큼은 못할 것이니라.
14 내가 너희들을 사랑하며, 너희들이 있기에 나의 기쁨이요, 너희들이 있기에 내가 재앙으로 다스리지 아니하며, 만백성에게 다시 한 번 기회를 줌을 알겠느냐?
15 모두를 너희들에게 유리한 쪽으로 생각하지 아니하고, 죄인으로서 받아야 할 그 대우를 벗어나는 것을 거부하며,
16 죄인 이상으로서 대우를 받는 것은 너희들이 받을 자격이 없는 것이며, 너희들과 관계없는 것이요, 그와 같은 행위를 해서는 아니 된다 하여 모두를 거부하는 나의 아들딸들이 세상에 태어날 것이니,
17 그리하여 내가 기쁨이요, 오늘의 세상을 재앙으로 다스리지 아니함을 알라.
18 너희들은 스스로 죄인이라 하니, 죄인으로서 받을 수 있는 그 한계 이상을

너희들이 받지 말며, 그 이상을 거둬
들이지 아니하는 나의 아들딸들이, 지
금 나의 아들을 따르는 그 제자들 중
에서, 나의 법전을 읽는 백성 중에서
수없이 그리 나올 것이니,
19 그리하여 내가 너희들을 인내하고 기
다림을 알고 있느냐?
20 그리하여 내가 재앙으로 다스리지 아
니하고, 너희들에게 한 번의 기회를
주었다 함을 알겠느냐?
21 나의 법전의 이 대목을 읽는 모든 백
성 스스로가 깨우칠 것이니라.
22 죄인으로서 더 이상 받지를 아니하며,
죄인으로서 겪어야 할 그 이상을 원하
지 아니하고, 그 이상을 취하지 않는,
나의 사랑하는 아들딸들이 이 세상을
덮어 갈 것이니,
23 인간의 법도가 필요 없으며 하늘의 법
도가 필요가 없는 그 세상이 오니,
24 그것이 바로 하늘에서 이루어진 것같
이 지상에서 이루어지는 낙원의 천국
임을 알라, 사랑하는 나의 아들아!

## 10,760 번째 하나님 말씀

*2004년 4월 24일 09시 59분*

1 사랑하는 나의 아들아!
2 "네, 아버님! 말씀하옵소서."
3 너희가 어떠한 것을 이룬다 해도, 어
떠한 것을 역사한다 해도, 나 여호와
의 뜻이 아니면 아무런 가치가 없는
것이라는 것을 너희들은 알아야 될
것이니라.
4 나의 아들을 따르는 제자 너희들은
알고 있을 것이니라.
5 그러니 모든 종교 집단이요, 지도자
너희들이 어떠한 역사요, 방대한 것을
이룬다 해도,
6 그것이 나 여호와의 뜻에 어긋나는
것이요, 그를 준하여 하지 아니한다면
그 모두는 가치 없는 일이라 하였음
을 알아야 될 것이니라.
7 그러니 지금의 믿음의 길을 가는 백성
너희들이 지금 어떠한 길을 가며 어떠
한 믿음으로 가는 것인가를 한번 돌이
켜 보기 위하여,
8 너희들이 나의 뜻대로 이루지 아니하
고 행하지 아니하면 무가치한 것이라
내가 여기 기록하여 전함이니, 그리
알도록 하라.
9 너희들이 나의 뜻을 모르고 가면서 이
단이요, 사탄이라 말하는 자, 너희들
이 이단이요, 사탄이라는 것이 무슨
의미인지 알고서 그리 말하는가?
10 지금 이단이요, 사탄이라 말하는 자들
이 내 뜻을 거역하며, 정녕 자신이 이
단이요, 사탄인 자가 말함이니,
11 너희들이 이단이라 말하는 것은 하늘
나라에 오를 수 없으며 나에게 갈 수
없다 함이니,
12 나에게 오를 수 없는 백성을 너희들이
이단이라 한다면, 너는 지옥 갈 것이
며 지옥 가는 백성이라 너희들이 그리
말하지 않겠느냐?
13 너희들은 여기서 알라.
14 믿음의 길을 가지 않는 백성들보고 너
희들이 이단이라 하여 지탄하는 것은,
그들이 그 믿음을 모르는 것으로써 이
단 소리를 듣는 것이니,
15 아무것도 모르는 백성이 이단 소리를

듣는 것은 너희들의 교파요, 교리요, 거기에 따르지 아니하는 단순한 그것으로써 이단이라 그리 말하느니라.
16 그러나 믿음의 길을 가는 백성이요, 구원의 길에 들어서며 구원을 받았다는 백성 너희들이 나로부터 이단 소리를 듣는다면 너희들은 무엇인 줄 알겠느냐?
17 나의 성경을 위배하는 자요, 나의 성령을 위배하는 자요, 그리고 너희들이 나의 권위에 도전하는 그와 같은 자들임을 알아야 될 것이니라.
18 너희들이 참진리인 나의 새로운 성경을 보고 이단이라는 것은 바로 너희들이 무엇이더냐?
19 남의 참진리를 보고 하늘의 뜻을 보고 이단이라는 것은 너 스스로가 이단이라는 것을 알아야 될 것이니라.
20 나의 법전이요, 나의 새로운 성경은 나 여호와가 직접 내 모두를 태워 내 성령을 나의 아들을 통하여 그대로 기록하고 전함이니, 이것이 하늘의 뜻이거늘,
21 너희들이 이것을 이단이라 말한다면 결국 너희들은 이단인 것이니라.
22 그러니 너희들이 이단이요, 네가 이단이라 자초하는 이단은 무엇인 줄 알겠느냐?
23 교리나 교파가 다르며 그것을 모르는 백성들이 아니라, 알면서 거역하는 자요, 알면서 따르지 아니하는 자요, 알면서 나를 능멸하는 자니,
24 너희들이 이단이라는 것은 바로 나의 권위에 도전하는 사악한 자들임을 알며, 그 무서운 뜻을 모르는 것이 너희들이니라.
25 모르는 백성이 이단이라는 것은 너희들이 간단함이요, 그들은 교리의 그 한계를 모르기 때문에 나를 찾지 못하며 모르기 때문에 너희들이 이단이라 말하나,
26 너희들은 알면서 내 뜻을 거역하는 자, 그 이단이 얼마나 무서운 것인가를 알겠느냐?
27 그것은 나의 권위요, 나의 모두에 도전하는 너희들의 행위이니, 바로 너희들이 그와 같은 자요,
28 이 세상의 이단은 바로 나의 권위에 도전하는 너희들이 가장 무서운 자요, 너희들이 모르는 자요, 어리석은 자들이라는 것을 알라 그리 전하라.

## 10,761 번째 하나님 말씀

*2004년 4월 24일 10시 04분*

1 사랑하는 나의 아들아!
2 "네, 아버님! 말씀하옵소서."
3 믿음의 길을 간다며 나를 찾고 경배하며 그와 같은 믿음으로 가는 자가 이단의 행위를 하며 이단의 믿음으로 갈 때,
4 너희들은 그것이 어찌 되는 것이며, 그게 얼마나 두렵고 무서운 것인가를 아는가?
5 너희들이 믿음의 길을 가면서 이단의 짓을 하는 그와 같은 사악한 자들, 너희들이 심판대에 와 섰을 때, 너희들이 결국 그 모두를 알게 될 것이며, 그 때 너희들의 그 공포요, 두려움은 감당키 어려울 것이니라.

6 그러니 믿음의 길을 가는 자, 너희들
이 이단 행위를 중단하라.
7 지금 너희들이 하고 있는 짓이 이단
이요,
8 너희들이 재물이요, 다른 신을 받드는
것이 대표적인 자들이요,
9 남을 위하는 기도가 아니요, 남을 위
해 너희가 희생하는 것이 아니요, 제
가 더 이루고자 하는 그와 같은 사악
한 행위를 너희들이 중단하라.
10 내가 부자라 하는 자들을 무어라 하
였느냐?
11 하늘에 오르기 힘들다 하였거늘,
12 하늘에 오르기 힘든 것을 소원하며
부자 되기를 바라는 것이 오늘의 믿음
의 길을 가는 자들이니,
13 그게 바로 너희들이 이단이요, 사탄의
자식이 되어 있다는 증거이니,
14 너희들이야말로 오늘의 나에게 구원
을 받는 길이 너희들밖에 없으며, 너
희들보다 더 위대한 백성이 없으며,
모두는 너희들이 짐승 취급하는 그와
같은 행위가 얼마나 너희들이 어리석
은 자며, 큰 죄를 범하고 있는가?
15 너희들이 심판대에 와 네 이름이 불려
지는 그 순간에 너는 모두를 다 보고
알게 될 것이니라.
16 저희가 이단이면서 내가 내리는 새로
운 성경이요, 참진리요, 나의 뜻을 감
히 거역하며 내 성령을 이단이라 하
며,
17 내가 선택하여 태초부터 준비된 나의
아들이 세상에 내려가 너희들을 깨우
치는 대역사의 일을 이루는 그 아들
을 이단이요, 사탄이라 너희들이 그리
감히 말함이니,
18 미래에 너희들이 심판대에 섰을 때 너
희들의 고통스럽고 힘든 그것이 매우
심려되는 것이 나 여호와의 뜻이니,
19 너희들이 이다음에 받을 그 미래의
죄에 대한 대가에 내가 매우 심려된다
는 그 뜻을 너희들이 소홀히 듣지 말
라.
20 심려된다 함이 너희들이 얼마나 두렵
고 무서운 결과가 너희들을 기다리기
때문에 그 말을 내가 전하는지 알겠느
냐?
21 지금 새로운 성경을 읽고 교회마다 모
든 종파들이 거듭나지 아니하면 아니
됨이니라.
22 너희들이 더 이상 무너지고 더 이상
흘러간다면, 개인적으로 너희들이 영
원히 구원의 길을 볼 수 없으며 구원
을 받을 수 없는 것이 너희들이 슬픈
것이요,
23 그것뿐만 아니라 너희들 대대손손 후
손까지도 구원의 길을 보지 못하도록
하며, 그들까지 너희들이 지옥으로 인
도하는 그와 같은 사악한 짓을 하고
있음을 알라.
24 너희들이 이단이라 말하는 것이, 내가
말하지 아니하였더냐?
25 하늘에 오르지 못하는 것이 이단이니,
결국 지옥으로 가는 백성이니,
26 너희들이 지옥으로 가는 백성이라는
것을 스스로 너희들이 부르짖고 다니
는 그와 같은 행위를 하는 것이 오늘
의 너희들의 어리석은 삶이라는 것을
알라.
27 그리고 어리석은 믿음이요, 잘못된 믿

음 속에 빠져 있는 것이 너희들이라는
것을 명심하고 또 명심하여,
28 오늘의 종교 집단이요, 지도자들이 그
이끄는 것, 그리고 너희 종교 지도자
들이 대표 기도 하는 그 기도 소리와
나의 아들에게 내가 대표 기도라 하여
나에게 소원의 기도를 드리라 했으니,
29 그가 나에게 대표 기도로써 전하는 것
이, 과연 그가 짜깁기를 하며, 중언부
언하는 이야기를 하며, 제 욕심을 위
해서 기도하며, 제 제자들을 위해서
욕심의 기도를 하는가?
30 너희들이 이것 하나를 보며, 어떠한
것이 참진리요, 나 여호와의 뜻이요,
하늘에 오르는 길이요, 사랑이요, 천
사의 마음인지를 알거늘, 어찌하여 너
희들이 그리 어리석은 것인가?
31 너희들이 그 고통을 견뎌야 되는 그것
을 내가 바라보는 것, 거듭날 수 있는
기회를 바라보지 못하고 너희들이 지
금의 종파로써 그냥 모두 고집 속에서
흘러와서 나에게 심판대에 와 섰을
때, 너희들의 그 고통이 매우 심려되
며 걱정됨을 알라.

## 10,762 번째 하나님 말씀

*2004년 4월 24일 10시 08분*

1 사랑하는 나의 아들아!
2 "네, 아버님! 말씀하옵소서."
3 모든 백성들이 죄인이라 말하며 울고
불고 회개한다 함이니라.
4 그러니 너희들이 말로써 죄인이라고
하는 자들과, 진정한 죄인의 자세로써
깨달아 죄인이라 깨닫고 가려 하는 나
의 아들을 따르는 제자들이요, 나의
법전에 기록한 내용을 읽고 깨우친 백
성, 너희들과 얼마나 무서운 차이가
있는 줄 알겠느냐?
5 너희들은 죄인이기 때문에 죄인이 받
을 수 있는 그 한계의 대우 이상을 받
지 않으려 함이니,
6 남을 부릴 수도 없으며 시킬 수도 없
으며, 너희들이 더 갖고자 욕심을 낼
수도 없으며, 챙기고자 할 수 없으며,
편안한 길을 갈 수 없는 것이 너희들
이 아니더냐?
7 죄인은 그와 같은 권한이 없기 때문이
니라.
8 그러니 그와 같은 죄인의 자세로 살아
가고자 하는 나의 아들을 따르는 자들
과, 너희들이 말로써는 죄인이라면서
너희들의 기도 소리를 들어 보라.
9 더 갖기 위하여, 더 오르고자 하여, 더
명예를 얻고자 하여 너희들이 달라,
이루어 달라 기도하는 것이, 그것이
과연 죄인이 할 수 있는 기도며 죄인
이 할 수 있는 행동이더냐?
10 그러면서 너희들이 하늘에 오르는 길
이요, 나의 아들 예수의 보혈로써 구
원을 받았다 말함이니, 너희들이 어찌
하여 한 입 가지고 두말을 하는가?
11 그러니 너희들은 말로써는 죄인이라
하나 진심으로 죄인이라는 것을 깨닫
지 아니하며, 죄인이라는 것을 의식하
지 못하고 망각한 자들이니라.
12 그저 너희들은 생각도 없으며, 앞뒤가
맞지 않는 소리로 중언부언 그저 편한
대로 짜깁기하며, 그저 듣기 좋은 소
리로써 나의 피조물 만백성을 현혹하

며, 듣기 좋은 소리로써 그들을 자극
시켜, 그들로 하여금 재물을 거둬들이
는 데 모두를 역사하는 것이 너희들이
그리 흘러왔기에, 그것이 너희들이 어
떠한 것인지도 모르느니라.
13 너희들이 말로써 죄인이라 하느니라.
14 죄인이라면 너희들이 나의 아들을 따
르는 제자들처럼 죄인의 한계를 벗어
나지 하지 아니하려고 노력하는 것이
며, 그 이상의 대우를 받지 않으려고
노력하는 것이 죄인의 자세이거늘,
15 말로써 죄인이요, 회개한다며 회개해
야 된다 그리 울고불고 너희들이 콧물
짜고 눈물을 짜면서,
16 기도할 때는 더 달라, 이루어 달라 그
리 감히 말함이니,
17 그 죄인이 어찌하여 그를 더 달라, 이
루어 달라는 그와 같은 말을 할 자격
이 있으며, 그와 같은 기도를 할 자격
이 있단 말이더냐?
18 그러니 세상이 거꾸로 가고 있으며,
세상을 너희들이 거꾸로 서서 봐야 되
며,
19 너희들이 파도 소리만큼, 개구리 울음
소리만큼, 강아지 짖어 대는 소리만큼
도 너희들이 하는 짓을 내가 듣지 아
니하며, 나와 관계없다 함을 나의 아
들을 따르는 제자 너희들은 알 것이니
라.
20 이와 같은 내용을 기록하여 만백성에
게 전하라, 사랑하는 나의 아들딸들아!

## 10,763 번째 하나님 말씀

*2004년 4월 24일 11시 27분*

1 사랑하는 나의 아들아!
2 "네, 아버님! 말씀하옵소서."
3 내가 너에게 무어라 말하였느냐?
4 너희들이 모든 인간 세상에 죄인이라
하지 아니했느냐?
5 부모에게 효성을 다하지 아니함이니,
부모에 대한 죄인이요,
6 하늘의 나 여호와의 뜻을 따라 너희들
이 행하지 못하며 역사하지 못하며 하
늘을 향하여 한 점의 부끄러움이 없는
삶을 살지 못하니, 너희들 스스로 나
에게 죄인이라 하지 아니하였느냐?
7 그러고 너희들의 형제요, 이웃의 모든
백성들에게 너희들이 죄인이라 함이
니,
8 그리하여 너희들은 내가 무어라 했느
냐?
9 죄인이면 죄인답게 너희들이 살아가
는 그 삶을 살라 하지 않았더냐?
10 그러니 죄인으로서 받을 수 있는 모든
그와 같은 권리 이상을 너희들이 가지
는 것은 죄인으로서 아니 된다 하지
아니하였더냐?
11 죄인이 받을 수 있는, 누릴 수 있는 혜
택이요, 지킬 수 있는 그 법규 그 이상
것을 너희들이 차지하고 갖는다면,
12 그것은 너희들이 나에게 죄인이라는
소리가 헛된 소리요, 너희들은 말로써
는 죄인이라 하면서 행동은 그와 같지
않다 하지 않았더냐?
13 더 좋은 옷이요, 더 좋은 음식이요, 더
편안한 것이요, 더 행복한 것이요, 너

희들이 더 편하고자 하는 그 모두는
다 죄인이 누릴 수 없는 그것을 누리
고자 하며 가질 수 없는 것을 갖고자
하는 것이니, 너희들이 내 뜻을 거역
하는 자들이라 하지 않더냐?
14 그러니 나의 아들을 따르는 제자들이
요, 나의 법전을 읽고 깨우친 백성 너
희들은 이를 명심하여 행하도록 하라.
15 내가 나의 아들을 통하여 수없이 십계
명을 암송하게 하며, 나의 법전에 십
계명을 내가 기록하여 전하는 것이 무
엇인 줄 알겠느냐?
16 바로 나의 십계명이야말로 너희들이
죄인인 것을 죄인이 되지 말며 죄인으
로서 살아서는 아니 되는 것이요, 죄
인으로서는 모두를 누릴 수 없는 것이
기에,
17 내가 너희들에게 그 십계명을 암송하
고 또 암송하라는 그 의미를 알겠느냐?
18 죄인이 되지 말라 하여 내가 너희들에
게 그리 전함이니라.
19 내가 너희들에게 묻느니, 너희들이 나
로부터 죄인이 되었을 때, 어찌하여
너희들이 나에게 모든 것을 얻을 수
있으며 내가 내리는 유업을 받을 수
있으며 나로부터 유산을 받을 수 있겠
는가?
20 죄인으로서는 그와 같은 혜택이요, 그
대가를 누릴 수 없음이니,
21 너희들이 죄인으로서 네 말대로 그리
살아간다면 아무것도 이룰 것이 없기
에,
22 죄인이 되지 말라 하여 나의 이 애절
한 가르침이요, 내 뜻을 전하는 것이
바로 십계명을 암송시키는 것임을 알
겠느냐?
23 너희들은 죄인으로서 모든 것을 가기
때문에 어떠한 혜택도 받지 말며 누리
지 말고 사는 것이 너희들이 죄인으로
서 행하는 자세라 하였음이니,
24 그러니 죄인으로서는 너희들이 그와
같은 구속된 생활에서 벗어나지 못하
는 것은 말할 것도 없지만,
25 너희들이 나의 유산이요, 나의 아들딸
로서 거듭날 수 없는 것이며, 그 유업
을 받을 수 없는 것이기에,
26 내가 십계명을 암송하고 또 암송하게
하는 것은, 바로 죄인이 되지 말며, 그
죄 속에서 벗어나는 삶을 살라 하는
것이 내가 십계명을 암송하게 하고 또
나의 법전에 기록하는 뜻임을 알라,
사랑하는 나의 아들딸들아!
27 너희들이 종은 종이요, 주인은 주인이
요, 그 엄연한 구분이 있듯이,
28 너희들 말대로 죄인이라면 죄인은 죄
인으로서 남는 것이요, 너희들이 나의
아들딸로서 거듭날 수 없음을 알라.
29 그러니 너희들이 죄인의 한계를 벗어
나며 죄인의 그 틀을 벗어나야 되며,
그것만이 너희들이 나의 아들딸이요,
나로부터 누릴 수 있는 모든 은혜요,
유업을 받을 수 있다는 그 무서운 사
실을 알라.
30 그리하여 너희들에게 나의 계명을 지
키라 하며 나의 법전대로 살라 하는
그 뜻이 여기 있느니라, 사랑하는 나
의 아들딸들아!
31 너희들이 내가 내리는 나의 법전이요,
새로운 이 성경을 접하지 아니하며 이
대로 살지 아니하면, 너희들이 죄인에

서 나의 아들딸로서 거듭나는 그 영광
을 얻을 수 없으니,
32 종으로서 너희들이 죄인으로서 남는
것이요, 나의 아들딸로서 남지 못하기
때문이라 함을 명심하도록 그리하라.
33 그러니 이제 너희들이 그 죄인으로서
벗어날 수 있는 것, 그리고 너희들이
죄인으로서는 어떠한 것도 누릴 수 없
으며 받을 수 없다는 것,
34 그러니 너희들이 진정한 죄인이라 생
각한다면, 너희들이 어떠한 것도 누리
지 않는 마음으로 살되,
35 너희들이 나의 계명을 지키며 새로운
성경을 지켜 죄인으로서 벗어나는 피
나는 노력을 하지 아니하면, 내가 너
희들을 모른다 대답할 수밖에 없는 그
무서운 현실을 너희들은 깨우치도록
그리하라, 사랑하는 나의 아들딸들아!

## 10,764 번째 하나님 말씀

*2004년 4월 24일 11시 30분*

1 사랑하는 나의 아들아!
2 "네, 여호와 하나님! 말씀하옵소서."
3 너희들이 기도하며 무어라 말하느냐?
4 '하늘에서 이루어진 것같이 이 땅에서
이루어지리다. 이루어 주옵소서.' 그
리 기도하지 않느냐?
5 그러니 너희들이 그 기도문을 잘 들여
다보며 한번 깊이 음미해 보도록 그
리 가르치라.
6 이미 '하늘에서 이루어진 것같이'라
하였음이니, 하늘에 모두는 다 준비되
었으며, 하늘은 다 모두가 갖춰졌으며
이루어졌다는 뜻이 아니더냐?
7 그러니 이 땅에서만 이루어지면 모두
가 역사함이요, 이 땅에서 이루어져
나 여호와의 권세 안에 모두가 들어온
다면, 하늘에서 이루어진 것같이 이
땅에 모두 하늘과 땅에 다 이루어짐이
니,
8 '하늘에서 이루어진 것같이'라는 그
너희들의 기도문 내용은 하늘은 이미
다 이루어졌으며 완벽함을 표시하는
것이 아니더냐?
9 그러니 땅에서만 너희들이 이루는 역
사를 이루라 함이니라.
10 그러니 너희들이 그와 같은 이치를 안
다면, 오늘의 지상에서 이루어지는 것
은 과연 누가 이룬단 말이더냐?
11 하늘의 천국이요, 하늘나라에서 이루
어진 그 모두는 다 이미 역사가 되었
음이니,
12 이 땅에서 너희들이 일구는 것, 이루
어지는 것만이 남아 있는 과제라는 그
의미가 아니더냐?
13 그러니 하늘은 모두가 다 갖춰졌으니,
이 땅에서 하늘과 같이 이루는 그 대
명을 받아 너희들이 이루라 함이니,
14 지금 수천 년 동안 오는 백성들이 이
루어진다, 이루어야 된다 그리 말하
며, 너희들은 누군가 능력 있는 자가
이루어 주기를 바라며 그 착각에,
15 지금 나의 아들을 따르는 제자들처럼
스스로 이루고자 하는 그와 같은 생각
은 버리고 있음이니라.
16 모두는 너희들의 손으로써 이루어지
며, 너희가 이루어야 된다는 걸 잊지
말라 그리 전하라.
17 새로운 성경으로써 새로운 시대를 열

어 가고 있음을 너희들은 알아야 되느
니라.
18 그러니 너희들이 하늘에는 모두가 완
벽하게 다 갖춰졌음이니, 이제 이 땅
에서 이루어지는 것만이 남았으니, 오
늘의 대업을 이루는 것이 바로 무엇이
더냐?
19 마지막 시대에 나의 아들과 나의 아들
을 따르는 제자 너희들이 그 대업을
이루는 자요,
20 하늘에서는 모두가 갖춰졌으니, 땅에
서 모든 대업을 이루는 것이 너희들의
몫이라는 것을 알라.
21 그리하여 내가 너희들을 완벽한 사람
으로서, 완벽한 백성으로서 만들기 위
하여 고도의 훈련을 시킴이니라.
22 너희들이 완벽한 백성이 되어 완벽한
터전을 지금 닦아 놓지 아니한다면,
그 위에 새로 날 수 있는 싹을 뿌릴 수
가 없으니,
23 새싹이 나오지 못한다면, 새로운 변화
요, 거듭나는 그와 같은 역사가 이루
어질 수 없는 것이니라, 사랑하는 나
의 아들딸들아!
24 그리하여 하늘에서는 모두가 갖추어
졌으니, 이제 너희들이 지상에서만 갖
추면 되니,
25 이것이 내가 6천 년 동안 기다려 지금
나의 아들을 통하며 그 제자들을 통하
여 이루고자 하는 그 대업임을 너희들
은 알라.
26 그러니 너희들이 완벽하게 다스려지
고 완벽하게 가꿔 완벽하게 시작하지
아니하면, 모두가 어긋나며 부서지며
무너진다는 것을 알라.
27 그리하여 너희들에게 고도의 훈련이
필요하며, 너희들을 달구고 또 달구며
내가 또 다스려 나간다는 것을 잊어서
는 아니 됨이니라.
28 달구고 달구는 나 여호와의 뜻을 너희
들이 알겠느냐?
29 그렇지 아니하면 너희들이 아니 됨이
니,
30 여기서 도태되는 자, 여기서 물러나는
자, 너희들은 모두를 다 잃는 그와 같
은 백성이 된다는 것을 알라, 내가 다
시 한 번 전함이니, 그를 명심하도록
그리하라.

## 10,765 번째 하나님 말씀

*2004년 4월 24일 11시 36분*

1 사랑하는 나의 아들아!
2 **"네, 아버님! 말씀하옵소서."**
3 내가 성경에 기록하여 나의 아들 예수
를 통하여 너희들에게 일찍이 깨우쳐
주지 아니하였더냐?
4 너희들이 썩은 양식을 위하여 일하지
말라 내 그리 말하였느니라.
5 영생토록 너희들이 영혼을 구할 수 있
는 그 양식을 위하여 일하라 내가 그
리 가르치지 않았더냐?
6 '이 양식은 인자가 너희들에게 주리
니, 인자는 아버지 하나님의 인치신
자이니라.' 내가 너희들에게 그리 기
록하여 전하였거늘,
7 지금의 너희들이 영혼의 양식을 구하
며 썩지 않는 양식을 구하지 아니하
고, 썩는 양식을 구하는 그와 같은 믿
음으로써 지금 몇천 년 동안 흘러왔음

이니,
8 이를 바로잡지 아니하면 아니 되는 것
이 오늘의 현실이니라, 사랑하는 나의
아들딸들아!
9 나 여호와가 성경에 너희들에게 썩은
양식을 위하여 일하지 말라 하였거늘,
지금의 모든 종교 집단이요, 지도자
너희들이 오는 것이 무엇인 줄 알겠느
냐?
10 영혼을 구하는 그와 같은 영원한 양식
을 구하려 너희들이 종사한 것이 아니
요, 너희들은 썩은 양식을 구하기 위
하여 모두를 다 바쳐 왔음을 알아야
될 것이니라.
11 종교 집단이요, 지도자 너희들은 참진
리의 길로써 나의 백성을 인도하는 것
이 아니라,
12 육의 양식을 구하기 위하여 그 믿음의
길을 가고 있으며 신앙생활 하는 것이
바로 너희들이었음이니,
13 이와 같이 무너지고 내 뜻과는 관계없
는 길로 길잡이로서 너희들이 인도하
여 왔기에, 너희들 스스로가 무너졌으
며,
14 또한 그 백성들이요, 그 모두가 다 지
금 무너져 가는 그와 같은 형국에 있
는 것이 아니더냐?
15 그러니 그 무너지는 속에서 내가 나의
아들을 선택하여 새로운 성경이요, 그
제자들을 통하여 모두를 역사하고 바
로잡고자 하는 것이 이 어려운 고비이
니, 노송을 내가 바로잡는 것보다도
몇천 배 더 어렵고 힘든 것이니라.
16 오늘의 참진리가 아니요, 잘못된 그
구원의 길에 매달리는 자, 썩은 양식
을 위하여 모두를 생산하는 데 바쳐
오는 그와 같은 종교 집단이요, 광신
하는 그 신도들, 그들이 있는 한 이를
바로잡고 역사하기가 너무나 힘들고
어려운 길이니라.
17 그러나 이 길을 뿌리칠 수도 없으며
돌이킬 수도 없는 것이니라.
18 성서 한 줄도 제대로 인식하지 못하며
깨닫지 못하는 자들이 지금 하늘에 오
르는 길을 날려온다 함이니, 오늘의
믿음의 길을 가는 백성 너희들이 무어
라 하느냐?
19 '일용할 양식을 주옵시고' 그와 같은
기도를 드림이니, 그 기도 또한 너희
들이 어찌 생각하는가?
20 영혼의 양식이요, 하늘에서 영원히 사
는 양식을 너희들이 바라고 원하는 것
이 아니라,
21 육에서 사는 육의 양식이요, 먹고사는
그와 같은 양식이 그 일용할 양식이라
고 생각하는 지도자, 그 믿음의 길을
가는 백성들이 아직도 있음이니,
22 그들 속에서 무엇이 있으며, 그와 같
은 너희들의 후손이 또 그리 배우고
그리 흘러감이니, 무엇이 이루어지겠
더냐?
23 그러니 이 모두를 다 버리고 너희들이
거듭나는 그 깨우침을 얻는 그 믿음의
길로써 거듭나지 아니하면 아니 됨을
너희들은 알아야 될 것이니라.
24 새로운 성경을 공부하는 지금 선택된
백성 그들이 살아가는 모습을 보라.
25 그들은 너희들이 말하는 일용할 양식
이 육의 양식을 구하는 것이 아니요,
썩은 양식을 구하기 위하여 그들이 오

늘의 그 강론이요, 공부를 하고 있는
것이 아니니라.
26 그들은 영생토록 영원한 양식을 구하
기 위하여 나의 법전을 접하고 있으
며, 그들이 뼈를 깎는 그 어렵고 힘든
길을 마다하지 아니하고 가고 있음이
니,
27 너희들이 그들을 보며 너희들과의 그
차이점을 들여다봐 평가하고 점수를
매겨, 어떠한 것이 진정한 참진리를
가는 백성들인가 스스로 깨우쳐 너희
들이 구원의 길을 올라서도록 그리하
라.
28 내가 너희들에게 명하니, 너희들이 두
려움과 무서움을 알라.
29 지금까지 수천 년 동안 믿음의 길을
온 너희들은 썩은 양식을 구하지 말라
했거늘, 썩은 양식을 위하여 일을 했
으며 그 모두를 위하여 너희들이 지금
바쳐 온 믿음이니,
30 나와 관계없는 것이 얼마나 이것이 너
희들이 허황된 일이며, 얼마나 너희들
이 물거품 같은 일을 하고 있는가?
31 지금이라도 깨우쳐 남은 너희들의 그
삶을 바로 보지 아니하면, 너희들이
내가 모른다는 그 무서운 말을 듣게
될 것이니 그리 전하라.

## 10,766 번째 하나님 말씀

*2004년 4월 24일 11시 54분*

1 사랑하는 나의 아들아!
2 "네, 아버님! 말씀하옵소서."
3 수천 년 동안 그 긴 역사요, 그 많은
백성들, 그 종교 집단이요, 그 종교 지
도자, 그 많은 종파 그들이 과연 저희
들이 존재하는 그 목적의식을 알고 있
는 것인지,
4 나 여호와가 보기에는 그 목적의식
자체도 그들이 모르는 자들이니라.
5 너희들이 존재하는 목적이 무엇이며,
그 목적을 이루기 위하여 어떠한 것이
필요하며 어떠한 삶을 살아야 되는 것
인지, 어떠한 준비 과정을 거쳐야 되
는 것인지, 그와 같은 것을 생각하는
백성이 없으며,
6 그와 같은 걸 제대로 알아서 가르치는
백성이 없으며, 그를 알려고 하는 백
성이 세상에 없음이니라.
7 그저 지금 모든 종교 집단의 지도자
너희들이 가는 그 믿음이요, 울고불고
광란의 짓을 하는 그 백성들을 내가
바라볼 때, 너희가 무엇인 줄 아느냐?
8 너희들이 진정한 나 여호와의 뜻이요,
그 목적 없이 아무것도 의식하지 못하
며, 그저 놀라서 달아나는 망아지처럼
뛰어가기만 하는 그와 같은 형국이
오늘의 믿음이요, 너희들이 구원의 길
이라 지금 광분하고 있는 그와 같은
모습이니라.
9 나의 아들 예수의 보혈로써 구원을
받았다며 그저 내달리는 망아지처럼
부르짖기만 하고 있는 것이 너희들이
니라.
10 날뛰기만 하고 있으니, 너희들이 그리
날뛰면서 제가 무엇 때문에 놀랐으며
무엇 때문에 놀라서 지금 망아지가
뛰고 있는지 그 뛰고 있는 것도 모르
며, 무엇 때문에 놀랐는지도 모르고
그저 내달리는 것,

11 그와 같은 방향 감각 없이 그저 달려
가는 망아지와 같은 것이 오늘의 믿음
이요, 너희들의 신앙의 길이라면, 너
희들은 어찌하겠느냐?
12 그보다 더한 것이 너희들이니라.
13 너희들이 목적이 다를 때, 뜻이 다를
때, 너희들이 얼마나 사악한 행위를
함부로 저지르며 살아가는 것이냐?
14 그러니 나의 아들 예수의 보혈로써 구
원을 받으며 나를 경배하는 것으로써
구원을 받았다 하여 마구잡이로 너희
들이 그 길만을 고집하고 가고 있음이
니,
15 그러니 무엇 때문에 놀랐으며 어찌하
여 제가 뛰는지 목적의식 없이 내달리
는 망아지와 똑같이, 너희들이 그 울
부짖는 믿음으로써 모두가 너희들이
지금 일관하고 있다는 것을 알라.
16 그러니 거기에 진리가 어디 있으며 깨
달음이 어디 있으며 너희들이 나의 뜻
을 어찌 볼 수 있단 말이더냐?
17 내가 너희들에게 전함이니라.
18 '믿는 자, 천국이요, 그리고 믿지 않는
자, 지옥'이니, 이러한 구호 아래서 너
희들이 지금 모두 믿음의 신앙이요,
너희들의 모두가 가고 있는 것이 아니
더냐?
19 믿으라, 믿는 자는 그저 천국이요, 믿
지 않는 자는 지옥으로 간다 너희들이
그것으로써 모두를 이끌어 감이니,
20 그와 같은 신앙생활을 이제 너희들이
중단하며, 하늘의 뜻이요, 그 이치를
아는 그와 같은 길을 가지 아니하면
아니 됨이니라.
21 믿기만 하면 너희들이 죽어서 천당에
간다는 그 무지함에서 깨어나지 아니
하고,
22 너희들이 지금과 같은 그 믿음이요,
그저 놀라서 뛰는 망아지처럼 가는 그
와 같은 믿음으로써는 너희들이 아무
것도 볼 수 없으며 이룰 수 없으며, 하
늘에 오르는 빛을 볼 수 있는 반석 위
에도 설 수 없는 것이니,
23 이제 죽어서 천당 가겠다는 그 무지함
이요, 거기서 너희들이 벗어나도록 그
리하라.
24 그러면서 너희들이 나의 뜻이 무엇이
며 내가 역사하고자 하는 것이 무엇인
가를, 그를 알고자 하는 그와 같은 믿
음으로 바꾸지 아니하면 아니 됨이니
라, 사랑하는 나의 아들딸들아!
25 그저 무조건 내달리기만 하면 너희들
이 그 목적을 모르며 내 달리다 결국
은 무엇하는가?
26 낭떠러지 벼랑에서 너희들이 제동을
걸지 못하며 그저 곤두박질하여 떨어
지는 것이 아니더냐?
27 그저 너희들이 그리 날뛰다가, 지금
너희들이 그리 죽어도 가지 아니하려
는 지옥문에 닥쳤으니,
28 거기서 들어가지 않으려고 몸부림치
고 울고불고하는 것이 너희들의 모습
이라는 걸 절대 잊지 말라.
29 너희들이 이 세상에 온 목적이 무엇이
며, 너희들이 살아가는 목적이 무엇이
며, 너희들이 그 목적을 달성하기 위
해 어떠한 것으로써 준비하며, 어떠한
과정을 살아가야 되는 것인가를, 너희
들은 이를 들여다보라.
30 그리하면 결국은 창조주 나 여호와의

뜻에 의하여 너희들이 역사해야 되며,
내가 바라고 원하는 것이 무엇인가를
너희들이 알게 될 것이니,
31 그를 찾지 아니하면 아니 되느니라,
사랑하는 나의 아들딸들아!
32 그 모든 답이 160권의 나의 법전 안에
있음이니, 이를 보도록 하라 함이 내
뜻이니 그리 알라.

## 10,767 번째 하나님 말씀

*2004년 4월 24일 11시 57분*

1 사랑하는 나의 아들아!
2 "네, 아버님! 말씀하옵소서."
3 너희들이 하늘의 뜻을 모르면 결과가
어찌 되느냐?
4 결과는 너희들이 나와 같이할 수 없는
것이 하늘의 뜻을 모르고 가는 백성들
이니라.
5 그러니 나와 같이할 수 없다는 것이
너희들이 얼마나 슬픔이요, 고통인 줄
알겠느냐?
6 그러니 오늘의 궁극적인 신앙의 길을
가는 백성 너희들이 내 뜻이요, 내가
역사하는 것을 알고 깨우쳐 그 길을
더불어 가고자 하는, 물 흐르듯이 조
용히 진리를 찾아 흘러가는 그와 같은
믿음으로 가야 되거늘,
7 너희들이 지금 궁극적인 믿음이 잘못
됨이니라.
8 그저 죽어서 천당을 가야 된다는 것,
그리고 간다는 것, 믿기만 하면 된다
는 그와 같은 어리석음에서 너희들이
헤어나지 못함이니,
9 나 여호와와 관계없는 그 신앙의 길을
지금 달려가고 있다 함을 알겠느냐?
10 나의 160권의 법전이 세상에 나오니,
이것이 새로운 성경이라 하지 않았더
냐?
11 너희들이 구약 시대는 시작의 시대요,
그때 내가 너희들에게 모두를 언약한
것이 구약 시대에도 다 이루어지고 역
사했음이니라.
12 나는 구약 시대가 역사하는 것을 미리
언약하여 그를 알려 주었으며, 신약
시대에도 내가 또한 그와 같은 것을
역사한다는 것을 미리 언약하여 가르
쳐 주었으며, 신약 시대에 내가 약속
한 것을 모두를 행하고 집행하는 그와
같은 결과의 길을 오지 않았더냐?
13 그러니 지금 제3의 시대 또한 무엇이
더냐?
14 바로 제3의 시대에 내가 역사하는 것,
그리고 새 시대가 열린다는 것, 이 모
두는 내가 미리 언약한 것이며,
15 내가 언약한 것으로써, 내가 예언한
것으로써 모두가 행하고 집행되는 그
와 같은 순리에 따라 이루어지는 것이
라는 것을 너희들은 알라.
16 구약 시대의 명함을 내가 지켰으며,
신약 시대의 언약의 그 모두를 지켰
으며, 그리하여 제3의 시대에 모두가
내가 미리 예언하고 언약한 것이 지금
진행되고 이루어지는 그와 같은 시대
라는 것을 너희들은 알라.
17 이를 인정하지 아니하며 이를 받아들
이지 않는 백성은 알 수 없는 것이며
깨달을 수 없는 것이 하늘의 법도이니
라.
18 그러니 이와 같은 이치를 깨닫고, 너

희들이 나의 법전을 가슴에 안고 정독
하며, 나의 아들을 통하여 내리는 강
론을 들으며 그를 보고 깨우치려는
그와 같은 마음의 변화를 이루지 아니
하면,
19 너희들은 나와 관계없는 신앙이요, 나
와 관계없는 그 믿음으로 가고 있다
는 것을 절대 잊지 말라.
20 나와 관계없는 믿음이란 무엇이더냐?
21 나와 관계있는 자요, 내가 기억하는
자는 나의 나라 천국에 오르며, 그렇
지 못한 자는 반대의 길이니, 그것이
어디인가는 너희들이 알아서 깨우치
도록 그리하라.

## 10,768 번째 하나님 말씀

*2004년 4월 24일 12시 02분*

1 사랑하는 나의 아들아!
2 "네, 아버님! 말씀하옵소서."
3 너의 제자들이 무엇을 물으며, 모든
종교 집단이요, 지도자들이 너에게 핍
박하며 너에게 묻고자 하니,
4 네가 그를 대답하지 않으려 하는 네
마음의 깊이가 무엇인가, 너는 그 뜻
을 기록하여 너의 제자들에게 깨우침
을 주어야 될 것이니라.
5 "아버님! 저는 특별한 그 이유와 뜻은
없사옵나이다.
6 다만, 모든 사람들이 저에게 와서 질
문하며 무엇을 물으며, 그리고 믿음의
길을 가며 몇십 년 동안 신앙생활을
했으며 성서를 몇백 번 몇천 번을 읽
었다 말하는 자, 그리고 성서를 구절
구절 다 외우는 자,
7 그와 같은 모든 자들이 와서 말하는
것이 하늘의 뜻이요, 아버님의 성령에
입각해서 말하는 것이 아니라, 인간의
생각이요, 제 뜻을 가지고 와서 말을
함이니,
8 하늘의 뜻을 알 수 없는 자에게 하늘
의 뜻을 설명할 수 없으며 가르쳐 줄
수가 없기에, 제가 대답하지 않으려
하며 입을 다물고 살려 하는 것이 제
뜻이옵나이다, 아버님!
9 다만, 그 외에는 아무것도 없사옵나이
다."
10 사랑하는 나의 아들아! 바로 그러하
니라.
11 모든 인간들이 지식이요, 깨달은 자가
와서 말해도, 그들은 네 말대로 인간
의 그 모두를 벗어나지 못하고 너에게
와서 말함이니,
12 하늘의 뜻이요, 그 진리를 가르쳐 줘
도 그들은 알지 못함이니라.
13 오로지 제 생각이요, 제 뜻을 먼저 밝
힘이니라.
14 나의 아들 예수가 세상에 나오니, 그
를 갖다 심판한 대제사장들이 그에게
마지막 무어라 물었더냐?
15 "네, 아버님! 저는 그것을 잘 기억하
지는 못하고 있사옵나이다."
16 그러니라, 나의 아들아!
17 그 제사장이요, 그들이 나의 아들 예
수에게 그리 물었느니라.
18 '네가 정녕 아버지 하나님의 아들이
냐?' 그리 물었느니라.
19 그들이 인간의 뜻이 아니요, 하늘의
뜻으로써 안다면, 감히 그를 묻지 않
았을 것이니라.

20 그러니 인간의 생각을 가지고 그리 질
문하니, 거기에 예수가 대답할 말이
무엇이 있겠느냐?
21 '모두는 네 뜻이요, 네 생각이로다.' 나
의 아들 예수가 그리 대답한 그 대목
이 있을 것이니라.
22 또한, 그를 죽이라는 자들이 어떠한
것을 변명하기를 바랐으며 그와 같은
이유를 대기를 바랐으나,
23 나의 아들 예수가 '그 모두는 다 네 생
각이요, 네 뜻일 뿐이니라.' 그리 말한
의미를 이제야 너는 알겠느냐?
24 "네, 아버님!
25 제가 모든 백성들이 와서 질문하고 물
을 때, 그들이 하늘의 뜻이요, 아버님
의 성령이요, 그 뜻에 의하여 질문하
고 깨우치려는 것이 아니라,
26 인간의 생각이요, 인간의 욕심에 의해
서 무엇을 알고자 깨우치려는 그들이
기에,
27 제가 대답을 하지 아니하려 하며, 그
들과 대화하지 아니하려 하며, 제가
입을 다물고 살아가고자 하는 것이 거
기에 있사옵나이다."
28 이제 나의 아들 예수가 말한 그 의미
를 그 백성들이며 그 제자들에게 전해
주라.
29 너희들은 나의 아들 예수가 왜 해명하
지 아니하며, 너희들에게 설명하지 아
니하며, 구구절절하게 그 이유를 대지
아니했는가?
30 그것은 그들이 하늘의 뜻에 의한 역사
가 아니요, 인간의 욕심이요, 인간의
생각으로써 추궁하기에, 거기에는 어
떠한 것도 대화할 수 없으며, 통할 수
없으며, 깨우쳐 주려 해도 깨우칠 수
가 없으니,
31 결국은 더 비참한 모습으로 더 시시비
비만을 하여 그들에게 기를 살려줘,
결국은 모두를 더 오판하게 되며 그들
의 오만함을 알게 되니, 나의 아들 예
수가 대답을 하지 아니하였듯이,
32 오늘의 나의 아들 네가 대답을 하지
않은 그것이 그 뜻이요, 그 의미였으
니,
33 2천 년 전에 예수가 대답한 그 의미를
이제 네가 알았다면, 그 뜻을 너의 제
자들에게 깨우쳐 그들의 지혜를 열어
주도록 하라, 사랑하는 나의 아들아!

## 10,769 번째 하나님 말씀

*2004년 4월 24일 12시 13분*

1 사랑하는 나의 아들아!
2 "네, 아버님! 말씀하옵소서."
3 구약과 신약의 그 역사함이 무엇이라
말하였느냐?
4 "네, 아버님! 그 모두는 성령으로 임
하는 백성이 이 세상에 존재하도록
하고자 하여 구약이요, 신약이 모두가
존재하였사옵나이다."
5 예수가 또한 그 세상에 와 그 목숨을
던진 것, 그 또한 무엇이더냐?
6 "그도 또 바로 성령이 임함이옵나이
다.
7 성령이 임하는 것은 사랑을 베푸는 것
이요, 사랑을 행하기 위한 것이옵나이
다."
8 그리하여 예수가 죽으면서 그 제자들
에게 무어라 말했는지 알겠느냐?

9 "네, 아버님! 새로운 계명을 내린다
하였사옵나이다."
10 그 새로운 계명이 곧 결국 그는 사랑
을 베푸는 것이라 하였으며, 그 사랑
의 베푸는 것이 바로 무엇이더냐?
11 성령으로 임하는 백성으로 너희들을
이끌고자 한 그 뜻이라 하지 아니하
였더냐?
12 그러니 구약과 신약의 그 모든 궁극
적인 목적이요, 목표는 너희들이 원하
는 것을 이루고자 했던 것, 바로 성령
이라는 것을 너희들은 알지 않느냐?
13 그러나 그 성령이 임하는 백성이요,
성령으로 임하는 그 시대가 언제 도래
하며 그와 같은 역사가 언제 이루어질
것인가 하는 것은 그 아무도 알지 못
하는 것이니라.
14 그러니 지금 제3의 시대에 내가 새로
운 내 모두를 태운 성령을 세상에 내
려보냄이니,
15 지금의 그 성령이 내려오는 것은 구약
이요, 신약의 백성 누구도 알지 못함
이니,
16 오로지 지금 나의 아들을 따르는 제자
너희들만이 새로운 성령이 내려오는
시대가 되었음을 알고 있을 것이니라.
17 그러니 너희들이 얼마나 축복받고 영
광된 백성인가를 알겠는가?
18 그 누구도 모르는 성령이 임하는 그
시대에 너희들이 지금, 더구나 내가
나의 모두를 태워 내려보내는 나의 아
들과 더불어 한 시대를 살아가며, 나
의 법전을 만들며 강론을 듣는 그 은
혜요, 선택된 백성 너희들이 얼마나
축복되고 영광된 백성인지 그 감사함
을 모름이니,
19 너희들이 그리하여 오만한 자요, 교만
한 삶을 사는 것임을 알라.
20 너희들은 그 성령이 임하는 시대를 그
아무도 아는 자가 없으며, 성령이 임
하는 것이 어떤 방법으로 임하는 것인
가 그것도 알지 못하는 백성들이 수없
이 살다 죽어 갔으며, 오늘의 종교 집
단이요, 지도자 그 누구도 아무도 알
지 못하는 것이니라.
21 그러니 나의 아들을 따르는 제자들이
요, 나의 법전을 읽는 백성, 너희들만
이 성령이 임하는 때가 되었음을 알
며, 성령이 임하는 것이 무엇인가를
알고 있으며,
22 성령이 임하는 그 백성이 은혜 받음은
무엇이라는 걸 다 알고 있음이니,
23 얼마나 은혜요, 축복이요, 영광된 백
성인가를 스스로 알지 못하면 아니 됨
이니라.
24 그것이 너희들이 나로부터 받은 은혜
요, 그 축복임을 알라, 사랑하는 나의
아들딸들아!
25 아무도 모르는 것을 너희들은 지금 알
고 있으며, 아무도 행하지 못하는 것
을 너희들은 행하고 있지 않더냐?
26 모든 구약과 신약이요, 나의 아들 예
수의 죽음이요, 그리고 160권이 세상
에 내려오는 그 모두가 다 집약하여,
27 성령이 임하는 백성들을 이 세상에 만
들어 내며, 성령으로 임한 백성들이
거듭나는 세상을 만들어,
28 내가 이 세상을 하늘과 땅에서 권세가
같이하도록 역사하는 거기에 너희들
이 참여한 자요,

29 제1번으로 너희들이 부름을 받은 자
요, 제일 앞에서 너희들이 그 터전을
닦는 위대한 백성들이라는 것을 너희
들 스스로 잊지 말라, 사랑하는 나의
아들을 따르는 제자들아!

## 10,770 번째 하나님 말씀

*2004년 4월 24일 12시 17분*

1 사랑하는 나의 아들아!
2 "네, 아버님! 말씀하옵소서."
3 구·신약의 그 궁극적인 목적은 너희
들이 성령이 임하는 것이라 하였음이
니라.
4 그러니 나의 아들을 따르는 제자 너희
들이 만백성으로서 가장 은혜요, 축복
을 받은 자라 하였음이니,
5 지금 성령이 임하는 그와 같은 길을
가는 백성 너희들은 무엇인 줄 알겠느
냐?
6 한 발짝 한 발짝 자욱마다 떼는 것이
너희들이 나를 향하여 오며, 너희들이
그리 갈구하고 원하던 천국을 위해서
한 발짝 한 발짝 뗄 때마다 걸어오는
백성이요,
7 그렇지 못한 백성들은 어떠한 길인 줄
알겠느냐?
8 그들은 한 발짝 한 발짝 뗄 때마다 나
와 멀어지며 지옥문에 가까운 길을 가
는 것이며 하늘에서 멀어지는 그와 같
은 길을 가는 백성이니,
9 너희들이 지금은 서로 등을 대고 걷기
시작하니, 거기가 거기인 것 같을 것
이니라.
10 그러나 너희들이 한 발짝 한 발짝 가
면 너희들이 배로 멀어짐이니라.
11 네가 한 발짝 나를 향하면 그들은 지
옥을 향하여 또 한 발짝 감이니, 그 간
격이 어찌 되는 것인가, 너희들은 한
장의 그림으로써 상상을 해 보도록 하
라.
12 그러니 그와 같은 길을 가는 너희들이
얼마나 축복된 백성이기에, 너희들이
지금 모든 악습을 버리지 못하며, 거
듭나지 못하며, 세상의 죄인과 같은
마음으로 살아갈 수 없다 그리 말할
수 있는가?
13 이것이 너희들의 오만이요, 교만이요,
자만에서 오는 것이니라.
14 너희들은 한 발짝 한 발짝 뗄 때마다
그들과 멀어지고 멀어져, 나를 향하는
정도의 길을 오는 백성 너희들이 그
모두도 다 버리지 못하며,
15 너희들이 비단옷 걸치며 부귀영화를
똑같이 누리는 그와 같은 마음으로 나
에게 오고자 한다면,
16 너희들은 결국 반대의 현상이 되어 너
희들은 나와 멀어지는 그 길을 갈 것
이며,
17 지금 멀어진 그 길을 가는 백성들은
나를 향하여 오는 그와 같은 무서운
형국으로써 바뀔 수 있다는 것을 알라.
18 그러니 오늘의 나에게 오는 그 정도의
길이요, 바른길을 오는 자세에서 너희
들이 흔들리지 아니하며 바른길을 오
도록 그리하라.
19 그렇지 아니하면 너희들 또한 무너진
다는 것을 잊어서는 아니 됨이니,
20 오만하고 자만한 자, 너희들이 무너지
게 되어 있음을 알라, 사랑하는 나의

아들딸들아!

## 10,771 번째 하나님 말씀

*2004년 4월 24일 23시 47분*

1 사랑하는 나의 아들아!
2 "네, 아버님! 말씀하옵소서."
3 나의 백성으로서 만백성의 지도자라
는 것은 무엇이라 하였더냐?
4 높은 대우를 받고자 아니하며 가장 낮
은 자라 하지 않느냐?
5 낮은 자가 되고자 하는 그와 같은 마
음으로 가지 아니하면 아니 된다 내가
그리 말하지 아니하였던가?
6 그러니 너희들이 인간 세상에 살아가
면서 낮은 자가 되라는 것은 무엇이더
냐?
7 그러나 나의 피조물 만백성 너희들이
누구나 다 승자가 되려 하며 이기는
자가 되려 하는 것이 너희들의 마음이
요, 너희들이 가지고 있는 생각이니,
8 그리하여 나의 피조물 만백성 너희들
이 얽히고설킨 그와 같은 삶을 살며,
풀지 못하는 실타래처럼 얽힌 삶을 사
는 것임을 알아야 될 것이니라.
9 이제 나의 아들을 따르는 제자 너희들
은 세상사에 살면서 가장 낮은 자가
되라 하였으며,
10 대우받는 자, 높은 자가 되지 말라 하
지 아니하였더냐?
11 그러니 이 세상에 살아가면서 너희들
이 인간 세속에서 승자가 되고 이기는
자가 되고자 하는 그와 같은 마음을
갖지 말라.
12 너희들이 지도자요, 지배하는 자가 되
고자 한다는 것은, 그것은 이미 너희
들이 나로부터 자격을 상실한 것이요,
나의 백성으로서 너희들이 만백성을
지도하는 자격이 박탈된다는 것을 잊
어서는 아니 될 것이니라.
13 그러니 너희들만이라도 이 세상에서
가장 낮은 자가 된다 하면, 실제로 너
희들이 낮은 자가 되는 그와 같은 삶
을 살도록 하라.
14 너희들이 말로써는 가장 낮은 자요,
대우받지 않는 자라 그리 말하며 그리
고 만백성의 종이라 말하면서,
15 실제로 행동은 너희들이 상전이요, 왕
이요, 그리고 너희들이 낮은 자가 되
는 길을 모르고 있는 자들이니라.
16 그러니 인간 세상에 살아가면서 너희
들이 서로가 이기려 하다 보니, 결국
너희들은 화합하지 못하며 충돌하게
되어 있으며, 감정에 격돌하게 되어
있으며 너희들이 이성을 잃게 됨이니,
17 그리하여 너희들이 가장 낮은 자가 되
라는 것은, 모든 것을 이기는 자가 아
니요, 양보하는 자요, 고개 숙이는 자
가 되라 하는 것임을 너희들은 알지
못하느냐?
18 내가 너희들에게 무어라 말하였느냐?
19 '모든 잘못된 것은 내 책임이요, 모든
영광은 당신 것이라'는 그와 같은 너
희들의 말로, 그와 같은 마음을 가지
고 살라 하지 않았던가?
20 말로써는 너희들이 백 번 천 번 그리
하나, 너희들이 막상 부닥쳤을 때는
그리 행동을 하지 아니함이니,
21 그것이 너희들이 깨달은 자요, 지도자
가 가는 길이 아니니라.

22 모든 오늘의 종교 집단이요, 지도자
요, 믿음의 길을 가는 백성들이 바로
그 마음을 다스리지 못하며 그를 행하
지 못하고 살기에 나와 관계없는 백성
들이라 그리하느니라.
23 말로써는 사랑이요, 예수의 사랑이요,
그 모두를 너희들이 하면서, 육의 행
동은 절대 그와 같은 마음으로 하지
못하며 행하지 못하기에,
24 그것이 바로 너희들이 잘못된 것이라
하며, 나와 관계없는 백성이라는 그
무서운 가르침을 너희들이 깊이 새겨
두지 아니하면 아니 될 것이니라, 사
랑하는 나의 아들딸들아!

## 10,772 번째 하나님 말씀

*2004년 4월 24일 23시 53분*

1 사랑하는 나의 아들아!
2 "네, 아버님! 말씀하옵소서."
3 하늘의 뜻을 모르며 참진리를 모르며
내가 이루고자 하는 내 그 뜻을 너희
들이 모른다면, 결국 너희들은 무엇이
냐?
4 결과적으로 나와 같이할 수 없으며,
나와 더불어 갈 수 없으며, 같이 역사
할 수 없다는 것을 너희들은 알아야
될 것이니라.
5 나와 같이할 수 없는 그 백성이 과연
나에게 오를 수 있는가?
6 그 또한 나에게 오를 수 없음을 너희
들은 알아야 될 것이니라.
7 그러니 너희들이 나의 뜻을 알며 그
뜻을 행하고자 하는 마음의 가짐을 안
갖고 살아간다면, 결국 너희들은 나와
같이할 수 없다는 것을 알라.
8 너희들의 궁극적인 신앙의 길이 무엇
이더냐?
9 나 여호와와 같이하며, 너희들이 나와
관계를 유지하며, 그리고 너희들이 나
에게 와 영원히 사는 거듭나는 생명의
그 구원을 얻는 것,
10 그것이 너희들의 오늘의 신앙의 길이
요, 너희들이 바라는 것이 아니더냐?
11 그러나 너희들이 그와 같은 내 뜻을
모르고 가는 믿음으로 가는 백성은
결코 나의 뜻을 알지 못함이니,
12 너희들이 잘못된 신앙이요, 잘못된 믿
음이요, 그리고 너희들이 그리 갈구하
고 원하는 그 구원의 길을 볼 수 없다
는 것을 절대 잊어서는 아니 됨이니라.
13 사랑하는 나의 아들을 따르는 제자 너
희들은 들어야 될 것이니라.
14 나 여호와가 구약 시대에 모세를 통하
여 그 많은 역사의 기적을 이루었음이
니라.
15 그러나 결코 너희들은 내가 원하는 백
성들이요, 내가 원하는 그 삶을 살지
못했으며, 너희들이 천사와 같은 삶으
로 살아가는 그와 같은 백성이 되지
못하였으니,
16 결국 그것이 다음에 이루어진 것이 무
엇이더냐?
17 신약 시대라 하여 내가 나의 아들 예
수가 역사하는 그와 같은 시대가 되지
않았느냐?
18 그리하여 나의 아들은 '사랑을 하라,
그리고 성령으로 임하는 백성으로 거
듭나라.' 그와 같이 그를 강조하고 너
희들에게 그를 깨우쳐 주고자 했으나,

19 신약 시대 또한 모두가 무너졌으며 다
쓰러졌으며 그것이 이루어지지 못하
였음이니라.
20 그러니 결국 무엇이더냐?
21 내가 너희들을 버릴 수 없으며 너희
들을 놓을 수 없기에, 그리고 재앙으
로써 너희들을 다스릴 수가 없기에,
22 내가 지금 제3의 시대를 열어 너희들
에게 견본의 기회를 줌이 이것이 아
니더냐?
23 그리하여 내가 나의 아들을 통하여 지
금 160권의 법전을 세상에 내보낸 그
역사이거늘,
24 이것이 얼마나 귀하고 소중한 것인가
를 모르고, 어찌하여 너희들이 이를
함부로 말하며 이를 읽어 보려 하지
아니하며 들여다보려 하지 아니하는
가?
25 너희들이 지금까지 오는 그 믿음이요,
신앙이 바로 섰고 바로 왔더라면, 오
늘의 이와 같은 역사는 결코 있지 아
니할 것이니라.
26 그리고 너희들은 들어야 될 것이니라.
27 나 여호와가 역사하는 것이 아니요,
사탄이요, 마귀가 역사한다면, 과연
너희들이 새로운 성경의 이 160권의
대장정의 역사가 이루어질 것이라 생
각하느냐?
28 결코 그 많은 시간 속에, 그 많은 세월
속에 그 많은 하늘의 비밀이요, 하늘
의 뜻의 가르침을 일일이 기록하여
전하는 그 역사는 결코 이루어질 수
없음을 너희들은 알아야 될 것이니라.
29 지금 너희들이 구약의 성서가 이루어
졌으며 신약의 성서가 이루어졌으며,
그리고 제3의 성서가 이루어짐이니,
30 여기에 풀어서 내가 너희들에게 깨우
쳐 주고 쥐여 주는 것이 얼마나 기본
적이며 기초적인 것이며 위대한 것들
이 여기에 있는가?
31 너희들이 모든 기초를 단단히 다지며,
그 위에 완벽한 건축을 할 수 있도록
내 모두를 지금 다스려 주는 것이니,
32 너희들이 이보다 더한 역사가 어디 있
으며, 이보다 더한 하늘의 뜻을 기록
하여 전한 자가 어디 있는가?
33 그러니 너희들이 이와 같은 의미를 알
며 이와 같은 뜻을 안다면,
34 변하는 시대요, 새로운 역사가 이루어
지는 이 세상의 변화를 어찌하여 너희
들이 보지 아니하며 받아들이려 하지
아니하며,
35 사탄이요, 이단이요, 그저 너희들이
옛것에만 매달리는 그와 같은 어리석
은 삶을 사는가?
36 그것이 너희들이 잘못되었음이라는
것을 알라, 사랑하는 나의 아들딸들아!

## 10,773 번째 하나님 말씀

*2004년 4월 25일 06시 18분*

1 사랑하는 나의 아들아!
2 "네, 아버님! 말씀하옵소서."
3 나의 아들을 따르는 제자들이요, 나의
법전을 읽고 깨우친 만백성, 너희들은
창조주 나 여호와의 뜻을 위하여 만백
성을 구하는 마지막 대명을 이루고 대
업을 이룸이니, 너희들이 뭐라 하였느
냐?
4 죽은 자와 같은 삶을 살라 하였느니라.

5 그러나 너희들이 환경에 따라서, 또한
여건에 따라서 그와 같은 감정을 자제
하지 못하며, 너희 자신을 다스리지
못하는 그와 같은 길을 가는 것은,
6 하나도 너희들이 깨달은 것이 없으며,
공부한 것이 없으며, 변화된 것이 없
는 백성임을 알아야 될 것이니라.
7 너희들에게 나 여호와가 가장 용서하
기 싫은 백성이 누구라 했느냐?
8 두마음을 가진 백성이라 하였음이니
라.
9 앞에서 말하는 것과 행동하는 것이 다
른 두마음을 가진 자를 내가 용서하지
아니하며, 그와 같은 백성을 가장 싫
어한다 하지 않았더냐?
10 너희들이 환경에 따라서, 여건에 따라
서 그 성격이 변하며 감정이 변화되는
것은, 바로 너희들이 두마음을 가진
대표적인 백성이라는 것을 알아야 될
것이니라.
11 그러니 환경과 여건의 분위기에 따라
서 너희들이 대화가 다르며 행동이 다
르며 감정이 다른 그와 같은 행동을
해서는 결코 너희들이 일반 백성들과
무엇이 변하고 무엇이 달라진 게 있는
가?
12 어떠한 여건에서도 너희들이 모두를
수용할 수 있으며 어떠한 환경에서도
모두를 받아들일 수 있는 것,
13 너희들이 남을 이기고자, 남을 지배하
고자 하는 그 속에서 너희들이 화합하
지 못하며 하나가 되지 못한다 하지
않았던가?
14 그러니 너희들은 남을 이기고자, 남을
지배하고자, 남들보다 위에 있고자 하
는 그와 같은 너희들의 그 마음을 다
버리지 아니하면, 너희들은 하나가 될
수 없으며 화합할 수 없느니라.
15 그러니 그와 같은 마음을 아직도 버리
지 못하고 있다면, 과연 너희들은 나
의 만백성을 구하는 전사로서 거듭날
수 있겠는가?
16 너의 제자들은 다시 한 번 깊이 자신
을 들여다봐야 되며,
17 정녕 저 자신이 변한 자가 되었는가,
남들이 보지 않는 곳에서 아름다운 행
위를 할 수 있고, 거기서 더 즐거움으
로써 모두를 행하는가,
18 정녕 너희들이 하늘을 향하여 한 점의
부끄러움이 없는 백성으로서 지금 살
아가고 행하고 있는가를 스스로 한번
반성하고 깨우쳐 봐야 될 것이니,
19 얼마만큼 너희들이 변화된 삶을 사는
가 그를 봐야 될 것이니라.
20 일순간에 너희들이 그와 같은 감정이
요, 그 모두를 지워 버리는 용단이 없
이는 거듭날 수 없음을 알라, 사랑하
는 나의 아들아!
21 환경이나 어떠한 분위기에 따라서 너
희들의 감정이요, 생각이 달라지며 말
이 달라지고 행동이 달라진다면,
22 이는 아무것도 너희들이 깨우친 것이
없으며, 그와 같은 자를 선생이라 따
를 자가 세상에 아무도 없음이니 그를
알라, 사랑하는 나의 아들아!
23 너희들의 그 모두를 변하는 자세로 살
라.
24 속이 변했으며, 겉도 변했으며, 그 모
두가 변한 사람으로서 거듭나지 아니
하면 아니 됨이니라.

25 겉으로만 조금 변한 듯하며 겉으로만
너희들이 변한 체한다면, 너희들은 유
사시에 감춰 놓고 있던 그와 같은 성
격이, 그와 같은 감정이 돌출하게 되
어 있음이니,
26 바로 그게 무엇인 줄 알겠느냐?
27 너희들이 양의 탈을 쓴 이리의 형국과
같음이니, 그러한 자 내가 용서하지
아니하며, 그와 같은 자를 내가 가장
사랑하지 아니한다 하였음을 너희들
은 알라.

## 10,774 번째 하나님 말씀

*2004년 4월 25일 06시 24분*

1 사랑하는 나의 아들아!
2 "네, 아버님! 말씀하옵소서."
3 구약의 성서가 나 여호와의 뜻이 아니
면 세상에 빛을 볼 수 없으며 세상에
나올 수가 없다 하지 아니하였더냐?
4 신약 또한 그러하니라.
5 그도 나 여호와의 뜻이 아니면 세상에
나와 만백성을 인도하는 책으로서 존
재하지 못하였을 것이니라.
6 그러니 지금 내가 160권의 아름다운
새로운 성경을 세상에 내보냄이니, 이
또한 나의 뜻이 아니면 결코 그 아름
다운 책이 세상에 나올 수 없다 하지
아니하였더냐?
7 사탄이 역사하는 것으로써는 내가 용
납하지 아니하며 용서하지 아니한다
하였음이니, 너희들은 그와 같은 의미
를 깊이 깨달아 행하도록 그리하라.
8 그리고 또한 내가 너희들에게 어떠한
삶을 살라 하였느냐?
9 너희들은 모두에게 죄인이라는 마음
을 가지고 살라 하였느니라.
10 '나는 죄인이기 때문에 소리 지를 일
이 없으며, 죄인이기 때문에 나설 일
이 없으며, 죄인이기 때문에 똑똑한
체할 필요가 없으며, 죄인이기에 어떠
한 누구에게도 함부로 행동하고 말할
수 없다.'는 그와 같은 마음을 가지고
살라 하지 아니하였더냐?
11 이제 너희들이 그를 지키고 행하는 것
이 가장 중요함을 알라.
12 어떠한 여건이요, 어떠한 환경에도 너
희들이 '나는 죄인이요.' 그와 같은 생
각이요, '죄인이기 때문에 할 말이 없
으며, 죄인이기 때문에 나설 수 없다.'
는 그와 같은 마음을 가지고 살면, 너
희들의 감정이요, 모두를 다 다스릴
수 있을 것이니라.
13 그리하여 내가 너희들이 그만큼 행할
수 있기에 나의 아들을 통하여 새로운
성경에 그 내용을 구구절절이 기록하
여 너희들에게 전하였거늘,
14 너희들은 읽고 들으면서 과연 그를
얼마나 지키며 행하느냐?
15 행하지 아니하면 필요 없느니라.
16 너희들이 말하기를, '진주라는 것을
돼지우리에 던져 놓으면 무엇하며, 돼
지에게 주면 무엇하느냐?' 하는 말이
있듯이,
17 아름답고 귀한 나의 성령이요, 나의
뜻을 너희들에게 내려보낸다 해도, 너
희들이 그를 받아들여서 너희 것으로
만들며, 생활하면서 그를 의식하여 쓰
지 아니한다면, 바로 무엇이더냐?
18 진주를 돼지우리에 던지는 것과 똑같

으니, 너희들이 그와 같은 짐승이 되
고자 하느냐?
19 그리고 너희들이 나의 새로운 성경이
요, 새로운 하늘의 뜻을 받으면서 그
를 그와 같이 버리는 삶을 살고자 하
며, 너희들이 그 길을 가고자 하는가?
20 그렇다면 너희들은 지도자로서 자격
이 없음이요, 지도자로서 만백성을 구
할 수 있는 그 모두를 내가 너희들에
게서 그 권한을 박탈할 것이며 임무를
다 박탈할 것이니,
21 너희들이 나의 성전에 와 나의 아들의
강론을 들을 필요가 없느니라.
22 너희가 160권의 법전이 나 여호와의
뜻이라 믿으며 내가 역사하는 것이라
믿는다면, 너희들은 그것으로써 모두
를 지키지 아니할 수 없으며,
23 지키지 아니하고 산다는 것은 너희들
이 이를 믿지 아니함이요, 내가 더욱
이 너희들에게 무어라 했느냐?
24 죽은 자로서 살라 했으며 죄인으로서
살라 하였음이니라.
25 형제에게 죄인이요, 하늘의 나 여호와
에게 죄인이요, 너희 부모와 자식에
게, 또 아내에게 남편에게 모두가 죄
인이라는 마음을 가지고 살라 하였음
이니,
26 친구에게도 죄인이요, 이웃에게도 죄
인이요, 만백성에게 죄인이라는 마음
을 가지고 살라 했으니,
27 거기에 너희들이 치받고 감정을 내세
우며 그와 같은 말을 할 수 있는가?
28 너희들은 죄인이기에 이기고자 하는
그 욕심을 버리지 못하고 사는 백성이
되어서는 안 됨이니,
29 내가 다시 한 번 나의 새로운 성경이
요, 나의 법전에 이를 기록하여 너희
들에게 전함이니, 이제 너희들이 이를
실수해서는 절대 아니 됨을 알라.

## 10,775 번째 하나님 말씀

*2004년 4월 25일 06시 29분*

1 사랑하는 나의 아들아!
2 "네, 아버님! 말씀하옵소서."
3 너희들이 인간의 삶이요, 이 세상의
변화는 무엇이더냐?
4 그리고 너희들이 이 대역사를 이루는
것은 무엇이더냐?
5 변화하고자 하는 자요, 변하는 그 노
력에 따라 너희들이 그와 같이 변하는
삶을 사느니라.
6 너희들이 변하는 것을 반대하며 변하
는 것을 막으며, 변화되는 것의 역사
함을 하지 못하도록 한다면,
7 과연 오늘의 너희들이 문명의 세계요,
오늘의 너희들의 그 깨우침에 도달하
였겠는가?
8 너희들은 여기서 바로 알아야 될 것이
니라.
9 너희들이 성경이요, 새로운 모두의 역
사하는 것, 믿음의 역사하는 것, 신앙
의 역사하는 것, 그 모두도 너희들이
그와 같이 변하도록 되어 있으며, 변
하지 아니하면 아니 되게 되어 있음이
니라.
10 모두가 변하여 전진하며, 모두가 변하
여 모두를 역사하거늘,
11 오늘의 너희들이 가장 위대한 변화를
가져야 할 종교 집단이요, 지도자 너

희들만이 유독이 고집을 피우며, 너희
들만이 그것을 주장하고 옛것을 그대
로 이루고자 하는 것이 바로 너희들밖
에는 아무도 이 세상에 없음이니라.
12 성경이요, 믿음이요, 그 모두가 변화
된다 하면, 너희는 이것은 잘못된 것
이요, 진리는 변화될 수 없다 하나,
13 지금 너희들이 진리의 길을 가지 못하
고 있기 때문에 변화되어야 되는 것이
니라.
14 그리고 성경에 너희들이 비유로써 전
해지는 것이 무엇인 줄 알겠느냐?
15 때가 되면 내가 그 봉인함을 열어 너
희들에게 깨우쳐 준다 하였음이니,
16 너희들이 그를 알아들을 수 없는 백성
이요, 그를 깨달을 수 있는 백성이 아
니기에,
17 그 당시에 너희들이 열어서는 아니 되
며 알아서는 아니 되기 때문에 내가
모두를 봉인해 둔 것을 알겠느냐?
18 그러니 지금에 와서 너희들이 그를 이
해할 때가 되었으며 받아들일 수 있는
지혜가 있음이니,
19 내가 비유의 뜻으로 가르친 그 비밀의
문을 모두 열어 줌이니, 이것이 바로
무엇이더냐?
20 변화되도록 되었으며, 성서의 믿음이
요, 신앙이 변화되도록 나 여호와가
모두를 계획했음을 너희들은 믿고 인
정해야 될 것이니라.
21 그러니 내가 비밀을 가르쳐 주며, 내
가 새로운 성경을 세상에 내려보내니,
22 너희들이 믿음이요, 신앙의 그 모두가
바뀌고 변화되지 아니하면 아니 되듯
이,
23 이때를 위하여 내가 너희들에게 모두
를 비유의 뜻으로써 비밀로 밀봉하여
때가 되면 열어 준다 한 그 나의 뜻을
알겠느냐?
24 그게 곧 변화되어야 한다는 것이요,
25 오늘의 너희들이 인간 세상에 살아가
면서 노력하고 변화를 이루는 자들에
의하여 모든 과학의 문명이요, 시대가
변화되는 그와 같은 세상으로 가듯이,
26 나의 성경도 너희들의 믿음도 신앙도
그와 같이 변화되지 아니하면 아니 되
며, 변화되도록 내가 모두를 만들었음
을 알라.
27 그것이 바로 내가 인봉한 것이요, 비
밀로써 묻어 둔 것이라는 것을 깨닫도
록 그리하라.

## 10,776 번째 하나님 말씀

*2004년 4월 25일 11시 45분*

1 사랑하는 나의 아들아!
2 "네, 아버님! 말씀하옵소서."
3 모든 종교 집단이요, 지도자들이 그
신도요, 그 백성들 앞에서 그리 말하
느니라.
4 마지막 시대에 거짓 선지자가 와 세상
을 혼란케 하며, 거짓 선지자가 와 세
상을 뒤흔들 것이니, 거기에 현혹되지
말라 그리 말하며 그리 가르치느니라.
5 그러니 그들이 얼마나 어리석으며 얼
마나 불쌍한 자들이냐?
6 인간의 상식이요, 인간의 지식으로써
저희들이 인간의 교리로써 말하는 것
이요,
7 하늘의 뜻이요, 성령을 전혀 모르며,

하늘의 지혜를 모르는 자들이 그와 같
이 말하니, 그들의 말에 현혹되어 너
희들이 그리 가서는 아니 되느니라.
8 너희들이 인간 세상에 종말이요, 말세
라는 것은 무엇이더냐?
9 세상이 잘못되었기 때문에 더 지탱할
가치가 없으며, 그 모두가 무너지는
것이 아니더냐?
10 그러면 종말의 시대에 거짓 선지자가
온다 함이니,
11 너희들은 종말의 시대에 오는 것이 거
짓 선지자인가, 종말을 만드는 자들이
거짓 선지자요, 거짓된 자들인가, 한
번 그 이치를 깨우쳐 보도록 그리하라.
12 사랑하는 나의 아들아!
13 "네, 아버님! 말씀하옵소서."
14 너의 제자들이요, 법전을 읽고 깨우치
는 백성, 그들에게 스스로 대답을 구
하라 그리 전하라.
15 지금의 모든 종교 집단이 그 방대한
조직이요, 그 인력을 가지고 저희들이
말세의 세상이 만들어졌다면, 오늘이
말세라 하면,
16 과연 그 말세를 만드는 종교 지도자
요, 집단들이 거짓 선지자인가,
17 지금 나의 아들이 160권의 법전을 가
지고 너희들이 말하는 말세의 세상을
바로잡으려 하는 나 여호와의 참진리
가 과연 거짓 선지자요, 세상을 혼란
케 하는 자인가,
18 너희들이 한번 그것을 놓고 따져 보도
록 그리하며, 생각해 지혜를 얻도록
하라.
19 너희들이 말세를 만들었다는 것은, 지
금까지 가르치고 지도하고 인도한 자
들이 잘못되었다는 것이며, 저희들이
참진리요, 나 여호와의 뜻을 거역했다
는 것을 저희들이 스스로 말하는 자들
이니라.
20 그러니 지금의 나의 아들을 통하여 나
의 새로운 성경을 내려보내 160권의
책으로써 세상에 너희들이 알기 쉽게
전하는 나의 아들이 과연 거짓 선지자
요, 마지막 시대에 오는 세상을 혼란
케 하는 자며, 너희들이 말하는 종말
의 시대에 온다는 거짓 선지자라 그리
말할 수 있는가?
21 종말의 세상을 만드는 종교 집단이요,
지도자 너희들이 거짓 선지자니라.
22 거짓된 자, 너희들이 이리 왔기 때문
에 종말의 세상이요,
23 너희들이 바로 가르치고 참진리에 따
라서 왔다면 종말은 올 수도 없으며,
종말이 역사할 수도 없으니, 그 어리
석은 짓을 하지 말라.
24 너희들은 이리 들으라. 나의 아들을
따르는 제자 너희들은 들으라.
25 지금의 믿음의 길을 가는 그 모두가
다 첫 단추를 잘못 끼웠음이니, 그들
이 지금 진정한 믿음이요, 하늘의 뜻
에 의해 역사하는 것이 아니요,
26 거짓 선지자요, 거짓된 자들이 이 세
상을 현혹게 하니, 그리 너희들이 종
말이라는 때가 옴이니,
27 그 종말을 다스리고 그 종말에서 벌할
자 다스리고 구원할 자 구원하는 것,
그것이 오도록 기록되어 있는 것을,
너희들이 그리 거꾸로 가르치고 전한
다는 것을 알도록 그리 전하라.
28 그러니 지금 잘못된 종교 집단이요,

지도자들로 하여금 종말이요, 말세의
세상이 왔음이니,
29 이를 다스리고자 하는 것이 나의 법전
이요, 이를 바로잡고자 하는 것이 나
의 법전이라 함을 너희들은 알라.
30 그러니 너희들이 얼마나 어리석고 불
쌍한 백성들이더냐?
31 너희들은 휴거요, 하늘의 들림을 받는
다 그리 말함이니, 그리고 들려서 너
희들이 거듭난다 말하느니라.
32 그리고 나의 아들 예수가 공중에서 내
려와 너희들을 구원한다 그리 생각하
는 어리석은 자들이니,
33 너희들은 성령으로써 임하는 백성이
요, 성령으로써 거듭나는 것이 들림을
받는 것이요, 너희들이 나에게 오르는
길이라는 것을 모르고 하는 자들이니
라.
34 그러니 너희들이 모르는 무식이 얼마
나 무서우며, 너희들이 모르는 지식이
얼마나 무서운가?
35 이것이 성령을 위배하는 것이요, 성령
을 훼방하는 죄임을 너희들은 알라.
36 내가 다시 한 번 나의 아들을 통하여
너희들에게 명하느니라.
37 지금의 종말이요, 마지막 말세를 만든
종교 집단이요, 지도자들이 거짓 선지
자가 아닌가?
38 지금 그 종말을 만들어 놓는 그들이
어떠한 자들인가?
39 그러니 종말을 만들며 마지막 세상의
말세를 만든 지금 그들을 바로잡기
위하여 지금 내가 내리는 나의 법전
이요, 나의 아들이 전하는 그 강론이
나 여호와의 뜻이요, 너희들의 모두를
치료하는 극약처방의 의술이요, 약이
라는 것을 너희들은 알아야 될 것이니,
40 그 의미를 알도록 오늘 내가 너희들
에게 명하며 깨우쳐 줌이니, 하늘의
지혜를 얻어 너희들이 바로 알고 바로
깨닫도록 그리하라.
41 그들이 바로 섰으면 종말이 오지 아니
하였으며, 그리고 말세가 오지 아니하
였음이니라.
42 그러니 말세를 만든 것이 먼저 죄인이
요, 흉악범들이니라.
43 말세를 만들어 놓고 저희들이 그걸 더
유지하기 위하여 바른 자가 오는 것,
그리고 참진리가 오는 것, 그를 고치
고 수술하는 의사를 가짜요, 면허 없
는 자라 그리 말하느니라.
44 모든 종교 집단이 면허증 없이 의사
짓을 해 먹은 그와 같은 가짜 의사이
니,
45 그것을 진짜가 오니, 저희들이 설 길
이 없기 때문에 반대로 모두를 가르
치며 반대로 엮어서 너희들을 현혹게
하는 자들이니, 너희들은 여기에서 깨
달음을 얻도록 그리하라, 사랑하는 나
의 아들딸들아!

## 10,777 번째 하나님 말씀

*2004년 4월 25일 20시 28분*

1 사랑하는 나의 아들아!
2 "네, 아버님! 말씀하옵소서."
3 너희들이 한 획도 더하고 빼도 아니
되는 그 성경이라 하는 그 구절에 내
가 나의 아들 예수를 통하여 너희들에
게 이미 전했으니,

4 너희들이 '행함이 없는 믿음은 죽음의
믿음'이라 내가 그리 전하였느니라.
5 행함이 없는 그 믿음은 죽음이라는 그
믿음을 과연 너희들은 어찌 받아들이
느냐?
6 그러면서 너희들이 지금 가는 그 길은
무엇이더냐?
7 내가 친필로 써 내린 십계명을 지킬
수 없으며 그리 살 수 없다 한다 하면,
너희들은 내 뜻에 의하여 행하지 못하
며 내 뜻대로 행하지 못하는 그와 같
은 삶을 산다는 말이 아니더냐?
8 그러면서 인간이 살아가면서 지은 죄
요, 인간의 역사는 너희들이 구원을
받는 것이요, 나에게 오르는 길과는
무관하다는 식으로 너희들 모든 종교
집단이 가르치며,
9 너희들이 부모요, 형제에게 섭섭한 마
음이 있다 해도 나 여호와를 경배하며
나를 기쁘게 하는 것으로써 그 죄는
다 묻어지며 그는 죄가 되지 아니한다
너희들이 그리 생각하느니라.
10 그러나 너희들은 알아야 될 것이니라.
11 나 여호와는 창조주요, 나 여호와는
큰 사랑을 가지고 있음이니, 네 부모
를 공경하고 네 형제를 사랑하는 것이
바로 무엇이더냐?
12 그는 작은 사랑의 실천함이요, 작은
사랑의 뿌리요, 작은 사랑의 근본이니
라.
13 큰 제방이 무너지는 것도 개미구멍만
한 그 물줄기가 새기 시작하여 그 모
두가 무너진다는 그와 같은 것을 너희
들은 알고 있을 것이니라.
14 그를 너희들이 역으로 생각하면, 네
부모를 사랑하고 공경하는 것, 형제를
사랑하는 것, 그것이 큰 저수지가 개
미구멍만 한 물이 흘러서 모두를 흡수
하듯이,
15 너희들이 그 작은 사랑이 바로 나 여
호와의 사랑을 실천하는 것이며 내 사
랑을 아는 것이라는 것을 내가 나의
법전에 기록하여 전하였음이니,
16 너희들은 이 뜻을 과연 어찌 받아들이
며 어찌 행동하느냐?
17 그러니 모든 종교 집단이요, 지도자들
이 성서는 변화될 수도 없으며 변질되
는 것도 없으며, 그리고 더하고 빼도
아니 된다 그리 말하면서,
18 너희들이 행함이 없는 믿음은 죽음이
라는 그 믿음을 너희들이 행함에 얼마
나 실천하고 사는가?
19 내가 성서에 기록하여 너희들이 가난
한 자요, 불쌍한 자를 돕는 것이 나 여
호와를 사랑하는 것이라 하였음이니,
너희들이 과연 가난하고 불쌍한 자를
얼마나 돕고 사는가?
20 내가 나의 아들을 통하여 너희들에게
말하기를, 너희들은 모든 죄 속에서
살며, 너희들이 거래하고 상대하는 그
모두에 죄를 짓지 아니하고 사는 것이
없음을 너희들은 어찌 모르는가?
21 이 모든 동식물이요, 그 모두도 너희
들이 관장하고 지배하도록 했으나, 너
희들이 따지고 보면 그들로부터 너희
들이 취함을 얻음이니, 그들에게 너희
들이 죄스러운 마음을 갖고 있는 자
얼마나 있는가?
22 그러니 너희들이 죄인이라 했으며 죄
속에 살아가는 것이 너희들이요, 죄

속에 너희들이 살지 아니하는 것이 없
다 하였음이니라.
23 그러니 죄를 짓고 제가 죄인이라는 그
백성들이 기도하는 소리를 너희들이
들어 봤느냐?
24 무엇을 달라, 이루어 달라 소원을 빌
고 비는 그와 같은 행위를 함이니, 과
연 너희들은 가장 가난하고 불쌍한 사
람보다 더 가진 것이 없더냐?
25 너희들이 가장 가난한 자보다 가진 것
이 더 있는 자가 더 갖기 위하여, 더
이루기 위하여 소원을 비는 것은 과연
무엇이더냐?
26 그것이 얼마나 너희들이 나를 욕되게
하며 나를 능멸하며 나의 이름을 팔아
사악한 짓을 하는 것인가?
27 가장 가난한 자요, 낮은 곳에 내가 있
으며,
28 가난한 자들에게 너희들이 베푸는 것
이 나에게 너희들이 베푸는 것이요,
하늘에 오르는 길이요, 나를 경배하고
사랑하는 것이라 했거늘,
29 너희들이 그 가난한 자보다 더 가진
자가 호화로움을 위하여, 더 화려한
것을 위하여 울고불고 기도하며 콧물
짜고 눈물 짜고 나를 찾으며,
30 '주 예수요, 창조주'라 부르짖고 하는
그것이 너희들이 가장 낮은 자를 위해
서 살며 낮은 자를 도와주는 삶을 사
는 자들이더냐?
31 그러니 그리하면서 너희들이 나에게
오르는 백성이요, 구원을 받는 백성이
요, 하늘에 오르는 백성이라 하니,
32 지나가는 모든 들짐승이 웃고 있으며,
날짐승이 너희들을 비웃고 있음을 알
라.
33 내가 나의 아들을 통하여 전했으니,
너희들 인간만이 나의 아들딸이라는
것을 너희들은 지금도 그리 믿고 있는
가?
34 너희들은 들으라.
35 모든 날짐승이요, 미물이요, 식물의
그 모두까지도 내가 생명을 주어 세상
에 내려보냈으니, 그들도 다 나의 아
들딸들이니라.
36 그 동식물의 나의 아들딸만도 못한 너
희들에게 모두를 지배하고 살도록 높
은 지혜를 주어 오늘의 너희들이 살고
있으니,
37 너희들이 하는 짓을 보고 모든 미물이
요, 동식물이 웃고 있다는 것을, 너희
들의 부끄러움을 알라.
38 너희들이 정녕 나에게 오르는 자는 자
연의 그 아름다움이요, 자연의 순리부
터 터득하며 지키고 살아가는 그 법도
를 모든 자연 속에서 배우고 깨우치도
록 그리하라, 사랑하는 나의 아들딸들
아!

## 10,778 번째 하나님 말씀

*2004년 4월 26일 08시 36분*

1 사랑하는 나의 아들아!
2 "네, 아버님! 말씀하옵소서."
3 너를 찾아와 오늘의 그 교회라는 곳의
실상을 전함이니,
4 네가 경악할 그와 같은 소리를 그들
로부터 들으니, 네가 정녕 이제는 그
들의 실상을 알겠느냐?
5 지도자요, 그 담임목사라는 자, 그 책

임을 진 자는 그 밑에 속해 있는 자를
마음대로 노예처럼 부리며,
6 그들의 안전이요, 그와 같은 생활의
대책이요, 그런 것은 관계없이, 제 마
음에 들지 아니하며 제 뜻을 따르지
아니할 때, 가차없이 그들을 그저 제
거하고 버리는 것이 그들이라 하지 않
았더냐?
7 그리고 서로가 저희들이 파벌이 있음
이니, 같은 교회 안에 있는 모든 신도
라는 자들이 그 강론하는 지도자에 따
라서 그 지도자를 따르는 파벌이 생겨
서로가 시기하고 질투하는 그와 같은
짓을 하는가 하면,
8 서로가 강론이 제 뜻에 맞지 않는 자,
제 편이 아닌 자 하지 못하도록 훼방
을 놓으며 그와 같은 불상사를 이루는
것이 그들의 내부에서 일어나는 일이
라 하지 않더냐?
9 그리고 그 모든 성도가 누구 줄이며
누구 파냐에 따라서 저희들이 사랑하
고 미워하고 또 거기도 갈라지고 또
갈라지는 그와 같은 짓을 하고 있는
것이 오늘의 교회 안에서 일어나는
내분의 현상이라 그가 말하지 않더냐?
10 정녕 너는 그와 같은 소리를 듣고 믿
지 않으려 하며, 결코 그와 같은 것은
있을 수 없다 그리 생각하나,
11 오늘의 그 경험자요, 그 신앙생활을
하며 체험한 자가 네 앞에 와서 이야
기함이니, 그게 오늘의 그들의 실상이
니라.
12 저희들이 한 형제라 하는 자끼리 지도
자에 따라서 줄이 다르며 파벌이 생기
며,
13 제가 좋아하는 지도자가 강론하는 걸
듣기 원하여 서로가 멱살잡이를 하는
그와 같은 추한 꼴이요,
14 그리고 제가 일어나고 독재자의 그 일
을 역사하기 위해서는 어떠한 자도 그
저 가차없이 버리고 자르는 그와 같은
행위를 하는 것이 종교 집단의 지도자
요,
15 그리고 저희들이 따로 규합하는 힘이
생길까 봐 또 지도자는 갈라놓고 갈라
놓으며, '내 파, 네 파'가 생기도록 그
리한다 하지 않느냐?
16 그리고 한 가지의 임무를 주면, 같은
사람들과 계속 만날 수 있는 것을 방
지하기 위하여 이리 돌리고 저리 돌리
는 그와 같은 간교하고 사악한 방법으
로써 밑의 사람들을 다루고 이끌어 가
는 것이 그들이 오늘의 하는 행위라
하지 않았더냐?
17 가장 추하고 더러운 짓을 할 수 있는
것은 모두 다 하는 것이 그들이니라.
18 그러니 내가 그들을 더 이상 두겠느냐?
19 오늘도 수천수만 개의 작은 종교 집단
이요, 지도자라는 자들이 저희들이 말
하는 교회를 차리며 성전을 차리나,
20 그보다 문을 닫고 무너지는 자가 더
많이 있음을 너희들은 알아야 될 것이
니라.
21 이제는 나의 피조물 만백성 너희들이
그전처럼 맹종하는 자도 없으며, 그전
처럼 재물을 바치는 백성도 없으며,
22 육하원칙에 의해 분석하며 과학적으
로 연구하고 분석하는 자들이 세상에
나올 것이니,
23 그들의 말을 그대로 행하며 대답할 수

있는 종교 지도자가 하나도 없음이니,
이제는 서서히 무너지는 것은 당연한
것이니라.
24 그들이 얼마나 내부가 썩고 썩었으면,
저희들이 그 파벌이 나오는가?
25 그러니 그 속에서 파벌을 배우고 저희
들이 조작하는 것을 배우니, 이 세상
의 모든 종파와 파벌을 만들며,
26 하나가 될 수 없는 것은 당연한 것이
며, 상상할 수도 없는 것이 그들이니
라.
27 그와 같이 추하고 더러운 이야기를 듣
고 네가 무엇을 생각했는가?
28 "아버님! 결코 이는 있을 수 없으며,
29 저에게 와 공부하는 그 제자들이요,
법전을 단 몇 권을 읽었으며, 그저 몇
주일의 강론을 들은 자만도 못한 그들
의 생활이요, 그 형태를 보고서,
30 제가 아버님께서 역사하고자 하시는
뜻이 무엇이며, 이 세상에 법전으로
하얗게 덮고자 하시는 그 뜻이 무엇인
가를 생각했으며,
31 그들은 그곳에서 몸담은 자들이요, 현
재 그 속에 몸담고 있는 자들이 그와
같은 말을 하며 그와 같이 역사하는
것을 보고 제가 경악을 금치 못하며,
너무나 가슴 아프고 저려 오며,
32 아버님의 심정이 어떠하신가, 아버님
의 마음이 어떠한 것이며 그 아픔을
대행해야 되는 것이 무엇인가를 더 느
꼈으며,
33 이제는 힘들고 어려움을 접어 두고
오로지 그와 같은 자들을 깨우치는
것, 그 속에 들어가서 그들을 정녕 인
도하는 것, 그와 같은 일로써 모두를
다 역사하도록 그리하겠사옵나이다."

## 10,779 번째 하나님 말씀

*2004년 4월 26일 08시 43분*

1 사랑하는 나의 아들아!
2 "네, 아버님! 말씀하옵소서."
3 모두를 성령으로 역사하며 성령으로
임하는 백성으로 너희들이 거듭나는
그 길만을 보고 달려가고 그 길을 위
하여 역사하라.
4 너희들이 성령으로 거듭나는 그 역사
는 바로 나의 법전을 읽고 깨우쳐 너
희들이 천사와 같이 변하는 그 길로
들어서기 시작했을 때, 모두는 너희들
이 성령으로 임하기 시작한 백성이라
하지 아니하였더냐?
5 그리하여 너희들에게 160권이라는 나
의 법전을 세상에 내려보내 너희들을
바로 역사하고자 하는 것이 나 여호와
의 뜻이니라.
6 나의 아들 예수가 세상에 나와 그 고
통의 죽음이 바로 무엇이던가?
7 사랑의 실천함이요, 모든 백성이 성령
으로 임하여 거듭나는 역사를 얻기 위
하여 그를 전하고 깨우치는 그는, 그
리하여 그 고통의 죽음을 바나하시 아
니하고 역사했음이니라.
8 그러나 너희들이 그와 같은 은혜요,
그것에 보답한다 말하는 자들이 정녕
그를 능멸하며 그를 욕되게 하는 짓만
하고 있음이니,
9 이를 보는 나의 아들 예수의 마음은
어떠하며, 또한 내 마음은 어떠하겠느
냐?

10 너희들이 나 여호와를 바라보는 것을
어찌 모르겠는가?
11 너희들이 나를 바라보며 나를 경배하
며 나에게 오고자 하는 너희들의 그
울부짖는 믿음의 마음은 내가 알고 있
느니라.
12 그리고 나를 향하여 바라고 달려오는
너희들의 그것도 알고 있느니라.
13 그러나 너희들이 성령으로 임하는 백
성으로서 나에게 와야 되며, 변화되는
백성으로 나에게 와야 되나,
14 너희들은 행함이 없는 것은 죽음이라
는 그 나의 성서의 가르침, 그 애절한
뜻을 알면서도,
15 너희들이 행함이 없이 말로만 나를 바
라보며 말로만 나를 찾고 나의 아들을
찾으니, 이를 어찌한단 말이더냐?
16 행해야 되는 것을 성서에 기록되어서
너희들이 모두를 다 알고 있으면서,
그는 행하지 아니하고 너희들이 그저
말로써 모두를 때우고 말로써 모두를
역사하는 그와 같은 믿음으로 전락되
어 버렸으니,
17 너희들이 어렵고 힘든 그 믿음의 길을
가라면 오지 않기 때문에, 너희들이
편안한 방법으로써, 간단한 방법으로
써 나의 피조물 만백성을 그리 세뇌시
켜 끌고 가는 오늘의 형국이 되었기
때문이니라.
18 지금 너희가 성경이요, 하늘의 지혜와
참진리, 그 높고 높은 길을 인간의 이
성과 지식에만 너희들이 접근하여 모
두를 풀려 하며 모두를 역사하고 해결
하려 하다 보니까,
19 너희들이 하늘의 높은 지혜를 알지 못
하며 그 이상을 알지 못하여 지금 제
자리를 뱅뱅 도는 그와 같은 형국이
되었다 함이니라.
20 너희들이 애벌레가 성장해 날개를 달
아 세상을 날아야 되거늘,
21 애벌레의 그 형태에서 벗어나지 못하
고 거기에 그저 그 자리에 지키고 있
는 것이 위대한 것이요, 가장 소중한
것이라 하여, 변화의 역사를 이루지
않는 그와 같은 형국이라면 과연 너희
들이 어찌 날겠느냐?
22 오늘의 모든 종교 집단이요, 너희들이
그와 같은 형국으로 되어 있음이니라.
23 그러니 너희들이 모두 하늘의 높은 그
지혜요, 높은 이치를 깨달으려 하는
것이 아니요,
24 인간 상식과 인간 지식과 인간의 이성
으로써 모두를 접근하고 해결하다 보
니, 그리하여 너희들이 오늘의 그 믿
음이 결국 무엇이더냐?
25 나 여호와가 역사하는 것이요, 내가
이루고자 하는 그 참뜻을 알지 못하며,
26 오로지 그저 구원을 받겠다는 그 욕심
에 젖어 있으며, 오로지 구원, 구원,
그리고 '구원을 받으라.' 소리 지르며,
또 '구원을 받았다.' 소리 지르며,
27 모든 믿음이 구원이라는 것에 종결되
다 보니 너희들이 지금 구원파의 집단
이 되었으며,
28 너희들이 구원의 욕심에 의하여 또한
구원파의 집단이 되다 보니까, 그 집
단이 모든 각종 부패와 비리와, 그리
고 모든 것에 너희들이 썩어져 있고
사악한 짓을 하며,
29 인간 생명의 존엄성까지도 다 말살시

키는 그와 같은 종교 집단이요, 너희
들이 모여 있는 곳이 그와 같은 장소
요, 그와 같은 공장으로 변해 버리고
말았음을 알아야 될 것이니라.
30 오늘의 종교 집단의 형태가 너희들은
성령으로 임하는 백성으로 거듭나는
그와 같은 길이 아니요,
31 그 모두를 저버리며 성령으로 임할 수
있는 백성의 그 길까지도 막는 그와
같은 행위만을 하고 있는 것이 오늘의
종교 집단이요, 지도자라 함을 알겠느
냐?
32 너희들이 정녕 나의 아들을 통하여 전
하는 그 말을 믿지 못하거든, 나의 법
전을 읽고 또 읽으라.
33 너희들이 나의 법전이요, 나의 새로운
성경을 읽고 또 읽었을 때, 너희들 스
스로 눈이 뜨이며 귀가 열리는 그와
같은 위대함을 얻게 될 것이니,
34 그러니 너희들이 그거부터 먼저 행하
도록 하라.
35 그러면 너희들이 모두를 다 얻게 될
것이니라.
36 지금 모든 것을 너희들이 거듭나는 백
성이요, 그리고 성령으로 임하는 백성
으로서 거듭나지 아니하면,
37 나로부터 얻을 수 있는 모든 권능이
요, 은혜요, 그 축복을 하나도 얻을 수
없으며 너희들이 누릴 수 없다는 그
무서운 사실을 깨우치도록 그리하라.

## 10,780 번째 하나님 말씀

*2004년 4월 26일 08시 49분*

1 사랑하는 나의 아들아!
2 "네, 아버님! 말씀하옵소서."
3 오늘의 너희들의 믿음이 잘못 가도 너
무나 잘못 가고 있으며, 너희들이 수
천 년 동안 그 믿음의 길을 오는 것,
나의 아들 예수가 너희들을 깨우치고
자 세상에 울부짖어 너희들이 못 박아
죽게 한 그 참혹한 짓을 한 것,
4 그 뒤부터 너희들이 얼마나 잘못된 믿
음으로써 잘못 가고 있는가를 알고 있
느냐?
5 내 뜻과는 전혀 관계없는 그와 같은
너희들이 나의 뜻에 불순종하며 나를
욕되게 하는 그와 같은 짓만을 하고
왔다면 믿겠느냐?
6 너희들이 얼마나 잘못되어 있으며 잘
못 가고 있는지 그것을 너희들은 한번
들여다봐야 될 것이니라.
7 너희들의 그 대표적인 예가 내가 무어
라 하였느냐?
8 나의 아들을 통하여 나의 새로운 성경
에 기록하여 너희들에게 전했느니라.
9 나의 아들 예수가 공중에 천군을 데리
고 재림하여 구원하러 온다 하며,
10 그때 구원을 받고 너희들이 영원한 생
명과 거듭나는 은혜와 축복이요, 하늘
나라 나에게 오를 수 있는 것이라 너
희들이 그리 믿고, 그때를 기다리며
그리 살아가고 있는 것,
11 이것 자체가 너희들이 얼마나 잘못된
것인 줄 알겠느냐?
12 그뿐이더냐, 너희들의 가장 무서운 잘
못된 믿음은 바로 너희들이 죽어 나에
게 와 심판을 받으며, 그때 너희들이
구원을 받으며,
13 그 구원을 위하여 너희들이 모두를 바

치고 살아가는 오늘의 그 믿음이 아니
더냐?
14 그러니 이와 같이 가르치는 자들이 얼
마나 무서운 과오를 범하게 하는가?
15 너희들이 정녕 하늘에 오르는 길이요,
구원을 받을 수 있는 그 길을 차단하
고 막는 자들이라 내가 기록한 뜻을
알겠느냐?
16 이제 사랑하는 나의 아들의 제자 너희
들은 알아야 될 것이니라.
17 지금 나의 아들이 너희들에게 무어라
강론을 하느냐?
18 너희들은 성령으로 임하는 백성이 이
지상에 생명이 있을 때 되어야 하며,
그리고 여기서 성령으로 임하는 백성
이 되어 너희들이 나로부터 살아 있어
구원을 받아야만 너희들이 구원을 받
는 것이요,
19 너희들이 오늘에 사악한 자요, 악마
요, 사탄이라는 소리를 들으며, 그리
고 너희들이 그와 같은 삶을 사는 것,
20 너희들은 아무리 나를 찾고 울고불고
하는 것으로 모두를 덮으며 다 지워진
다 해도, 결코 그는 있을 수 없는 엄연
한 사실이라는 것을 알라.
21 너희들이 여기 살아 있는 동안에 성령
으로 임하여 변하지 아니하면 절대 안
된다는, 나의 아들이 강조하고 강요하
는 그 가르침을 너희들은 알겠느냐?
22 내가 나의 아들을 통하여 모두를 전하
는 것은 나의 아들의 임의대로 하며
제 뜻대로 하는 것이 아니라 하지 아
니하였더냐?
23 내 뜻을 들어 그는 그리 전하는 것이
니라.
24 그러니 내가 나의 아들을 통하여 지금
의 너희들이 육이 있는 세상에서 성령
으로 거듭나 변하는 백성이 여기서 구
원을 받지 않으면 아니 된다 그리 말
함이니,
25 살아서 구원을 받는다는 자는 정신 나
간 자요, 미친 자요, 그리고 마지막 시
대에 오는 거짓 선지자의 대표적인 자
라 하여 너희들이 그와 같이 나의 아
들과 나의 새로운 성경 160권을 두고
만백성에게 부르짖을 것이며,
26 종교 지도자들은 저희들의 신도요, 백
성이라는 자들에게 이게 마지막 시대
에 오는 거짓된 자라 부르짖으며, 이
를 봐서는 안 된다 악을 쓰고 부르짖
을 것이니라.
27 그러나 너희들은 알라.
28 너희들이 한 자도 더하고 빼지도 말라
는 그 성경에 이미 내가 기록한 대목
을 그들은 알게 될 것이며, 이제는 읽
게 될 것이니라.
29 내가 성경에 기록하여 너희들에게 전
한 그 대목에 무어라 하였느냐?
30 "네, 아버님!
31 성경에 그리 기록하여 전했다 하였사
옵나이다.
32 '이 세상에 살아 있으면서 이미 하늘
나라에 들어가 있는 것이 구원임을 알
라.' 그리 말씀하여 기록하셨다 함을,
33 저는 그것을 아버님께 들어 알고 있사
오며,
34 그를 또한 법전에 기록하여 만백성을
깨우치고자 전한 사실이 있사옵나이
다."
35 그러나 그를 믿지 아니할 것이니, 그

들에게 너희들은 이를 전해 주고, 이
는 성서에 기록한 내용이요, 나 여호
와의 뜻이라는 것을 너희들이 그들에
게 정확히 가르쳐 주고 심어 주며, 그
대목을 펴서 그들이 읽어 보도록 그리
해야 될 것이니라.
36 그래도 그들은 믿지 않으려 할 것이니
라.
37 그때는 그들이 무어라 하겠느냐?
38 한 획도 빼고 더한 것이 없으며 해서
도 아니 된다면서, 이것은 잘못 기재
된 것이요, 오류를 범한 것이라며 저
희들이 성경을 또 그리 뒤집을 것이니
라.
39 그러면서도 지금 네가 전하는 것, 나
의 아들을 통하여 그 제자들이 전하는
것, 그리고 나의 법전을 절대 믿으려
하지 않는 것이 그들이 될 것이니, 이
들을 어찌 다스리고 가르치겠느냐?
40 오늘의 모든 가장 무섭고 두려운 그
가르침이요, 오늘의 나의 성령을 거역
하는 죄가 무엇인지 너희들은 이제 알
겠느냐?
41 오류로써, 모든 과오로써 저희들이 잘
못 알고 가르치는 것임이니라.
42 살아서 너희들이 구원을 받으며, 살아
서 너희들이 이미 하늘나라에 올 수
있는, 하늘나라에 와 있는 자가 되지
아니하면 구원을 받을 수 없다는 그
무서운 사실을,
43 죽어 와서 너희들이 그저 나의 아들
예수가 공중에서 나팔 불며 모든 천군
을 데리고 와서 저희들을 죽은 자 중
에서 구원하는 것, 그리고 죽은 자 중
에서 영원한 생명을 얻는 것,
44 그를 위해 기도하며 그 길을 위하여
매달리고 가는 그 어리석고 불쌍한 백
성들에게 너희들은 깨우쳐 주어야 될
것이니라.
45 그리하여 내가 다시 한 번 나의 새로
운 성경에 기록하여 이 무서운 뜻을
전함이니 그리 알라.

## 10,781 번째 하나님 말씀

*2004년 4월 26일 08시 56분*

1 사랑하는 나의 아들아!
2 "네, 아버님! 말씀하옵소서."
3 나의 피조물 만백성 너희들이 살아가
면서 육으로써 간음의 죄를 지음이 또
한 간음이라 하였음이니라.
4 그보다 더 무서운 것이 무어라 말하였
느냐?
5 마음속으로 너희들이 이미 간음을 하
며, 그것이 더 큰 죄요, 무서운 죄라
내가 그리 말하였음이니라.
6 그러나 이제 나의 아들을 따르는 제자
들이요, 나의 법전을 읽고 깨우친 백
성, 너희들은 그보다 더 무서운 간음
이 있음을 알아야 될 것이니라.
7 너희들이 사랑하는 사람끼리, 너희들
이 존경하는 사람끼리, 그리고 아꼈던
사람끼리 그 모두가 너희들이 식어져
가며 멀어지며 등을 돌리는 그와 같은
것이 또한 너희들이 그 무서운 간음임
을 알아야 될 것이니라.
8 너희들이 부부지간에 살아가며 연인
끼리 살아감이니, 그 속에 너희들이
사랑했던 그 마음이 서서히 식어 가며
서로가 불신이 남으며 멀어지는 것,

9 그 모두가 또한 너희들이 무서운 간음
못지 못한 그 간음의 죄를 짓고 있음
을 알아야 될 것이니라.
10 인간관계에, 친구 관계에, 너희들이
이웃과도 살면서 너희들이 가깝고 사
랑했던 그 마음을 더 사랑하는 마음으
로 전진시키며 아름다운 마음으로 변
화시키는 것이 아니요,
11 그를 미워하고 시기하며 그로부터 마
음이 떨어지며 멀리하는 것, 그것도
너희들이 그 무서운 간음의 죄를 짓는
것과 똑같음을 알라 그들에게 전하라.
12 그러니 나의 성전에 와서 공부하는 너
희들이 그 한 형제요, 그리고 또 너희
들이 한 식구라 하는 자, 너희들이 서
로 만나면 만날수록 사랑하는 마음이
요, 그리고 더 소중히 생각하는 마음
을 갖지 아니하며,
13 너희들이 만나면 만날수록 남의 단점
을 이야기하며 남을 미워하며 그 사이
가 점점 멀어진다면, 바로 너희들이
그 정을 주지 아니하며 사랑을 주지
아니함이니,
14 사랑을 베풀 줄 모르며 너희들이 가지
고 있던 사랑마저도 잃어 가면 그것이
무엇이더냐?
15 나 여호와의 뜻을 거역하는 자들이니,
그게 바로 너희들이 간음하는 행위보
다도 더 무서운 간음이라는 것을 너의
제자들에게 깨우쳐 주라.
16 너의 제자들은 이와 같은 깨달음을 이
제는 알아들을 것이며, 너희들이 깨닫
고 너희들이 가야 하는 하늘의 진리
요, 법도가 여기 있음이니,
17 인간의 법도를 적용함이 아니요, 하늘
의 법도를 적용함이니, 너의 사랑하는
제자들이 이미 하늘나라에 와 있으며
하늘의 법도에 사는 백성이라 함을 알
겠느냐?
18 그들에게 그와 같은 이치를 깨우쳐 주
도록 그리하라, 사랑하는 나의 아들아!
19 그들은 그 의미를 알 것이며 그 마음
을 알 것이며, 저희들이 어찌 살아가
야 되는 것인가를 알아야 될 것이니라.
20 너희들이 나의 법전을 사랑하는 그 마
음이 지워지는 것, 그리고 나의 법전
을 만드는 너희들의 그 마음이 지워지
는 것, 그 열성이 식어 가며 지워지는
것, 그 모두가 너희들이 사랑을 잃어
감이니, 그 모두가 무엇이더냐?
21 간음을 하는 자와 똑같은 죄임을 알라
그리 전하라.
22 사랑이 없는 자 간음을 함이니, 너희
들이 사랑을 잃은 자이기 때문이니,
그리 너희들이 깨우치면 알 것이니라.

## 10,782 번째 하나님 말씀

*2004년 4월 26일 09시 03분*

1 사랑하는 나의 아들아!
2 "네, 아버님! 말씀하옵소서."
3 이제 하늘의 이치요, 하늘의 법도를
깨달아 가는 백성들, 그리고 나의 아
들을 따르는 제자들이요, 나의 법전을
읽은 백성, 너희들은 휴거요, 들림을
받는 것이요, 너희들이 죽어서 심판을
받아 영혼을 구하고 안 구하는 것, 거
듭나는 그 길을 위하여 믿음의 길을
가는 것이 얼마나 잘못된 것인지 이제
야 알겠느냐?

4 예수의 재림이 없다 함을 너희들은 이
제 알겠느냐?
5 나의 아들 예수가 재림하여 너희들을
구원하며 역사하는 그와 같은 것은 절
대 없을 것이며,
6 나의 새로운 성경이 세상에 내려감이
니, 그가 예수가 역사하고자 하는 것
을 되살려 그를 역사하며, 또한 내 뜻
을 따라 너희들이 모두를 역사하는 지
금이 바로 새로운 시대가 열어져 감을
알 것이니라.
7 그러니 너희들이 그 구원이요, 하늘에
오르는 것이 무엇이라 하였더냐?
8 너희들은 육의 세상에 살면서 참진리
요, 창조주 나 여호와의 뜻을 알며 내
가 이루고자 하는 것을 알아 그 길로
달려가는 백성이 성령이 임하는 백성
이라 내가 그리 말하지 아니하였더냐?
9 그러니 나의 아들과 더불어 나의 법
전을 만들고 전하며 깨우치는 너희들
이야말로 살아 있는 백성이요, 너희들
이 거듭나는 길을 위하여 달려가는 백
성임을 알라.
10 아직 너희들이 완벽하게 변화되지 못
했으며, 완벽하게 성령으로 임하지 아
니하였으나,
11 너희들은 나의 뜻을 알고자 노력하며,
내 뜻에 따라 하늘에 오르는 길을 가
며, 자신을 버리고 남을 위해 기도하
는 그와 같은 마음으로 이미 변하기
시작함이니,
12 너희들은 보증이라는 게 있지 않으냐?
13 미래에 너희들이 보증할 수 있으며
미래를 자신할 수 있는 자, 그리고 미
래가 보이는 자, 그와 같은 자에게 너
희들은 투자하며 그와 같은 자를 도와
주고 밀어주는 것이 있지 않더냐?
14 그러니 나의 아들을 따르는 제자 너
희들을 내가 보기에 반드시 너희들은
그와 같은 길을 올 수 있는 자요, 미래
에 너희들이 나에게 오를 수 있는 자
이기에,
15 너희들이 이제 하늘나라에 있음이니,
너희 자신이 살아 있으면서 하늘나라
에 있는 백성이 나의 아들을 따르는
제자들이요, 나의 법전을 읽고 깨우쳐
가고자 몸부림치는 그 삶이 바로 그
와 같은 영광이라는 것을 알라 전하라.
16 내가 너희들에게 어찌하였느냐?
17 나 여호와가 직접 나의 아들을 통하여
너희들에게 세례를 내렸음이니, 그것
이 바로 증표요, 세례를 내렸을 때, 너
희들이 그와 같은 세상에 와 있는 자
임을 알라.
18 '너희들이 한 송이의 아름다운 꽃을
피우며 살겠느냐?' 물었을 때, 너희들
이 '예' 라고 대답한 백성이요, 그리고
아직은 아니라 대답한 그 백성, 너희
들의 그 모두의 마음이 다 아름다운
것이니라.
19 그리고 너희들은 모두가 답이 '예', '아
니요' 하고 다르게 말했으나, 모두는
그 길을 가겠다는 너희들이 굳은 결의
요, 굳은 마음을 가지고 있는 것은
'예'로 대답한 자나 '아니요'로 대답한
자나 똑같음이니,
20 내가 세례를 내리는 장소에서 세례를
받은 백성, 모두가 너희들은 육의 세
상에 있으나 이미 하늘나라에 와 있
음을 알라 내가 너희들에게 전함이니

그리 알라, 사랑하는 나의 아들딸들아!
21 이제 휴거라는 것, 그저 들림이라는
그와 같은 허황된 것을 믿지 말며, 나
의 아들 예수가 재림하여 너희들을 역
사한다는 것도 믿지 말며,
22 너희들이 또한 그와 같이 죽어 와 심
판을 받을 때, 구원을 받는다는 구원
파의 그 신앙이 잘못되었으며,
23 살아서 너희들이 성령으로 임하여 바
른 백성으로 천사와 같이 변할 때, 너
희들이 모두의 구원을 받을 수 있으
며, 나에게 오를 수 있는 백성의 그 모
든 영광을 얻는다는 것, 그리고 그 기
쁨을 얻는다는 것을 절대 잊지 말라
그리 전하라.
24 이제는 구원파의 믿음이요, 구원파의
그 종파들을 내가 서서히 문을 닫을
것이며,
25 새로운 시대에 역사하는 새로운 믿음
이요, 나의 새로운 성경으로써 깨우쳐
가는 백성, 너희들이 지금 지상에서
사나 하늘에 와 삶을 사는 그와 같은
백성,
26 그들이 이 세상을 지배하고 이 세상을
덮었을 때, 모든 나의 권세요, 권능이
하늘과 땅에서 똑같이 이루어짐이니,
27 너희들이 말하는 그것이 하늘에서 이
루어진 것같이 이 땅에서 이루어지는
시대이니라.
28 그러니 그와 같은 역사의 길을 가는
백성들이 지금 있으며, 그와 같은 길
을 가는 나의 아들딸들이 지금 있음이
니, 이 세상은 너희들이 승자가 될 것
이며, 그와 같은 것이 세상을 다 덮을
것이며,
29 결국 나 여호와가 이루고자 하는 하늘
에서 이루어진 것같이 이 땅의 지상에
이루어져 나의 영광이요, 모든 권세가
너희들과 같이하는 그와 같은 일이 있
을 것이니, 머지않아 그와 같은 것이
이루어질 것이니라.
30 내가 너희들이 인간 세상에 천 년이라
는 그 세월 속에 모두를 이룬다 하였
음이니, 너희들은 그 기틀을 완벽하게
다지며 그 준비를 위하여 최선의 노력
을 다하며, 게을리하지 말라, 사랑하
는 나의 아들딸들아!
31 너희들이 오를 수 있는 인간 세상의
한계를 벗어나 하늘에 진입해 있는 너
희들이라면, 거기서 낙오자가 되어서
야 되겠느냐?
32 절대 너희들은 낙오자가 되어서는 아
니 됨을 알아야 될 것이니라.
33 내가 나의 법전 열여섯 권의 기초적인
그 깨달음을 전할 때,
34 너희들은 이 세상에 나가면서 60점이
라는 점수를 받아 나갔으며, 그 60점
을 넘어서 61점으로 너희들이 도래하
는 것이 하늘에 오르는 길의 시작이라
하지 않았더냐?
35 나의 아들을 따라 법전이요, 새로운
성경을 공부한 너희들이 지금 그 60
점의 한계를 벗어나서 61점이라는 그
점수에 도달한 백성이라 하였음이니
라.
36 그러니 너희들이 여기서 80이라는 그
점수를 넘어섰을 때, 절대 낙오자가
없으며, 물러서는 자가 없으며, 떨어
지는 자가 없다 하였느니라.
37 그러니 60에서 80의 그 사이, 70의 점

수는 너희들이 떨어질 수 있으며 거
듭 오를 수도 있으며 무너질 수도 있
다 하였음이니,
38 너희들이 그 70이라는 점수를 넘을
수 있도록 최선의 노력을 다해 너희
를 다스리고 또 다스리라.
39 그와 같이 너희들이 역사하는 방법이
요, 모두를 다 상세히 내가 나의 법전
이요, 새로운 성경 속에 기록하여 전
했음이니, 너희들이 정독해서 읽고 깨
우치면 모두를 알 것이니라, 사랑하는
나의 아들딸들아!
40 내가 너희들에게 하나하나 명하여 기
록한 나의 새로운 성경을 정독해서 읽
으라.
41 그러면 거기에 내려진 하나하나의 그
구절이 얼마나 위대한 뜻이며 얼마나
소중한 것인가?
42 너희들이 나의 성경을 읽고 깨우치도
록 하라.
43 이 성경을 너희들이 읽지 아니하면 아
니 되느니라.
44 새로운 성경이 너희들이 쉬운 듯하나
어려운 뜻이 거기 있으며, 간단한 것
같으면서 오묘한 뜻이 거기에 있으며,
아무것도 아닌 것 같으면서 천지를 다
얻는 그와 같은 위대함이 거기 있음을
너희들은 알아야 될 것이니라.
45 너희들이 하나의 그 씨앗을 맺기 위해
서 얼마나 많은 고통이 있는가?
46 농부가 가을에 하나의 알찬 곡식을 거
둬들이기 위해서 그 수고로움이 있듯
이,
47 너희들이 지금 그보다도 천배 만배 더
수고로움의 길을 스스로 너희들이 농
사를 짓는 자가 되어 너 자신을 다스
리고 가꾸는 그와 같은 삶을 살아와서,
48 너희들이 그 완전한 그 결실을 거둘
수 있고 열매를 거둘 수 있는 자신이
스스로 되어야 한다는 것, 이를 너희
들은 잊지 말라, 사랑하는 나의 아들
딸들아!
49 이미 너희들은 시작하여 가고 있으며,
지금 열매가 영글기 시작하는 것이 너
희들이라는 걸 잊지 말라.

## 10,783 번째 하나님 말씀

*2004년 4월 26일 09시 10분*

1 사랑하는 나의 아들아!
2 "네, 아버님! 말씀하옵소서."
3 너희들이 이 세상의 지상에 태어나는
것도, 그리고 지상에서 너희들이 파란
만장한 인생의 삶을 살다 죽어 가는
것도 이 지상에서 모두가 이루어지지
않느냐?
4 그러니 너희들이 죽고 사는 것, 태어
나고 죽는 것, 그 모두가 이 지상에서
너희들이 생명이 있는 한도에서 모두
가 이루어지고 역사한다는 그 의미를
깊이 깨우치도록 그리하라.
5 너희들이 하늘에 오르는 길이요, 영원
히 거듭나는 태어남이요, 그리고 너희
들이 영원히 죽음 속에서 지옥에 가
죽음의 세상에서 모두를 치르는 것,
6 영혼이 거듭나고 거듭나지 못하는 그
모두도 또한 너희들이 육을 가지고 있
는 이 지상의 세상에서 역사한다는 것
을 명심하여 받아들이라.
7 이를 너희들이 착각해서는 아니 되느

니라.
8 그러니 너희들이 인간 세상에서 인간
의 욕심과 인간의 생각이요, 저 자신
을 버리고 남을 인도하며 남을 위하여
기도하는 그와 같은 아름다운 마음으
로 사는 자,
9 너희들이 거듭나고 영원히 살 수 있는
성령의 인도를 받을 수 있으며,
10 성령으로써 너희들이 인도를 받는 백
성, 그 백성만이 너희들이 거듭나게
되는 백성이요, 나에게 오를 수 있는
백성이니,
11 성령으로 거듭나고 안 나는 것도 너희
들이 죽어서 이루어지는 것이 아니요,
오늘의 너희들이 육이 존재하는 이 삶
에서 이루어진다는 걸 절대 잊지 말라.
12 너희들이 죽어 심판을 받을 때는 성령
이요, 나요, 그 누구도 너희들 주변에
있는 자가 없으며,
13 너희들의 대화를 들어주는 자 없으며,
너희들에게 기회를 주는 것이 없음이
니,
14 성령이 임하고 임하지 못하는 것이 너
희들의 육의 세상에서 살아 있는 지금
에 이루어진다면, 정녕 너희들이 거듭
나고 못 나는 것도 여기서 이루어진다
는 것을 너희들이 이미 알고 있으며
깨닫기 시작했을 것이니라.
15 나의 사랑하는 백성 너희가 나의 뜻을
불순종하며, 그리하여 지금 내 뜻을
거역하는 그와 같은 삶을 사는 것이
종교 집단이요, 지도자들이니라.
16 너희들은 그렇지 아니하다 하나, 내가
직접 불로 쓴 내 친필인 십계명을 접
어 두며, 이를 행하여 살 수 없다 말하
는 그 자체가 벌써 너희들이 가장 큰
나의 뜻을 거역하는 자요, 불순종하는
자들이니,
17 이것으로써 너희들이 만 가지를 다 불
순종하며 순종하지 않는 백성으로서
살아간다는 것을 알아야 될 것이니라.
18 감히 내가 너희들에게 써 내린 십계명
이요, 나의 친필을 가지고 너희들이
시시비비하는 그 자체가, 열 가지의
계명만을, 내 뜻을 거부하고 불순종하
는 백성이 아니라,
19 수억 가지 너희들이 살아가는 그 모두
를 다 너희들이 그 십계명을 거부하며
불순종함으로 그를 지킬 수 없다는 생
각을 함으로 인하여 너희들의 모두가
다 잘못 무너져 가는 것이라는 것을
알라.
20 그러니 너희들에게 성령이 임할 곳이
없으며 성령이 임할 기회가 없음을 너
희들은 알라.
21 지금의 믿음의 길을 가는 그 백성 모
두가 성령으로 임하며 성령으로 거듭
나는 그와 같은 백성이 되어야 되거늘,
22 너희들이 성령이 다 죽어진 자요, 성
령이 근거도 없는 그와 같은 백성이
되었음이니, 성령으로써 거듭나는 역
사를 이룰 수 있는 그 성령이 다 죽어
있는 너희들이니라.
23 그러니 그를 보는 나 여호와가 어떠하
겠느냐?
24 그러니 성령으로 임하는 백성이 되어
야 되거늘, 너희들은 그 성령의 모두
가 다 죽어 있으며 너희들에게 찾을
수가 없음이니,
25 나 여호와가 나의 아들을 통하여 160

권의 법전을 세상에 보내 너희들에게
기회를 주며 정독하여 깨우치라는 것
이 무엇이더냐?
26 성령으로써 거듭나지 아니하면 아니
되기에 성령으로 다시 살아날 수 있는
그 기회를 너희들에게 주며, 태어날
수 있는 그와 같은 역사를 이루기 위
하여 모두가 역사하는 것을 너희들은
알라.
27 성령이 없는 자는 곧 너희들이 죽은
자이니라.
28 육으로 죽는 것보다도 너희들이 성령
으로 죽음이 얼마나 무섭고 두려운 것
인가를 알겠느냐?
29 육은 너희들이 삶의 한계가 있으며 제
한된 시간이 있으며, 나로부터 받아
나간 너희들의 생명의 시간이 있어서
그 속에서 모두가 이루어지나,
30 성령의 죽음이라는 것은 영원히 너희
들이 거듭날 수 있는 기회를 못 얻으
며, 거듭날 수 없는 그와 같은 무서운
그 결과에 승복하는 그와 같은 일이
있기 때문이요, 그와 같은 길을 가야
되기 때문이니라.
31 이제 사랑하는 나의 아들딸들아! 너
희들이 알겠느냐?
32 육의 삶의 그 귀하고 소중한 것을 너
희들이 안다면,
33 너희들이 육의 삶이요, 그 귀하고 소
중한 삶을 위하여 노력하는 것보다도,
34 성령으로 거듭나는 백성으로서, 성령
이 임하는 백성으로서 너희들이 태어
나는 것에, 거듭나는 것에 모두를 다
바치고 바쳐야 된다는 것을 잊지 말
라, 사랑하는 나의 아들딸들아!

## 10,784 번째 하나님 말씀

*2004년 4월 26일 09시 14분*

1 사랑하는 나의 아들아!
2 "네, 아버님! 말씀하옵소서."
3 지금의 종교 집단이요, 지도자 그 모
든 백성들이 가고 있는 것이 얼마나
웃지 못할 짓을 하고 있으며, 얼마나
기초적인 짓을 하고 있으며, 얼마나
초라하고 불쌍한 짓을 하고 있는지 안
다 내가 말하지 않았더냐?
4 "네, 아버님! 그와 같은 의미의 말씀
을 주셨사옵나이다."
5 그것이 무엇이더냐?
6 "네, 아버님! 그렇사옵나이다.
7 지금의 말세의 시대에 거짓 선지자가
오며, 아버님께서 내려 주시는 구원의
160권의 새로운 성경이요, 그리고 주
옥같이 내려 주시는 그 모든 말씀이
말세에 내려오는 거짓 선지자요, 거짓
된 자의 장난이라 그들이 말함이니,
8 그들 스스로가 그 말세의 소리가 나오
도록 말세의 세상을 만든 그것을 모르
는 자들이요, 그 부끄러움을 모르는
자들이라 하셨사옵나이다.
9 그것 때문에 그들이 그리 지금 얼마
나 불쌍하고 초라하며 잘못된 백성인
가 하는 것을 저는 그를 느끼고 있사
옵나이다."
10 사랑하는 나의 아들아, 그러니라.
11 말세라는 말을 누가 만들었으며 말세
라는 것을 누가 세상에 만들었느냐?
12 내가 그 뜻을 나의 새로운 성경에 기
록하여 전했음이니, 바로 저희들이 만
들어 놓은 그 말세 속에서, 저희들이

그 말세 속에 거짓 선지자가 오며 잘
못된 자가 온다는 것은 무엇이더냐?
13 바로 바른 자가 오는 것이요, 참진리
가 오는 것이요, 나 여호와의 뜻이 세
상에 내려온다는 걸 저희들이 역으로
말하는 자들임을 알아야 될 것이니라.
14 이제는 말세의 세상을 만들어 놓은,
말세의 세상에 거짓 선지자가 와 너희
들을 현혹게 하는 그 죄가 아니라, 말
세의 세상을 만들어 놓은 그들의 죄부
터 먼저 다스릴 것이며,
15 그들을 내가 엄히 다스려 벌한 다음
에, 너희들이 과연 나의 새로운 성경
이요, 나의 법전이요, 이것이 거짓 선
지자가 마지막 말세에 오고 안 오는
것은 그때 가서 내가 또 그를 다스리
며, 거기에 따라 법으로써 내릴 것이
니, 그때 보면 너희들은 알게 될 것이
니라.
16 그러니 모든 믿음의 길을 가는, 사랑
하는 나의 아들딸 너희들은 들으라.
17 말세에 거짓 선지자가 와 세상을 미혹
게 하며 뒤흔들며 너희들을 지옥으로
보내는 것이 아니라,
18 말세의 세상 속에서 너희들이 사는 자
요, 말세의 세상 속에서 너희들이 존
재하도록 만든 그들이 바로 사탄이요,
거짓 선지자요, 그들부터 너희들이 단
죄해야 되며,
19 그 소리를 하는 자, 그 말을 하는 자,
그리고 그와 같은 세상이 됐다 말하는
자, 그들이 만든 자이니,
20 그들부터 단죄하는 그와 같은 대혁명
을 이루지 아니하면 너희들이 나로부
터 거듭나는 은혜를 얻을 수 없을 것
이니라.
21 말세가 도래하여 거짓 선지자가 온다
말하는 종교 지도자에게, 그 말세를
어떤 집단이 만들었으며, 지금 네가
만든 것이 아니며, '너희들이 우리를
그리 말세의 시대로 만들었으며 말세
의 세상 속으로 끌고 온 것이 아니
냐?' 하는 것을 물으라.
22 '너희들이 바로 가르쳤으며 바로 인도
했으면, 지금 우리는 천국이요, 천국
에 와 있다는 그 소리를 들어야 될 것
이니,
23 말세의 세상에 우리가 지금 존재하고
여기서 더불어 살고 있음이니, 바로
우리가 죄인이 아니요, 네가 죄인을
만드는 원흉이 아니냐?' 너희들이 그
깨달음을 알아,
24 그들에게 문책하는 그와 같은 너희들
의 마음이요, 용기를 갖지 아니하면
아니 될 것이니라.
25 그들의 높은 목청이요, 높은 그 목소
리에 너희들이 기가 죽고 두려워 말
못 하는 자가 되어서는 아니 됨이니
그리 전하라.

## 10,785 번째 하나님 말씀

*2004년 4월 27일 0시 33분*

1 사랑하는 나의 아들아!
2 "네, 아버님! 말씀하옵소서."
3 인간 세상에 너희들이 살아가면서 나
쁜 악습도 자꾸 하면 할수록 그리 더
큰 악습을 하게 되었다 하지 않더냐?
4 선함을 너희들이 행하기 시작하면 그
선함은 선함의 뿌리를 낳아 계속 선

한 행위를 할 수 있으며 그리 변한다
하였느니라.
5 그리고 너희들이 또 살아가는 그 버릇
또한 그러니라.
6 그리하여 너희들이 말해 전하기를,
'바늘도둑이 소도둑 된다.'는 말이 있
듯이,
7 처음에는 작은 도둑으로 너희들이 장
난으로 시작하던 것을, 계속하다 보면
담대해지며, 그리고 너희들이 도둑이
도둑인 줄을 모르는 것이니라.
8 그러니 작은 것을 하기 시작함으로 인
하여 너희들이 더 큰 것을 하게 되며,
그 큰 것을 하면서도 너희들이 지금
제가 도둑질을 하고 있는지를 모르는
것처럼,
9 너희들이 그를 깨닫지 못하고 알지
못하는 행위로 너희들의 마음이 그리
변한다 하지 않았더냐?
10 그러니 그 마음이 얼마나 담대하게 변
해지는 것이던가?
11 그러니 지금의 수천 년 동안 오는 그
백성들이요, 그리고 구원을 받은 백성
이요, 믿음의 길을 가는 백성 너희들
이 그 기도하는 소리를 한번 들어 보
라.
12 너희들은 '바늘 도둑이 소도둑 된다.'
는 말이 있다 했듯이, 너희들은 그저
무엇을 달라, 이루어 달라 그것만을
평생 너희들이 죽을 때까지 울부짖음
이니,
13 너희들이 그 울부짖는 욕심이 어떠하
던가?
14 처음에 너희들이 믿음을 찾아 무엇을
달라, 이루어 달라 할 때는 바늘도둑
과 같은 작은 마음에서 매달렸을 것이
니라.
15 그러나 평생 동안 달라 또 달라 부르
짖고 부르짖으니, 너희들은 바늘도둑
이 소도둑보다도 더 큰 도둑으로 변하
는 것처럼
16 너희들은 얻고자 하는 것, 이루고자
하는 것, 네 앞에 쌓아 놓고자 하는
것, 네가 역사하고자 하는 것, 그 모두
에 너희들의 그 마음이 그리 변해져
있으니,
17 너희들의 마음속에는 베풂이요, 사랑
이 없이 그저 달라 달라 하는 것이 커
지고 또 커져,
18 이제는 어떠한 것도, 하늘과 지상에
있는 그 모두를 다 너희들이 달라 하
며 주어도 양이 차지 않을 만큼 달라
달라 부르짖는 것이 오늘의 믿음의 길
을 오는 백성들이요, 오늘의 너희들이
구원을 받았다는 백성들이니,
19 너희들이 그리하여 욕심으로 그득 차
있다 함이니라.
20 너희들이 악을 행하는 것도 행하면 행
할수록 습관화되며 더 큰 악을 저지를
수 있으며,
21 너희들이 선을 행하다 보면 더 큰 선
을 행할 수 있도록 그리 단련되고 훈
련된다 하지 않았더냐?
22 그러니 달라, 이루어 달라, 더 큰 것을
달라, 평생 동안 울고불고 있으니,
23 너희들은 달라는 그 욕심, 명예를 얻
고자 하는 욕심, 부귀와 영화를 누리
고자 하는 그 욕심, 이루어 달라는 그
욕심으로써 모두가 다 절어 있으며
젖어 있는 것이 너희들의 모습이라는

것을 너희들은 모르나 나는 그를 보고
있음이니,
24 너희들이 곧 그와 같은 형태로 나에게
와 심판을 받게 됨이니, 너희들이 무
엇으로써 나에게 오를 수 있겠는가?
25 그리고 지옥이라는 그 너희들이 지은
죄의 대가를 치르는 곳에 가지 아니하
고 너희들이 어디 가겠는가?
26 이와 같은 것을 너희들이 깨달아 너희
자신을 들여다보도록 그리하지 아니
하면 아니 될 것이니 그리 알라.

## 10,786 번째 하나님 말씀

*2004년 4월 27일 0시 36분*

1 사랑하는 나의 아들아!
2 "네, 아버님! 말씀하옵소서."
3 너희들이 죽어 나에게 와 구원을 받는
것이 아니요, 너희들이 살아서 성령으
로 임한 백성이 되었을 때, 너희들은
이미 하늘에 온 백성이요,
4 너희들의 육은 지상에서 사나, 영혼
은 이미 하늘에 와 사는 그와 같은 영
광을 얻는다 하지 아니하였더냐?
5 그러니 나의 피조물 만백성 너희들이
성령으로 임한 백성으로서 거듭나지
못할 때, 나 여호와가 너희들을 다스
리지 아니하며 너희들을 쓰지 아니함
을 너희들은 알아야 될 것이니라.
6 내가 너희들을 다스리지 아니하며 관
리하지 아니하며 쓰지 아니한다면, 과
연 너희들이 나의 아들딸이라 할 수
있으며,
7 나의 피조물 만백성 중에 너희들이
나에게 은혜를 알고 나에게 감사함을
아는 백성이라 내가 너희들을 인정하
고 있는 것이던가, 그렇지 않으면 너
희들을 인정하지 아니하는 것인가, 그
것은 너희들이 스스로 그 답을 찾아야
될 것이니라.
8 나 여호와는 성령으로 임한 백성이 아
니면 내가 다스리지 아니함을 너희들
은 알라.
9 그러니 너희들이 성령으로 임한 백성
이 얼마나 영광된 백성이며, 너희들이
오늘에 이 길을 가는 백성들이 얼마
나 영광된 길이더냐?
10 나의 아들을 따라가는 백성들은 하늘
의 뜻을 알며, 성령으로 임하기 위하
여 너희들이 그 성령이 임할 수 있는
그 진리의 길을 가고 있음이니,
11 너희들이 얼마나 축복되고 영광된 백
성들이요, 나의 아들과 더불어 한 시
대를 살아가는 너희 제자들이 얼마나
나로부터 은혜 받은 백성인가, 너희들
이 스스로 알아야 될 것이니라.
12 그러니 너희들이 영광된 길을 이루고
있지 않으냐?
13 너희들은 그 누구도 바라보지도 못하
며 생각지도 못하는 그 길을, 나의 아
들을 따르는 제자들이요, 나의 법전을
읽은 백성, 너희들이 지금 가고 있음
이니,
14 그보다 더 큰 축복과 영광이 없음을
너희들은 다시 한 번 깊이 생각하지
아니하면 아니 될 것이니라.
15 그러니 그와 같은 은혜를 안다면 너희
들이 어떠한 길을 갈 것인가?
16 하늘을 향하여 한 점의 부끄러움이 없
는 삶을 살아 만백성의 선생으로서 거

듭나는 너희들이 되지 아니하면 아니
됨을 알아야 될 것이니라.
17 내가 나의 아들을 통하여 너희들에게
무어라 말하였느냐?
18 너희들이 악습을 버리며 하나를 고침
으로써 거듭나는 그와 같은 삶을 살
때, 내가 그와 같은 백성에게 상을 내
리며 그 수고로움에 내가 너희들에게
은혜를 내린다 하지 아니하였더냐?
19 그와 마찬가지니라.
20 너희들이 성령으로 임한 백성이 스스
로 되지 아니했을 때, 내가 너희들을
다스리지 아니하며 너희들과 같이하
지 아니한다는 그 의미를 너희들은 알
고 있을 것이니라.
21 그러니 너희들이 무엇을 역사했을 때
나로부터 상이요, 그 은혜를 받듯이,
22 너희들이 성령으로 임한 백성만이 내
가 다스리며 너희들을 관리하며 내가
너희들에게 임무를 내린다는 것을 잊
지 말도록 하라, 사랑하는 나의 아들
딸들아!

## 10,787 번째 하나님 말씀

*2004년 4월 27일 0시 39분*

1 사랑하는 나의 아들아!
2 "네, 아버님! 말씀하옵소서."
3 너희들이 나 여호와 창조주와 더불어
하며 나와 함께하며 그리고 나의 나라
에 너희들이 올 수 있는 것은, 육의 세
상에서 너희들이 성령으로써 거듭나
는 그와 같은 백성으로 되지 아니하면
절대 아니 됨을 알아야 될 것이니라.
4 그렇지 아니하면 너희들이 나와 같이
하지 아니하며 내 뜻을 알 수 없으며,
내가 역사하는 길에 너희들이 동참하
는 백성으로서, 지도자로서, 선생으로
서 거듭날 수 없다는 것을 명심하도록
그리하라.
5 내가 성경에 일찍이 기록하여 너희들
에게 전하지 아니하였더냐?
6 '너희는 내 안에 또한 내가 너희들 안
에 있어야 함이라' 내가 성경에 기록
하지 아니하였더냐?
7 그러니 너희들이 성령으로 임하여 거
듭나는 백성이 될 때, 나 여호와가 너
희들 안에 임하며 너희들이 내 안에
있다는 것을 명심하도록 그리하라.
8 너희들이 성령으로써 장막을 이루지
아니하며, 성령으로써 모든 장막을 치
지 못한 백성,
9 그와 같이 성령으로써 장막을 이루지
못한 백성 너희들에게는 내가 거기에
거할 수가 없으며 내가 너희들과 같이
할 수 없음이니라.
10 너희들도 또한 그와 같이 성령의 장막
으로써 너희 자신을 지키고 다스리지
아니한다면, 결코 너희들이 내 안에
들어올 수 없는 것이 너희들의 운명이
니라.
11 내가 성경에 기록하여 전했음이니라.
12 '너희들이 내 안에 있으며 내가 너희
들 안에 있다.'는 것, 이것은 내가 너
희들에게 일찍이 그와 같은 백성이 되
어야 구원을 받는다 함이니,
13 이는 곧 너희들이 성령으로써 너희 자
신이 모든 장막을 둘러 그 어느 것도
너희들에게 근접할 수 없도록 너희들
자신이 성령으로 충만되었을 때,

14 나 여호와가 거기에 거할 수 있으며,
거한다는 것을 명심하도록 그리하라.

## 10,788 번째 하나님 말씀

*2004년 4월 27일 0시 43분*

1 사랑하는 나의 아들아!
2 "네, 아버님! 말씀하옵소서."
3 너희들이 귀하고 소중한 그 보물이 동
쪽에 있다 내가 그리 말하였느니라.
4 나의 아들을 통하여 너희들에게 강론
하기를, 소중하고 귀한 너희들이 찾는
그 보물이 다 동쪽에 있거늘,
5 너희들이 동쪽으로 가 그를 찾으려 하
지 아니하며 서쪽으로 가는 그와 같은
삶을 사는 그것이 오늘의 종교 집단이
요, 지도자 너희들의 행위라 하였음이
니라.
6 그러니 너희들이 나의 뜻과는 관계없
이 다른 방향으로 반대방향으로 가 그
귀하고 소중한 보물을 찾고자 헤매니,
너희들은 그를 찾을 수 없음이니라.
7 그를 찾지 못하는 그와 같은 백성 너
희들의 삶이 무엇이더냐?
8 숨겨진 나의 뜻이요, 내 보물을 너희
들이 찾지 못하는 어리석은 백성이라
는 것을 알라.
9 나는 동양에 나의 보물을 숨겨 놓았거
늘, 너희들이 서쪽으로 가 찾는 자, 감
히 어찌하여 그를 볼 수 있으며 찾겠
는가?
10 그리고 숨겨져 있는 그 보물을 너희들
이 보기나 하겠는가?
11 이것이 오늘의 믿음의 길을 가는 종교
집단이요, 지도자요, 구원을 받았다는
백성 너희들이 지금 울부짖는 그것임
을 알아야 될 것이니라.
12 너희들은 이제 들으라.
13 나 여호와가 가장 귀하고 소중한 보물
을 동양의 작은 나라에 지금 내리고
있음이니,
14 이 동양의 작은 나라의 언어요, 습관
이요, 그를 배우지 아니하면, 나의 그
귀하고 소중한, 너희들의 생명의 거듭
남의 보물을 너희들이 볼 수 없으며
취할 수 없다는 것을 명심하도록 그리
하라.
15 그러니 이제 내가 나의 아들을 통하여
동양의 작은 나라의 언어요, 글로써
160권의 법전을 세상에 내려보내며,
16 그가 죽어 나에게 올 때까지 하늘의
뜻을 수없이 너희들에게 전하고 내려
기록하여 전할 것이니,
17 너희들이 이를 보지 아니하며, 이 언
어를 듣지 아니하며, 이 언어를 공부
하지 아니하며, 이 글을 공부하지 아
니하면 절대 볼 수 없음이니라.
18 너희들이 이 세상에서 가장 귀하고
소중한 보물이 동양의 작은 나라에 모
든 것으로써 내려가고 있음을 알라.
19 여기가 아니면 너희들이 아무것도 찾
을 수 없으며 이룰 수 없다는 것을 내
가 더불어 너희들에게 전함이니,
20 이를 너희들이 명심하도록 그리하라,
사랑하는 나의 피조물 만백성들아!

## 10,789 번째 하나님 말씀

*2004년 4월 27일 0시 50분*

1 사랑하는 나의 아들아!

2 "네, 아버님! 말씀하옵소서."
3 지금의 교회라는 곳이 너희들 자신의
그 위치와 그 기득권 싸움이 있으며,
4 그리고 종교 집단이요, 목회자라는
자, 그리고 거기에서 권력을 가지고
직함을 가지고 있는 자들, 믿음을 믿
어 온 그 세월이 길고 긴 자들, 너희들
의 그 기득권 싸움이 빈번하다면 어
찌하겠는가?
5 너희들이 교회라는 곳, 너희들이 말하
는 나 여호와의 뜻을 전하며 복음을
전하며 만백성을 구하는, 가장 신성시
되어야 하며 신성한 교회라는 곳, 너
희들의 복음의 전당이요, 그 모두를
역사하는 곳이라면,
6 얼마나 너희들이 신성시되어야 하며
소중하고 귀한 곳이던가, 그리고 얼마
나 엄격한 속에서 모두가 이루어지고
진행되어야 하겠는가?
7 그러나 그 속에서 분열되는 아픔과
슬픔을 체험하지 아니한 신도들이 없
다면, 너희들은 과연 어찌하겠느냐?
8 너희들 말로 나 여호와의 복음을 전하
며 내 뜻을 전하며 만백성을 구원으로
이끄는 그 교회라면, 그곳이야말로 얼
마나 신성시되어야 하겠는가?
9 그러니 그곳에서 너희들이 복음을 전
하는 것이 아니요, 그저 기득권 싸움
이요, 분열되는 너희들의 그 싸움을
보는 그 백성들이요, 초보자들의 그
아픈 마음과 슬픈 마음이요,
10 그 모두를 체험해서는 아니 될 것들을
다 체험하고 가는 것이 오늘의 신도
요, 그 성도들이 아니더냐?
11 과연 너희들은 그들의 아프고 저린
마음을 알고 있는가?
12 목회자요, 그리고 장로라는 자, 권사
라는 자, 그리고 각종 직함을 가진 자,
돈으로써 너희들이 명예의 그 간판을
사고 네 이름 앞에 붙어 있는 그 불쌍
한 사람들, 그들이 힘겨루기의 싸움이
얼마나 치열하더냐?
13 결국, 교회라는 그 집단이 인간의 이
해관계에 동업하다 붕괴되며, 서로가
헤어질 때 시시비비하며 해서는 아니
될 짓까지 다 하는 그와 같은 것보다
도 더 무서우리만큼 너희들의 그 교
회라는 곳이 사분오열되는 것을 목격
하지 아니한 성도가 하나도 없다면 너
희들은 과연 어찌하겠느냐?
14 그러니 너희들이 그와 같은 험악한 속
에서 그 신도들은 그걸 봤으며, 그걸
보는 그 신도들의 마음은 과연 어떠
하며, 그들의 가슴속에는 과연 무엇이
남았는가 생각해 보았는가?
15 지금의 신도들의 속마음이 어떠한가
너희들 종교 집단 지도자들이 그를
알고 있으며, 그를 알려 하며, 그들의
마음 아픈 것을 과연 치유하려 노력
하는 자가 어디 있는가?
16 지금의 종교 집단이요, 지도자 너희들
이 전통적인 폐단과 병폐요, 상처투성
이인 그 속사정을 목격하고 가는 그
신도들,
17 그러면서도 한없이 재물을 바치며 헌
금을 바치며 구원의 길을 가고자 그
무엇인가를 얻고자 하여 몸부림치는
그 불쌍한 백성들, 그들이 오죽하면
하다 하다 못하여 너희들에게 무어라
말하느냐?

18 종교 집단의 먼저 믿은 선배들이요,
그리고 목회자요, 목사를 보고 가는
것이 아니라, 그저 성경 말씀이요, 하
나님의 말씀을 듣고자 간다는 구차한
그 변명을 하고 있지 않은가?
19 그들의 구차한 변명의 소리를 너희들
은 어찌 생각하는가?
20 그러니 그 교회 속에 있는 신도들, 진
정한 믿음의 길을 가는 백성들은 하나
도 없으며 형식적인 신앙의 길을 가며,
21 저희들이 다른 길이 없어 죽지 못하여
그저 끌려가는 그와 같은 오늘의 믿
음의 길을 가는 것이 나의 신도들이
요, 너희들이 성도라는 그 백성들이
아니더냐?
22 그러니 내가 너희들에게 무어라 했느
냐?
23 모든 백성 개개인이 그 80퍼센트는
지금 실망을 하고 있으며, 80퍼센트
정도는 이것이 아니라고 생각하고 있
으며,
24 그리고 80퍼센트 이상은 그 추하고
더러운 모습이요, 싸움의 병폐요, 그
너희들의 싸움의 폐단, 그리고 상투적
인 너희들의 그 질투와 시기로써 이루
어지는 그 추하고 더러운 것을 모두
보고 온 그 백성들, 그를 체험하지 아
니한 백성이 없으며,
25 정녕 진정한 믿음이요, 하늘에 오르는
길이라 하여 그 문을 들어섰던 그 백
성들이 너희들이 싸우고 찢고 물고 하
는 그 추한 모습에 의하여 그 아픈 슬
픔의 체험을 해 보지 아니한 자가 없
으며, 그와 같은 것을 가슴에 안고 있
지 않은 백성이 없으며,
26 그를 지워 버리지 못하고 지금도 가슴
한구석에 남아 있는 그 불쌍한 백성들,
27 그들의 마음을 과연 너희들이 치유하
며 그들을 위하여 무엇을 역사하는가?
28 이것이 오늘의 너희 교회의 실정이요,
오늘의 너희 종교 집단의 현실이라는
걸 알아야 될 것이니,
29 나 여호와가 이를 그대로 묵과하지 아
니하며 그대로 두지 아니함을 너희들
은 알아야 될 것이니라.

## 10,790 번째 하나님 말씀

*2004년 4월 27일 0시 55분*

1 사랑하는 나의 아들아!
2 "네, 아버님! 말씀하옵소서."
3 오늘의 종교 집단이요, 그 지도자요,
그들의 모습이 어떠한 형국인 줄 알겠
느냐?
4 내가 너희들에게 보여 주는 그들의 오
늘의 모습이 그러하니라.
5 너희들이 멀리서 바라보면 호수의 그
그림이요, 그 주변의 전경이 얼마나
아름답더냐?
6 멀리서 바라보는 호수의 그 아름다운
전경이요, 한 폭의 그림 같은 그 아름
다움 속에서 더욱이 백조가 놀고 있다
면, 그것은 얼마나 더 아름다운 한 폭
의 그림이겠느냐?
7 그러니 멀리서 보면 그와 같이 아름답
고 우아한 호수가, 너희들이 가까이
가서 보니, 인간들이 버린 쓰레기요,
모든 오물이 그 호수를 다 덮고 있다
면, 과연 너희들은 가서 봤을 때 얼마
나 실망을 하며 얼마나 좌절하겠는가?

8 오늘의 종교 집단이요, 지도자 너희들
이 그러하니라.
9 유유히 흐르는 그 강물이 아름다운 것
같으나, 가까이 가 보니 오물투성이
요, 썩어져 있는 물이요, 그리고 그 백
조가 놀며 한 폭의 그림과 같은 그 호
수 가까이 가 보니, 다 썩어져 썩은 냄
새가 나는 것처럼, 오늘의 종교 집단
이요, 지도자 너희들이 그리 썩어져
있으니,
10 가까이 가서 들여다보는 자, 실망하지
아니하는 자가 없으며, 가까이 가 보
는 자, 가슴 아파하지 않는 그 신도들
이 없다 함을 너희들은 알라.
11 그래도 그들은 구원을 받으며 하늘에
오른다는 그 쇠사슬에 얽매어, 한번
발을 들여놓는 자, 저희들이 다른 길
을 알지 못하며 다른 길을 볼 수 없기
에,
12 그저 썩은 냄새 나는 곳에서 '이것은
아닌데, 이것은 아닌데' 하며 통곡하
고 호소하며,
13 그저 저 혼자 바르게 가며 저 혼자 깨
우치겠다는 그들이 그 하나의 마음이
요, 하나의 희망을 가지고 오늘의 믿
음의 길을 가는 그와 같은 현실을 과
연 너희들은 아는가?
14 너희들이 가까이 갔을 때 쓰레기 더미
로 젖어 있는 호수요, 강과 같이, 오늘
의 믿음의 길을 가는 너희들이 다 그
리 추하게 더렵혀진 자들이 오늘의
종교 집단이요, 지도자들이요, 너희들
내부의 오늘의 그 환경이요, 그 실정
이니라.
15 그러기에 너희들이 서로가 시기 질투
하며 분열을 하며, 사분오열되어 너희
들이 물고 뜯는 그 추한 모습은 인간
관계에 거래의 싸움보다도 더하는 것
이라 하였음이니라.
16 그러니 그와 같은 모습으로 가는 것을
내가 어찌 그대로 보고 있겠는가?
17 더 이상 그를 바라볼 수 없으며 더 이
상 두고 볼 수 없기에,
18 멀리서 보는 그 아름다운 호수가 가까
이 가 봐도 아름다운 호수처럼 그 똑
같은 호수가 되도록,
19 내가 그 아름다운 호수의 모습이 그대
로 가까이나 멀리서 똑같이 되도록 그
와 같이 이루기 위하여, 이 세상을 내
가 그와 같이 만들기 위하여,
20 지금 나의 사랑하는 아들을 통하여
160권의 법전을 내려보내며, 그 제자
들로 하여금 이를 만들어 만백성에게
전하여,
21 하얀 눈이 세상을 덮듯이 모두를 덮
어, 보지 아니하면 아니 되도록 하는
그 위대한 역사를 이루고 있는 것이
내 마음임을 너희들은 알라 그리 전하
라.
22 가까이서 보면 다 썩어져 있는 호수
요, 멀리서 보면 아름답게 보이는 그
호수처럼, 이와 같이 잘못된 것이 오
늘의 종교 집단이요, 지도자요,
23 쓰레기더미로 뭉쳐 있는 것이 오늘의
믿음의 길을 가고 있는 자들이요, 신
앙의 길을 가는 자들이요, 하늘에 오
르는 길이요, 나에게 오르는 길이라
하여 너희들이 인도자라 하는 자들이
니라.
24 쓰레기더미만도 못하니라.

25 곧 너희들은 지옥으로 가며, 지옥에
가 그 대가를 치르니,
26 쓰레기더미만도 못한 것이 앞으로 이
루어지는 너희들의 길이라는 것을 알
라.

## 10,791 번째 하나님 말씀

*2004년 4월 27일 01시 02분*

1 사랑하는 나의 아들아!
2 "네, 아버님! 말씀하옵소서."
3 지금의 믿음은 잘못된 믿음의 길로 나
의 피조물 만백성을 이끌어 가고 있다
내가 그리하였음이니라.
4 그러니 너희들이 살아가면서 너희들
자신이 실수한 작은 것까지도 지금 종
교 집단이요, 지도자들이 어찌 가는가?
5 너희들의 신앙이, 스스로 잘못하여 물
한 컵 엎는 것까지도 나 여호와가 너
희들을 체벌하는 것으로써 너희들이
지금 나의 피조물 만백성을 모두 그리
세뇌시키며,
6 그들이 그와 같이 생각하도록 그 모두
를 이끌어 감이니, 이것이 잘못된 신
앙이요, 잘못된 믿음이니라.
7 그러나 종교 집단이요, 지도자, 목자
들은 그것이 잘못된 걸 저희 스스로
아느니라.
8 그리고 나 여호와의 이름을 팔아 나의
피조물 만백성에게 엄포하는 것, 그것
도 저희들이 잘못된 것을 알고 있느니
라.
9 그러나 나의 피조물 만백성을 이끌어
저희들의 그 사역병으로 쓰기 위하여
그들을 이용하는 수단 방법이라는 걸
저희들이 알면서도 이를 바로잡지 아
니하며,
10 그저 그들의 작은 실수까지도 모두가
나 여호와로부터 체벌을 받는 것이라
며 그들에게 그 공포분위기를 조성하
여 끌고 가는 믿음이요, 신앙이기 때
문에 나와 관계없는 자라 내가 그리
전함이니라.
11 그리하여 나의 피조물 만백성들을 너
희들이 그리 세뇌시켰느니라.
12 그러니 작은 손해를 보는 것도, 작은
불행이 있을 때도, 그 믿음이 철저하
지 아니하며, 종교 지도자의 말을 듣
지 아니하며, 주일을 지키지 아니하
며, 헌금을 내지 아니하였다 하여 나
로부터 채찍을 받는다 너희들이 그리
말함이니,
13 이것이 바로 너희들이 오늘의 잘못된
자들이요, 이게 나의 피조물 만백성을
지옥으로 이끌어 가는 그와 같은 너희
들의 그 믿음이니라.
14 그 인간을 너희들이 개조시켜 놓았음
이니라.
15 세뇌시키고 개조시켜 놓았기에, 나의
피조물 만백성이 스스로 판단력이 없
으며 지각이 없어지도록 하였으니,
16 그저 모든 것은 다 저희들이 잘못되면
나로부터 체벌을 받는다 그리 생각하
느니라.
17 저희들 몸에서 피 한 방울이 쏟아지는
것, 그저 저희들이 종이에 손끝을 좀
스쳐 가는 것,
18 그 작은 것에서부터 큰 것까지 그 모
두가 저희들이 믿음이 약하기에 내가
체벌로써 다스린다 그리 너희들이 윽

박지르고 그리하고 있지 않은가?
19 십일조를 내지 아니함으로 너희들이
체벌을 받으며, 각종 헌금을 내라는
대로 내지 아니하면 체벌을 받으며,
주일이라는 걸 지키지 아니하기 때문
에 체벌을 받으며,
20 그리하여 너희들이 주일에 개인적인
일을 한다 하여, 너희들이 그저 넘어
지는 것도, 가다 주저앉는 것, 지나가
다 남에게서 상처를 조금 받는 것, 그
모두가 다 너희들이 주일을 지키지 아
니하여 내가 너희들에게 체벌로써 다
스린다 그리 가르치지 않느냐?
21 주의 종을 받들지 않는 자도 체벌로
다스리며, 그를 상전으로 받들지 않는
자도 체벌을 받으며,
22 지도자가 잘못된다 해도 그것을 탓하
며 바로잡고자 조언하는 것까지도 나
여호와가 체벌하는 자들이라 너희들
이 그리 세뇌시키고 그리 그 모두를
가르치고 있지 않은가?
23 너희들이 잘못하여 손가락 밑에 가시
하나 박힌 것까지도 나 여호와가 믿음
이 시원찮은 자들에게 체벌을 내린다
그리 생각하도록 그리 너희들이 믿고
가도록 가르치는 것이 아니더냐?
24 그러니 나 여호와가 사랑의 하나님이
요, 은혜를 베푸는 하나님이 아니라,
두렵고 무서운 하나님이요, 두렵고 무
서운 아버지로서 너희들이 만든 자들
이 아니더냐?
25 그러나 너희들은 말로써는 사랑을 베
푸는 하나님이라 하면서, 모두를 작은
것까지도 너희들이 실수하는 것, 나와
관계없이 너희들이 작은 손해를 보는
것,
26 그 모두도 너희들이 믿음이 약하기에,
목회자의 말을 따르지 아니하기 때문
에, 헌금을 제대로 내지 아니하였기
때문에, 주일을 제대로 지키지 아니하
였기 때문에, 믿음이 약하기 때문에
체벌을 받는다 그리하니,
27 나 여호와가 너희들에게 그 모두를 다
체벌로써 다스린다 너희들이 그리함
이니,
28 바로 너희들이 나를 두렵고 무서운 아
버지로 나의 피조물 만백성에게 그리
가르친 죄,
29 그 죄 또한 너희들이 그 벌을 당하는
것, 머지않아 너희들이 나에게 와서
심판을 받게 될 때, 그 두렵고 무서운
것을 알게 될 것이니 그리 전하라.

## 10,792 번째 하나님 말씀

*2004년 4월 27일 01시 07분*

1 사랑하는 나의 아들아!
2 "네, 아버님! 말씀하옵소서."
3 이제 나의 아들을 따르는 제자 너희들
에게 내가 무어라 하였느냐?
4 너희들은 기도를 할 때, 오로지 '하나
님! 저의 죄를 용서하여 주옵소서.' 그
기도를 하라 하였음이니라.
5 이제 그와 같은 기도를 하고 있는 나
의 아들딸 너희들은 알아야 될 것이니
라.
6 너희들이 그리 기도를 함이니, 이제는
너희들이 너희 자신의 죄가 무엇이며,
너희들이 하고 있는 것이 어떤 것이
죄며, 어떠한 것이 선한 것인가,

7 그리고 너희들이 나에게 '죄를 용서하여 주옵소서.' 기도를 드릴 수 있는 그 죄목은 과연 무엇이며 죄는 무엇인가, 그 모두를 너희들이 알고 있어야 할 것이니라.

8 알면서 너희들이 이제 기도를 드리는 백성이 되어야 될 것이니라.

9 지금까지는 너희들이 그저 지금까지 살아온 그 죄요, 잘못된 것을 나에게 용서를 비는 그와 같은 믿음의 기도를 했음이니라.

10 그러나 이제 나의 법전을 읽고 깨우쳤으며, 나의 법전을 읽고 공부한 백성 너희들은 과연 어떠한 것이 나로부터 용서를 받을 수 있는 죄요, 용서를 받지 못할 죄인가,

11 그리고 어떠한 방법으로써 어떤 죄를 지음으로 너희들이 어찌하는가 그 모두를 알아야 될 것이니라.

12 그를 알고서 너희들이 이제 '아버님! 저의 죄를 용서하여 주옵소서.' 그와 같이 기도하는 나의 아들딸로 되어야 될 것이니라.

13 그러니 너희들이 그와 같은 것을 구분할 수 있는 것이 어디 있는가?

14 나의 160권의 법전 속에 다 있음이니라.

15 그리하여 너희들이 160권의 법전을 정독하라 함이 여기 있음이니, 너희들이 정독하면서 그 모두를 알게 될 것이니라.

16 이제 너희들은 죄와 벌이요, 악과 선이라는 것, 그 모두를 너희들이 다 알 수 있는 영안이 뜨여야 되며, 너희들이 그와 같은 것을 볼 수 있는 자세가 되어야 함을 알라, 사랑하는 나의 아들딸들아!

17 너희들 모두가 말하느니라. '하늘에서 이루어진 것같이 이 땅에서 이루어 주옵소서.' 너희들이 그리 기도하느니라.

18 과연 너희들이 하늘에서 이루어지는 것이 무엇이며, 땅에서 이루어지는 것이 무엇인가, 그를 알지도 못하며,

19 그저 맹목적으로 그와 같이 앵무새처럼 부르짖기만 하며, 그것이 기도라 하여 울고불고한다면, 과연 그게 무엇이더냐?

20 다 부질없는 것이요, 껍데기요, 너희들이 알맹이가 없는 기도가 아니더냐?

21 '하늘에서 이루어진 것같이 이 땅에서 이루어 주옵소서.' 그저 울고불고 기도하고 또 기도한다면 무엇하겠느냐?

22 이제 너희들이 그와 같이 말한다면, 하늘에서 이루어지는 것은 어찌 이루어지며, 하늘에서 역사하는 것은 무엇이며, 지상에서 역사하는 것은 무엇이요, 지상에서 너희들이 이루어지는 것은 무엇인가,

23 너희들이 해야 할 일은 무엇이며, 너희들이 지켜야 될 것은 무엇이며, 너희들이 어떠한 대명을 가지고 있는가 하는 것을 알지 못하는 자가 아무리 너희들이 그와 같이 울고불고 기도한다 해도 그 무슨 의미가 있느냐?

24 내가 지금 나의 아들을 통하여 내리는 그 뜻을 너희들은 깊이 깨우쳐 너희 것으로 만들어야 될 것이니라.

25 너희들이 아무런 목적의식 없이 그 어떠한 과정인지도 모르며, 네가 어떠한 책무를 해야 되며, 네가 어느 자리에

서 있는지도 모르면서,
26 '하늘에서 이루어진 것같이 이 땅에서 이루어 주옵소서.' 너희들이 그리하면 아니 됨이니라.
27 그것 또한 너희들이 알지 못하고 지금까지 앵무새처럼 울고불고 너희들이 기도를 했기에,
28 내가 지금 나의 아들을 통하여 160권의 법전을 세상에 내려보내어 그 의미요, 그 뜻을 다 여기에 기록했음이니라.
29 그러니 너희들이 내가 새로 내리는 성경을 읽지 아니하며, 그를 정독하지 아니하며, 이를 보고 깨우치지 아니하면, 결코 너희들이 이룰 수 없으며 역사할 수 없다는 그 뜻이 여기 있음을 알라, 사랑하는 나의 아들딸들아!

## 10,793 번째 하나님 말씀

*2004년 4월 27일 01시 16분*

1 사랑하는 나의 아들아!
2 "네, 아버님! 말씀하옵소서."
3 너희들이 모두를 용서를 받으나, 너희들이 성령을 위배하는 자, 성령을 거역하는 그와 같은 죄는 용서받지 못한다 하였음이니라.
4 과연 그러니 너희들이 성령을 위배하는 것이 무엇인지 그것을 알고 그리 말하는가?
5 너희들이 무엇이 성령을 위배하며, 무엇이 성령을 방해하는 것인가?
6 내가 친필로 써 내린 나의 십계명을 지키지 못한다 말하는 자, 그 자신이 벌써 성령을 위배하는 그와 같은 믿음임을 알아야 될 것이니라.
7 내가 친필로 써 내린 그 십계명은 성령으로써 너희들이 거듭나는 길이요, 성령의 양식이라 내가 하지 아니하였던가?
8 더욱이 내가 마지막 시대에 이제 나의 아들을 통하여 내리는 160권의 그 법전이요, 새로운 성경 속에 너희들이 지키고 행해야 될 그 모두를 기록해 놓았음이니,
9 그것을 너희들이 지키지 아니하며 그대로 행하지 아니할 때, 너희들이 성령을 위배하는 죄요, 성령을 훼방하는 죄라는 것을 알아야 될 것이니라.
10 나의 피조물 만백성 너희들이 살아가면서 그리 말할 것이니라.
11 내가 오늘의 작은 죄를 짓는 것, 이것은 성령에 위배되는 것이 아니요, 성령을 거역하는 것이 아니요, 그냥 인간 세상에서 너희들이 살면서 짓는 죄라 그리 말할 것이니라.
12 그러나 너희들은 십계명에 나 여호와의 이름을 망령되게 일컫지 말라 했음이니, 너희들이 내 이름을 망령되게 일컫게 하는 것, 나를 부끄럽게 하는 것, 그 모두가 다 무엇이더냐?
13 너희들이 내가 불로 써 내린 친필인 그 십계명을 위배하는 그 모두가 다 너희들이 성령을 위배하는 것이라는 것을 알라.
14 그리고 더 상세히, 더 자세히 기록하여 전하는 나의 새로운 성경 속에 있는 그 내용을 너희들이 지키지 아니하고 행하지 않을 때, 바로 성령을 위배하는 짓이니라.

15 내가 새로운 성경을 무어라 말하였느
냐?
16 내 모두를 태워서 내려보내는 새로운
성령이라 하였음이니라.
17 그러니 나의 아들을 따르는 제자들이
요, 이를 읽고 깨우친 너희들은 이를
절대 위배하는 짓을 하지 말라.
18 성령을 위배하는 것이 얼마나 두렵고
무서운 것이며 그 죄가 어떠한 것인
줄 알겠느냐?
19 사랑하는 나의 아들아!
20 모든 백성 너희들이 성령을 위배하는
죄는 용서받지 못한다 하나, 그 죄가
얼마나 무섭고 두려운 것인가를 너는
알고 있는가?
21 "네, 아버님! 아버님께서 말씀을 주시
지 아니해도 저는 얼마나 무서운 죄에
버금가는 것인가를 그리 느끼고 있사
옵나이다."
22 네가 느끼고 네가 생각하고 있는 것이
무엇이냐, 나의 아들아!
23 "네, 아버님! 그렇사옵나이다.
24 맷돌이라는 것에 콩을 넣고 그를 갈
아 흐름이니, 그와 같이 맷돌 속에 저
자신들이 다 갈리고 갈려서 녹아 나오
는 그와 같은 고통이요,
25 그와 같은 것으로써 성령을 위배한
죄는 용서받을 수 없으며 갚을 수 없
는 것이라 저는 그리 깨닫고 생각하
며, 저의 제자들에게 그리 전하고 있
사옵나이다."
26 사랑하는 나의 아들아!
27 왜 내가 성령을 위배하는 것은 그렇게
무섭고 두려운 것으로써 체벌을 한다
너는 생각하느냐?
28 "네, 아버님!
29 인간 세상에서 한 사람이 살인할 때
살인자요, 그 대가를 치름이니,
30 성령을 위배하는 행위를 하는 것, 성
령을 위배해서 가르치는 것은 만백성
의 생명을 죽게 하며, 자손대대 모든
백성들을 죽음으로 이끌어 가며,
31 아버님의 뜻을 역사하지 못하며, 아버
님의 이루고자 하시는 그 지상의 낙
원을 이룰 수가 없으며, 아버님의 권
세가 하늘과 땅에 역사할 수 없는, 그
모두를 거역하는 자이기 때문이옵나
이다.
32 그들로 하여금 모두가 다 무너지며 그
들로 하여금 모두가 역사할 수 없기
때문이니, 이는 바로 그와 같이 무서
운 죄라 저는 그리 생각되옵나이다.
33 하늘에서 이루어진 것같이 이 땅에서
이루어지는 그 역사는 그 모두는 아버
님의 권세가 여기에 다 같이함이니,
34 그를 방해하도록 하며 그것을 역사하
지 못하도록 하는 죄이기 때문에 그와
같이 무서운 고통 속으로써도 그 죄를
다 면치 못할 것이라 저는 그리 생각
하옵나이다."
35 사랑하는 나의 아들아!
36 성령을 위배한 죄가 가장 크니, 그보
다 더한 고통이 있어도 너희들이 그
성령을 위배한 죄는 용서받지 못하며,
그는 너희들이 헤어날 수 없다는 것을
만백성에게 전하도록 그리하라, 사랑
하는 나의 아들아!

## 10,794 번째 하나님 말씀

*2004년 4월 27일 01시 23분*

1 사랑하는 나의 아들아!
2 "네, 아버님! 말씀하옵소서."
3 이 세상에 많은 백성들로 하여금 나의
법전이 세상에 나감이니, 이를 가지고
만백성을 구하며 나의 아들이 세상에
나의 성령을 받아 법전을 만드니,
4 나의 아들이 가는 길을 쓸어 주며 그
와 더불어 역사하며 그 보좌역을 하도
록 했던 그 백성들이 조금 깨우친 그
와 같은 지혜를 얻었으며 그와 같은
은혜를 얻은 백성들이니라.
5 그들이 바로 제 길을 가지 못하며 저
희들이 바로 그 역사할 것을 모르기에,
6 저희들이 이 세상의 제왕이요, 이 세
상에 나로부터 모든 통치권의 명을 받
은 자처럼 그리 착각하며 지금 그리
가고 있음이니, 이 세상이 더 혼잡스
럽다 하였음이니라.
7 그리하여 그들로 하여금 사탄이요, 이
단이요, 그들이 실수하는 것이요, 그
들이 짧은 지식을 가지고 감으로 인하
여 지금의 종교 집단이요, 지도자가
이단이요, 사악한 자라 하며,
8 저희들이 그 깨우침을 인간의 욕심이
요, 저 자신에 모두를 접목시켜 저희
들이 스스로 죽음의 무덤을 파며 스스
로 무너지는 자, 그리고 남들로부터
저주를 받는 그와 같은 행위를 하고
있는 자들이 지금 수없이 많이 있음이
니라.
9 내가 너에게 이를 알려 주는 그 뜻이
무엇인 줄 알겠느냐?
10 "네, 아버님! 아버님께서 이 깊은 밤
에 그와 같은 말씀을 하시는 의미와
뜻을 저는 깨닫고 있사옵나이다."
11 그것이 무엇이더냐?
12 "네, 아버님! 그렇사옵나이다.
13 저의 제자들이 이제 깨달음의 경지가
높아지며 아버님께 한 발짝 한 발짝
다가감으로 인하여 그들의 변화는 이
루 말할 수 없이 역사할 것이옵나이다.
14 이제 저의 제자들이 모든 식물과 동물
과 그리고 무생물과 대화할 수 있는
그와 같은 제자들이 나오며, 그와 같
은 깨달음을 가는 제자들이 있사옵나
이다.
15 그들이 한 길을 가며 깨우치지 못했을
때, 바로 지금의 하나씩 은혜를 입은
자, 한 발짝 앞에 있는 백성들이 제가
제왕이요, 제가 세상을 다스리는 자라
는 그와 같은 착각으로 모두가 무너지
듯이,
16 저의 제자들 또한 깨우치면 깨우칠수
록 그들이 그리 무너지며, 그와 같은
자로서 전락되지 아니할까 하는 것을
경계하라 하시며,
17 그와 같은 것을 잘 다스리라 하는 아
버님의 뜻이 오늘의 내려 주시는 말
씀이라 저는 그리 받아들이고 그리 알
고 있사옵나이다."
18 사랑하는 나의 아들아!
19 너의 제자들이 그 깨우침을 하나 얻음
으로 인하여 그들이 한 발짝 전진함으
로 무너질 수가 있으며, 그들이 잘못
되며 흐트러질 수가 있는 것이니라.
20 그를 네가 잘 다스리지 아니하며 네가
그들을 스스로 깨우쳐 바로 오기를 바

라고 만다면, 그들은 너를 떠나 너에
게 화살을 쏘는 자가 될 것이니, 이를
너는 미리 단속하도록 그리하라.
21 내가 그들에게 전하는 뜻이 무엇인 줄
알겠느냐?
22 "네, 아버님! 저는 알고 있사옵나이다.
23 그들이 깨달음이요, 아버님의 뜻을 알
수 있는 깨끗한 백성으로 거듭남이니,
24 그들이 스스로는 하나님 아버지께 오
를 수 없으며 하늘에 오를 수 없다는
것을, 그들이 착각할까 봐 그것이 두
려워서 아버님께서 명하시는 것을 알
고 있사옵나이다.
25 아버님께서 그리하여 일찍이 저의 제
자들에게 내려 주신 그 말씀이, 하늘
에 오르는 길은 한 길이요, 그 빛을 따
라서 제가 그 길을 갔을 때,
26 그 제자들이 제가 밟고 가는 하늘에
오르는 그 빛이 말리지 않도록 바로
바짝 붙어 그 발길을 따라오는 것이
며, 제 앞에 먼저 갈 수 없으며, 제가
가는 그 길에 뒤를 따라오는 것이 저
의 제자들이요,
27 그리고 그 제자들을 보고 깨우친 백
성들이 그 길을 따라온다 한 미리 주
신 그 말씀이요, 그 가르침의 의미가
오늘의 모두를 대비하여 내려 주신
말씀이라는 것을 저는 알고 있사옵나
이다.
28 아버님이 그 주신 말씀이요, 아버님께
서 오늘 터치된 자들이, 그리고 하나
씩 은혜를 받은 자들이 잘못 가,
29 지금 그들이 이단이요 사탄이요, 제
인간의 욕심이요, 인간의 생각에 접목
시켜 이단이라 소리를 들어도 말 못
하는 그와 같은 형국이 되어 있는 것,
30 그와 같은 것을 저의 제자들로서 그
전철을 밟지 않으며 그와 같은 길을
가지 못하도록 단속하며 가르치라 하
시는 뜻인 줄 알고 있사옵나이다."
31 사랑하는 나의 아들아!
32 그리하지 아니하면 너희들 모두가 다
무너지느니라.
33 깨우쳐 너희들이 하나를 알면 열을 알
고 그리 알아야 할 것이거늘, 너희들
이 열 개를 알았다고 해서 스물이요,
서른을 모르고, 거기서 너희들이 오만
하고 방자한 자요, 교만한 자세로 하
면, 너희들 모두가 다 무너짐이니,
34 그는 내가 너희들에게 지혜를 준 것만
도 못함이니, 이를 네가 잘 다스리고
단속하도록 그리하라.
35 이는 네가 강론으로써 가르쳐 주며,
네가 개인적으로 앉혀 놓고 가르쳐 그
마음을 다스려 놓지 아니하면 아니 됨
이니,
36 오늘의 네가 가르치는 방법이요, 네가
이끌어 가는 방법에 이제 변화를 가져
야 될 것이니라.
37 스스로 깨우쳐 오기를, 스스로 알아서
오는 것이 값진 길이라 하여 네가 그
리 놔두나,
38 놔두는 것보다도 너는 깨우쳐 주고 전
하여 그들에게 지혜를 열어 주도록 하
여, 바로잡을 자는 바로잡아 주는 것
이 중요하고 귀함을 알라, 사랑하는
나의 아들아!
39 이제는 그들이 말하면 알아들을 것이
며, 이제는 네가 바로 깨우쳐 변화의
역사에 속도를 가하도록, 그리고 탄력

이 붙도록 그리하라.
40 그리해서 너희들이 빨리 변화되면 나
의 법전 160권이 세상에 나갔을 때 너
희들이 모두를 감당할 것이니라.
41 그 무서운 파장이요, 회오리가 불어오
며 그 환란이 닥쳐올 때, 그를 대비할
수 있는 네 제자들은 네가 이제 가르
치고 깨우쳐서 빨리 변할 수 있도록
그리 안내하라, 사랑하는 나의 아들아!
42 지금은 네 방법을 벗어나야 될 것이
며, 네가 아는 그 가르침의 방법에서
이제는 수정할 때가 되었으며, 다시
시작할 때가 되었음을 알라, 사랑하는
나의 아들아!

## 10,795 번째 하나님 말씀

*2004년 4월 27일 01시 30분*

1 사랑하는 나의 아들아!
2 "네, 아버님! 말씀하옵소서."
3 작은 그릇이 큰 그릇을 감싸려 하며
제 품에 큰 그릇을 안으려 하면, 그는
안을 수 있다 했느냐?
4 안을 수 없다 하였음이니라.
5 그리하여 그 모두는 화해가 아니 되
며, 너희들이 불화의 연속이라 내가
그리하지 아니하였더냐?
6 그러니 인간 세상에서 너희들이 살아
가는 것도 그러하니라.
7 열 발짝 앞을 보고 있는 자에게 한 발
짝밖에 못 보는 자가 말을 하면 어떠
하겠는가?
8 너희들이 높이 서서 멀리 보고 있는
자에게 제가 키가 낮으니 제 앞에만
보이는 것으로써 세상사의 이치를 따
지고 든다면, 과연 멀리 보는 자는 어
떠하겠는가?
9 내가 이제 나의 아들을 따르는 제자들
이요, 나의 법전을 읽고 깨우친 만백
성 너희들에게 하나의 선물을 내림이
니,
10 너희들이 지금 나의 아들이 나의 160
권의 성령이요, 새로운 나의 성경을
받아 기록하여 전함이니,
11 너희들의 그 미래의 앞에 갈 수 있는
것, 미래의 역사할 수 있는 것, 그 모
두를 다 들여다보고 있으며 그를 알고
가는 것이 나의 아들임을 너희들이 알
라.
12 그러니 너희들이 인간 세상의 잣대로
써, 인간의 생각으로써 그 마음을 저
울질하며 그를 가지고 시시비비하려
는 그와 같은 어리석은 행위를 하지
말라.
13 나의 아들이 대답하지 아니한다 하여
그것을 모르는 것이 아니요, 말하지
아니한다 해서 그것을 모르는 것이 아
니니라.
14 너희들이 인간적인 마음으로써 접근
하고자 하며, 인간적인 잣대로써 모두
를 계산하며, 인간적으로 생각하기에,
그것이 너희들의 오판이요,
15 세월이 지난 다음에 너희들이 잘못되
기 때문에 나의 아들이 그를 대답하지
아니하며 묵묵히 침묵을 지키고 있다
는 것을 너희들은 알아야 될 것이니라.
16 이제 나의 법전을 읽고 깨우친 만백성
너희들은 들어야 될 것이니라.
17 나의 아들이 하늘에 오르는 그 빛을
따라왔을 때, 너희들이 그를 따라올

수 있다는 것을 명심하고 명심하도록 그리하라.
18 그리하여 너희들이 그와 같은 자세를 알면 될 것이니라.
19 인간의 고집이요, 너희들의 생각을 앞세워서 한다면, 결국 너희들은 그 모두가 실패이니라.
20 나의 아들이 행하고자 하는 것, 나의 아들이 너희들에게 전하는 것은 나의 아들이 스스로 제 뜻에 의해서 하는 것이 아니요, 자신의 생각에서 하는 것이 아니요,
21 나 여호와의 뜻에 의하여 나의 명에 의해서 한다는 것을 너희들은 항상 기억하며 항상 생각하도록 하라.
22 그것을 너희들이 지우고 살면 실패함이요, 너희들이 앞으로 전진하지 못하며 변화되지 못함이니라.
23 그리하면 너희들이 오해에서 오해를 낳으며, 불화에서 불화를 낳게 되니, 그 미래의 뜻을 모르기 때문이니라.
24 오늘 앞에 보이는 그것으로써 너희들이 역사한다면, 오늘 앞에 있는 재물의 값어치로써 너희들이 그를 잃고 얻는 것이 너희들이 영원히 잃는 것이요, 영원히 얻는 것이라 생각하지 말라.
25 오늘에 너희들이 열 개를 버리면서 백 개요, 천 개를 얻는 것은 나의 아들은 그 때와 시기를 알고 있거늘,
26 오늘의 열 개를 잃는 것으로써 너희들이 모두를 다 잃는 것처럼 광분하고 그리해서는 아니 됨이니라.
27 그러니 나의 아들을 따르는 제자들이요, 법전을 만드는 너희들이 이를 깨닫지 못하며 이를 의식하지 아니하면 너희들 스스로 고통 속에 무너지게 됨이니, 이를 잘 너희들이 소화시키며 잘 알도록 그리하라.
28 그리하여 너희들이 마음을 다스리는 것이요, 너희들이 다시 살아가며 다시 거듭나야 되며 생각을 달리하는 것을 내가 너희들에게 직접 나의 새로운 성경에 기록하여 전함이니, 이게 너희들에게 내리는 크나큰 선물임을 알라.
29 인간 생각이요, 인간의 잣대로써 오늘의 너희들이 열 개를 잃는 것이 모두를 다 잃는 것같이 생각하는 것, 그리하여 너희들이 파장이 생기며 모두를 실수하게 됨이니, 나의 아들이 그를 말하지 아니할 것이니라.
30 그러나 너희들은 그를 알고 따라야 될 것이니라.
31 너희들이 열 개 있는 것을 다 놓으라면 놓으면 될 것이니라.
32 그것이 나가서 너희들이 백 개요, 천 개요, 만 개가 되는 것을 나의 아들은 아나,
33 너희들은 놓는 것이 잃는 것이요, 버리는 것이라는 그 인간의 생각에서 벗어나지 못하면 너희들이 하나가 될 수 없으며 하늘에 오르는 길을 볼 수 없느니라.
34 사랑하는 나의 아들아!
35 너희들이 이 이치를 깨닫도록 하며 이 의미를 깊이 새기라.
36 내가 너희들에게 내려 주는 상이니라.
37 나의 아들이 너희들에게 가르치지 아니하며 말하지 않는 것, 그 의미를 내가 너희들에게 전해 줌이니 그리 알라.

## 10,796 번째 하나님 말씀

*2004년 4월 27일 07시 04분*

1 사랑하는 나의 아들아!

2 **"네, 아버님! 말씀하옵소서."**

3 너희들이 믿는 자와 믿지 않는 자, 그리고 나의 새로운 성경을 믿고 믿지 않는 자, 그 차이가 무엇이라 생각하는가?

4 믿는 자는 내가 너를 통하여 가르쳐 주고 전함을 받아들이며, 그리고 그것을 행하여 제 것으로 만든 현명함이 있는 자요,

5 그렇지 못한 자는 내가 직접 너를 통하여 무엇을 깨우쳐 주고 전하고자 하나, 그를 받아들이지 못하며 제 것으로써 만들지 못함이니, 가장 답답하고 미련한 백성이니라.

6 앞을 보고 전하는 자와 앞을 보지 못하고 말하는 자, 그와 같은 차이점을 저희들이 모름이니,

7 내가 너의 제자들 중에 그의 형제나 부모를 위하여 무엇을 먹도록 하며 무엇을 행하라 너를 통하여 명하는 것,

8 그를 따르는 자는 그 병이요, 그 고통에서 벗어날 것이요, 그렇지 않은 자는 그를 벗어날 수 없을 것이니라.

9 그가 그 음식이 필요한 것이며 그가 그 음식을 먹지 아니하면 제 몸에서 이상이 생기는 것을 너는 그림으로 보고 있으며 그 형상을 보기에 네가 그들에게 그를 가르쳐 주고 전하나,

10 믿는 자는 그 말을 듣고 그리하면 너희들이 아무런 이상이 없을 것이거늘, 그를 듣지 아니하고 제가 병마에, 또는 질병에 쓰러지는 그와 같은 일이 있는 어리석은 백성이 무엇이더냐?

11 고집과 아집때문이니라.

12 그러니 그보다 어리석고 불쌍한 백성이 어디 있는가?

13 나의 아들을 따르는 제자들이요, 너희들이 나의 법전을 만들어 만백성을 구하는 그 대업을 역사함에 너희들의 그 아픈 마음의 상처를 내가 치유해 주기 위하여 내가 미리 예언을 하고 예방을 해 줌이니,

14 그걸 따르는 자는 제가 그만큼 축복이요, 은혜를 받는 자요, 그를 따르지 아니하는 자는 제가 바로 제 고통으로 들어감이니라.

15 그러니 저희들의 미래를 알며 앞을 내다보는 나의 아들 네가 그들에게 가르쳐 주는 것을 듣지 아니하고 따르지 아니하는 그 어리석은 백성보다 더 불행한 백성은 없음이니라.

16 그러니 네가 그와 같이 역사하는 것을 그들은 정확히 지키며 행하도록 해야 될 것이니라.

17 저희들에게 재물을 들이라는 것도 아니요, 그리고 저희들에게 재물을 바치라는 것도 아니요, 나의 법전을 저희들이 구매하여 그를 전하고 읽으리는 것도 아니요,

18 다만 너희들이 먹는 그 음식 중에서 너희들의 그 부분에 필요한 것을 그 음식을 조금 집중적으로 섭취하고 먹으면 되는 것을,

19 그와 같은 기적의 역사의 은혜를 내리는 것을 모르는 어리석은 백성, 받아들이지 못하는 어리석은 백성, 그것이

바로 무엇인 줄 알겠느냐?
20 나의 법전을 믿는 자와 믿지 않는 자
의 차이이니라.
21 그리고 내가 너희들에게 재물을 바치
라 한다면 그것은 잘못된 것이요,
22 그러나 재물을 바치라는 것이 아니라
너희들이 평소 먹는 그 음식에 조금
무엇인가를 더 첨부하여 먹으라 그리
전해 주고 깨우쳐 주는 그 은혜를 모
르는 자, 그와 같은 어리석은 백성은
이 세상에 더 없을 것이니 그리 알라.
23 그것이 너희들의 아집이요, 오기요,
그리고 고집이니라.
24 바로 그 고집 때문에 너희들이 모두가
지금 거듭나지 못하며 변화를 보지 못
하며, 너희들이 변해야 되는 것조차도
따르려 하지 아니하고 거부하는 그와
같은 삶을 삶이니,
25 그와 같은 길을 가든 말든 너는 내가
너에게 명하는 것을 그리 전해 주라.
26 그것이 네 제자를 사랑하는 것이요,
나의 법전을 읽고 깨우친 그들의 고
통을 덜어 주는 것이며 그 아픔을 덜
어 주는 것이니,
27 그가 행하고 안 하는 것은 저에게 달
렸으며, 그러나 너는 그를 모두 전해
주도록 그리하라, 사랑하는 나의 아들
아!

## 10,797 번째 하나님 말씀

*2004년 4월 27일 07시 14분*

1 사랑하는 나의 아들아!
2 "네, 아버님! 말씀하옵소서."
3 너희들이 해야 할 일과 너희들이 가야
하는 그 삶이 무엇이더냐?
4 지금 나의 아들을 따르는 그 제자들이
요, 그리고 법전을 읽고 깨우친 만백
성들은 너희들이 살아가는 길이 있으
며 너희들이 해야 할 길이 있음이니라.
5 그러니 그것을 모르는 오늘의 믿음의
길을 가는 백성들이 지금 정녕 그를
깨닫지 못하여 그를 알아들어 너희들
에게 가르치는 자가 없음이니,
6 오늘의 나의 뜻과는 관계없는 그와 같
은 믿음이요, 그 신앙 속에서 너희들
이 울부짖다 결국은 어찌 간다 내가
말하였느냐?
7 내가 두 번 다시 법전에 기록하고 싶
지 않은 말이 너희들이 바로 내 뜻을
따른다 하며 잘못하여 너희들이 그 대
가를 치르러 가는 그곳이니, 그 마음
이 얼마나 아프겠는가?
8 너의 제자들은 그리 가야 될 것이니라.
9 너희들이 새로운 영으로써, 그리고 너
희들이 새로 태어나는 것, 그리고 내
가 보기에 너희들이 천사와 같이 변하
는 것, 그리고 한 점의 부끄러움이 없
이 살아가고자 노력하는 것,
10 그리고 그것이 너희들의 위대한 삶이
요, 그를 위하여 아름답게 너희들이
변해 가는 것, 그러한 너희들이 존재
하는 것을 보는 나 여호와가 가장 큰
기쁨이요, 행복이요,
11 또한 너희들이 보여 주면서 변화되는
그 삶이 바로 나 여호와의 능력을 만
백성에게 보여 주는 것이며, 내가 존
재함을 만백성에게 보여 주는 것이니,
12 그와 같은 삶으로 살아가는 것이 너희
들이 믿음이요, 신앙의 길을 가는 길

이요, 나의 아들을 따르는 백성 너희
들이 가고 역사할 길이라는 것을 알라.
13 사랑하는 나의 아들아!
14 너를 따르는 제자들이요, 나의 법전을
읽고 깨우친 백성, 너희들이 아름답게
변화되는 그것이 바로 나 여호와의 능
력을 만백성에게 보여 주는 것이며,
내가 존재함을 보여 주는 것이며, 나
여호와가 기적을 이루는 것을 보여 주
는 것임이니라.
15 그러니 너희들이 그와 같은 모습으로
써 살아가도록 모두를 다해야 할 것이
며, 너희들이 그리하여 존재하는 것임
을 알라.
16 너희들이 나 여호와의 능력에 붙들려
나의 능력을 바라며 나의 기적을 바라
는 것, 그리고 내가 너희들에게 무엇
인가를 역사해 주기를 바라는 것,
17 그리하여 너희들이 성령으로 변하는
그와 같은 삶에는 관심들이 없으며,
18 너희들이 그저 답답하고 어려운 문제
를 해결하는 데만 나를 따르며 나를
부르며 너희들이 모든 촉각을 곤두세
워 살아가는 것이 오늘의 너희들의 신
앙이요, 믿음의 길을 가는 백성들이
아니더냐?
19 그러니 여기서 너희들이 나와 관계없
는 백성들과 나와 관계있는 그 백성을
알겠느냐?
20 저희들이 나 여호와의 능력 그 자체에
만 매달리며 기적이라는 것에 매달리
며, 그리하여 나 여호와가 저희들에게
그와 같은 것을 이루어 주기를 바라는
것이며 더 큰 역사가 있기를 바라는
것이 그들의 믿음이요,
21 그리하여 너희들이 성령으로써 변하
여 천사와 같은 백성으로 변화되는
것, 거기에는 너희들이 지금 답답하리
만큼 저 자신이 해야 할 일을 모르며
생각조차도 못 하고 있는 것이니라.
22 그와 같은 것에는 너희들이 아무런 관
심도 없으며 아무런 생각도 없이 그저
너희들이 어렵고 힘든 것을 해결하고,
더 높아지는 것, 재물을 모으는 것, 그
저 은혜라 하여 너희들이 무엇을 받는
것, 그것에만 모두의 촉각을 세우고
지금 너희들이 믿음의 길을 가니 그것
이 잘못된 것이니라.
23 그러니 나의 아들이요, 나로부터 선택
된 백성들이 나 여호와의 능력을 보여
주며 내 은혜를 보여 주며 내가 존재
함을 만백성에게 전하고 알려 주는 것
이 너희들이 해야 할 일이 아니던가,
사랑하는 나의 아들딸들아!
24 모두는 다 너희들을 통하여 역사한다
하지 않았느냐?
25 이제는 나의 아들을 따르는 제자들이
요, 너희들은 그리 가야 될 것을 잊지
말라.
26 너희들이 지금 하나하나 악습을 버리
고 가는 것, 그리고 너희들이 남들이
계명을 지킬 수 없다는 것을 지키고
살아가는 것, 남들이 할 수 없는 길을
가고 있는 그것, 그것이 바로 무엇이
더냐?
27 나 여호와의 능력을 보여 주는 것이
요, 나의 은혜를 보여 주는 것이요, 너
희들이 내가 존재해 세상을 치유하는
것을 보여 주며, 하늘이 있고 땅이 있
는 것을 너희들이 모두가 보여 주는

백성이니라.
28 그러니 너희들이 그와 같은 것을 위해
살아가는 백성으로서 세상에 존재하
거늘, 그와 같은 것은 너희들이 생각
지도 아니하며,
29 그저 지난 과거의 기적이요, 역사요,
그리고 너희들이 무슨 보이는 은혜요,
그리고 문제가 해결되는 것, 그리고
너희들이 인간으로 살 수 없는 문제,
30 그리고 너희들이 조금만 노력하면 될
수 있는 것을 그저 말로만 더 이루어
달라, 해 달라, 그리 애걸복걸하는 그
와 같은 믿음에 매달려 가니,
31 너희들이 얼마나 추하고 잘못된 믿음
인지 알겠느냐?
32 이제 나의 피조물 만백성 너희들은 알
라.
33 나의 아들을 따르는 제자 너희들이라
도 깨달아 이를 알고 가라.
34 너희들이 존재하는 것은 내가 역사하
는 쪽으로 모두가 너희들이 변해 주는
삶을 사는 것, 그것이 긍정적으로 너
희들이 내가 존재하는 그 모두요, 내
뜻을 만백성에게 전함이니라.
35 사랑으로 변하는 것, 사랑을 실천하는
아름다운 모습으로 살아가는 너희들
의 삶, 그게 바로 나 여호와를 너희들
이 인정하는 것이요, 나를 보여 주는
것이며,
36 내가 존재하는 것을 믿게 하는 위대한
역사를 이루는 것이 너희들이 가야 할
길이요, 너희들이 해야 할 일이지,
37 무엇을 달라, 이루어 달라 그와 같은
기도만을 하는 것으로써 너희들이 지
금 존재하며 너희들이 살아가는 가치
가 있는 것이 아니라는 것을,
38 이것을 구분하고 너희들이 보면, 지금
믿음의 길을 가는 백성들과 너희들과
의 그 차별화를 알 수 있으며,
39 정녕 나의 아들이 너희들에게 전하여
가르치는 그 뜻이 나의 뜻인지 아닌지
를 너희들이 분명히 알 수 있을 것이
니라.
40 이제 알겠느냐, 사랑하는 나의 아들딸
들아!
41 너희들이 오늘의 삶을 살아가는 것이
그리하여 귀하고 소중하다 했으니, 그
게 바로 나를 보여 줌이요, 나 여호와
가 존재함을 긍정적으로 모두가 이해
할 수 있도록 너희들이 역사하는 것이
니라.
42 아름답게 변하는 것, 아름답게 변하는
그 존재 자체가 너희들이 나를 사랑함
이요, 나를 믿게 하는 그와 같은 역사
의 너희들이 가는 길이요, 너희들의
삶에 행하는 길이니라.
43 그러나 그와 같이 너희들이 그 모습은
접어 두고 그저 무엇인가를 이루고자
지금 하고 있는 것, 그러니 얼마나 잘
못된 믿음이라 하는지 알겠느냐, 사랑
하는 나의 아들딸들아!

## 10,798 번째 하나님 말씀

*2004년 4월 27일 07시 27분*

1 사랑하는 나의 아들아!
2 "네, 아버님! 말씀하옵소서."
3 나 여호와가 너희들에게 바라는 그
궁극적인 목적이 무엇이더냐?
4 너희들의 영적인 변화요, 영적으로써

거듭나는 그와 같은 삶을 살아가기를
바라는 것이 나 여호와이니라.
5 너희들이 육의 세상의 그 모두를 위
해서만이 살아가는 것이 아니요,
6 너희들이 다음 세상에 영적으로 태어
나 나에게 오를 수 있는 그 변화를 위
하여 너희들이 오늘의 삶을 살라 하
는 것이 내가 너희들에게 바람이요,
내가 너희들에게 간곡히 소원하는 것
이 아니더냐, 사랑하는 나의 아들딸들
아!
7 그러나 지금의 모든 종교 집단의 지
도자들이 그와 같은 길을 가야 되는
것이거늘,
8 그와 같은 길은 버려 버리고, 너희들
이 육의 삶에 대한 모든 문제 해결이
요, 너희들이 남들 위에 있는 그와 같
은 저 자신을 만들기 위하여 모든 것
을 바치고 애걸복걸하며 울고불고하
는 그와 같은 믿음이요, 신앙의 길을
가고 있는 것이니,
9 과연 정녕 너희들이 바른 신앙이요,
바른 믿음의 길을 간다 말할 수 있느
냐?
10 그러니 나의 뜻과 너희들이 소원하는
것이 정녕 너희들은 생각도 다르며
가는 길이 다름이니,
11 이는 하나로써 이루어질 수 없으며,
미래에도 이루어질 수 없으며, 영원히
결코 너희들은 나 여호와와 같이 갈
수 없음이니라.
12 내가 나의 아들 예수를 통하여 무어라
말하였느냐?
13 너희들 안에 내가 거하며 너희들이 내
안에 와 있는 것, 이것이 너희들과 나
와의 관계요,
14 그와 같은 백성이 되었을 때, 너희들
이 모두를 얻고 이룰 수 있는 것이라
내가 그리하지 아니하였더냐?
15 그러니 지금 내가 나의 아들을 통하여
너희들에게 전함이니, 너희들이 영적
으로 거듭나는 그와 같은 아름다운 삶
을 살라 하는 것이 나 여호와거늘,
16 모든 종교 집단이요, 지도자요, 그리
고 구원을 받았다 울고불고하는 백성,
그들 자신이 육의 삶에 대한 문제 해
결이요, 거기서 어렵고 힘든 것을 해
결하고자 하며,
17 너희들이 저 자신을 위해서 편안한 삶
을 살아가기 위해 오늘의 모든 믿음이
요, 신앙의 길을 가니,
18 그 길은 처음서부터 다름을 너희들은
알아야 될 것이니라.
19 나 여호와가 바라는 길은 바라는 대로
그 길은 반듯이 가게 되어 있으며 그
는 흐트러짐이 없음이니라.
20 그러니 너희들이 그 길에 들어오는 것
이 아니요, 너희들이 그 모든 문제의
영광이요, 부귀영화를 위하여, 그리고
너희들이 편안하고자 나에게 무슨 기
적과 이적을 얻고자 하는 그와 같은
믿음이요, 신앙으로 가니,
21 이는 영원히 평행선으로서 결코 만날
수가 없으니,
22 내가 말하는 너희들이 내 안에 들어오
며 내가 너희들에게 거할 수 있는 그
와 같은 것이 이루어질 수 없는 것이
오늘의 너희들과 나와의 그 길의 관계
라는 것을 알라.
23 다만, 지금 너희들이 가는 길이 무엇

이더냐?
24 모든 믿음의 길을 가는 백성 너희들이
기적과 이적의 체험을 바라며, 그와
같은 것을 더 큰 역사를 바라며,
25 너희들이 그와 같은 것을 봄으로써 너
희들이 완벽한 믿음으로 가겠다 생각
하며 그와 같은 것을 보여 주기를 바
라느니라.
26 그러나 나의 아들을 따르는 제자들이
요, 나의 법전을 읽고 깨우친 백성 너
희들은 들으라.
27 너희들 주변에 기적과 이적 그 모두가
역사한다는 것을 알라.
28 사랑하는 나의 아들을 따르는 제자 너
희들이 악습을 하나하나 버리며, 고통
속에서 너희들이 하늘을 향하여 부끄
러움이 없이 살아가고자 하는 노력의
그 아픔, 그리고 정욕과 부귀영화와
명예요, 권력이요, 너희들이 남을 시
기하고 질투하는 그와 같은 마음, 그
것을 너희들 스스로 지워 버리며, 그
와 같음을 바라는 삶을 살지 아니하며,
29 이 모두를 그저 너희들이 낙엽처럼 버
릴 수 있는 그와 같은 마음으로 변화
되는 너희들의 그 마음이 바로 무엇인
줄 알겠느냐?
30 너희들에게 가장 큰 기적과 이적이요,
그 모두가 역사한다는 것을 너희들은
알아야 될 것이니라.
31 스스로 잘못됨을 모르며, 잘못 가고
있는 것을 모르고, 진심으로 회개가
무엇인 줄 모르며,
32 다만 어렵고 힘든 문제를 해결하고자
믿음의 길을 가는 그와 같은 백성들,
33 너희들은 구약 시대요, 신약 시대에
전해 들었던 그 모두를 가지고 너희들
이 그것을 바라며, 그와 같은 형국이
이루어지기를 바라며, 너희들에게 기
적의 역사가 이루어지기를 바라는 것
이며,
34 그리고 너희들이 이룰 수 없는 것, 그
리고 너희들이 소원하는 것을 들어주
고 이루는 것을 바라는 믿음이 아니
더냐?
35 그러니 나의 아들딸들은 이미 기적의
역사요, 이적의 역사 속에 들어와 있
는 자들이니라.
36 자신의 잘못된 것을 버리며 악습을 두
번 다시 하지 않으려 하며, 모든 물욕
과 부귀영화요, 명예요, 권력이요, 시
기 질투요, 오만과 교만이요, 이와 같
이 너희들이 해서는 아니 되며 가져서
는 아니 되는 것을 하나하나 버리고
살아가는 그와 같은 삶이요,
37 그를 버리는 삶으로 변화되는 것이 너
희들이 바로 위대한 기적의 역사 속에
서 살아가는 나의 아들딸이라는 것을
알라.
38 너희들의 가장 귀하고 소중한 것, 세
상을 다 던져 주고도 구할 수 없는 것
이 무엇이더냐?
39 바로 너희들이 나에게 오르는 길이라
하지 아니하였더냐?
40 그러니 너희들이 그 길을 오고 있기
때문이니라.
41 계속 변화되기를 거부하며, 계속 너희
들이 변화되는 것을 거부하며, 그리고
나의 뜻과는 관계없는 길을 가고자 하
는 그와 같은 집단이요, 그들이 무엇
인 줄 알겠느냐?

42 악의 축이요, 악의 뿌리임을 너희들은
알아야 될 것이니라.
43 너희들처럼 회개하기를 두려워하며,
무서워서 너희들이 지은 죄에 대한 것
의 그 대가를 지불하며, 너희들이 그
모두를 버릴 수 있는 것도 무섭고 두
려움이니,
44 너희들이 오늘의 모두를 버리고 살아
가고자 변화되는 그 마음이 위대한 기
적이거늘,
45 제 변화를 모르며, 그리고 거듭남을
모르며, 그리고 저희들이 어떠한 것이
든지 거부하는 그와 같은 마음이요,
그와 같은 마음을 가지고 살아가는 것,
46 계속 은혜만을 바라는 마음, 그리고
무슨 기적이요, 축복이 있기만을 바라
는 마음,
47 그와 같은 종교 집단이요, 그 집단들
이 바로 악의 씨요, 악의 본거지라는
것을 너희들은 알라 그리 전하라.

## 10,799 번째 하나님 말씀

*2004년 4월 27일 07시 36분*

1 사랑하는 나의 아들아!
2 "네, 아버님! 말씀하옵소서."
3 나 여호와의 아픈 마음이요, 내 답답
한 가슴을 아는가?
4 오로지 그 모든 답을 보는 것은 너희
들밖에 없음이니라.
5 수천 년 동안에 나의 사랑하는 그 많
은 백성들이 살아가면서 몰랐듯이, 지
금의 살아가는 그 백성들도 그 모두를
모르고 그리 살아가느니라.
6 지금 너희들이 가장 중요한 것은 무엇
이더냐?
7 지금 너희들이 살면서 무엇을 해야 하
며, 너희들이 어떠한 신앙과 믿음의
길이요, 그리고 너희들 자신이 어떠한
것을 역사해야 하는지, 너희 자신을
모르고 아무것도 모르고 가는 그와 같
은 오늘의 삶을 살고 있는 것이니라.
8 지금의 너희들이 사는 것이 어떤 때이
며, 어느 시대이며, 그리고 그 시대에
따라서 너희들이 무엇을 이루어야 되
며 해야 되는지, 그것을 수천 년 동안
에 그 많은 백성들이 살아오면서 그때
그때 그를 깨닫지 못하며 그를 알지
못하고 살아간 것이니라.
9 그러니 너희들이 내 뜻과 관계없이 살
아간다 함이니라.
10 모든 종교 집단이요, 지도자 너희들이
지금의 살아간 이때에 너희들이 무엇
을 하며 어떠한 믿음이요, 신앙의 길
을 가야 하는가를 나로부터 명을 받아
만백성에게 가르쳐야 될 것이거늘, 지
도자가 그걸 모르고 있음이니라.
11 그러니 진정한 나 여호와가 역사하고
자 하는 것조차도 분별하지 못하는 너
희들이 되지 않았더냐?
12 지도자가 그를 분별하지 못함이니, 그
신도인들 나의 뜻과 내가 역사하고자
하는 것을 어떻게 분별하며 그를 알겠
느냐?
13 전혀 너희들은 상상할 수 없느니라.
14 그러니 너희들이 진행하고 있는 그 악
습의 틀에서 그저 벗어나지 못하며 벗
어나려 하지 아니함이니라.
15 그러니 너희들은 지금 세월이 가면 갈
수록 너희 고집이요, 악습 때문에 너

희들 자신이 변질되고 변질되어, 너희
들이 거듭나는 모습으로 갈 수 없으
며, 너희들 자신도 깊은 늪으로 계속
빠져들어 가는 것이 오늘의 삶이며,
16 너희들 후손도 대대손손이 너희들의
그 악습의 늪으로 더 빠져들어 가 헤
어나지 못하는 그와 같은 것이 너희들
의 오늘의 종교 집단이요, 지도자가
가고 있는 길이라는 것을, 너희들이
그 무서움과 두려움을 알아야 될 것이
니라.
17 지금의 시대에 너희들이 무엇을 할 것
이며, 무엇을 해야 되며, 어떠한 믿음
이요, 어떠한 신앙의 길을 가야 되는
가,
18 그리고 너희들이 무엇을 위하여 역사
해야 되는가,
19 나 여호와가 바라는 것이 무엇이며,
내가 이루고자 하는 것이 무엇인가를
너희들이 들여다보며, 거기에 따라서
변화되는 삶을 살지 아니하고,
20 너희들이 고정관념이요, 그 악습에서
그를 지키려 몸부림친다면,
21 너희들 자신이 깊은 늪에 빠져 헤어나
지 못하며, 너희 자손들까지도 영원히
그 늪에서 빠져나오지 못하는 그 길로
인도해 놓고 너희들이 나에게 와 심판
을 받는 어리석은 그와 같은 삶을 살
려 하지 말라.
22 내가 너희들에게 물으니, 인간 세상에
너희들이 그리 먹고살 수 있는 재물이
있으면 될 것이지,
23 뭐하러 그리 악착스럽게 죄를 행하며
남의 가슴을 울리면서 그리 모으고 살
아가는 것이며, 너희들의 이름 석 자
그 명의로 재물을 만들려 하느냐 물으
면,
24 너희들은 네 후손이요, 그 후손까지도
그저 편안하고 영원히 너희처럼 부귀
영화요, 육의 즐거움을 누리며 살아가
도록 하고자 하는 그 욕심이요,
25 그것 때문에 너희들이 지금도 쉬어야
될 나이에도 발버둥치고 너희들이 무
엇인가 긁어모으고자 하는 그와 같은
행위를 한다 말할 것이니라.
26 그러니 너희들은 그와 같은 너희들 자
손이요, 후손이라는 것은 그리 지키려
하면서,
27 어찌하여 너희들의 후손들이 다시 나
오지 못하는 지옥의 늪에 빠져들어 가
는 것은 바로잡으려 하지 아니하며 그
는 고치려 하지 아니하며,
28 그들이 악습을 버리고 거듭나는 그와
같은 큰 유산이요, 그 영광은 너희들
이 물려줄 줄 모르며 물려주려 하지
않는 것이 오늘의 어리석은 백성 너
희들의 삶이니 그리 전하라.

## 10,800 번째 하나님 말씀

*2004년 4월 27일 07시 42분*

1 사랑하는 나의 아들아!
2 "네, 아버님! 말씀하옵소서."
3 천둥번개가 치며 비바람이 몰아침이
니, 너희들의 육의 눈으로써는 그걸
볼 수 있으며, 너희들이 육의 그 귀를
가지고 들을 수 있음이니라.
4 그러나 너희들의 영혼이요, 너희들이
거듭나는 그 영적인 세상에서는 너희
들이 지금 비바람이 치며 천둥번개가

치는 걸 듣지도 못하고 보지도 못하
는, 그와 같은 마음을 닫고 사는 자라
면 과연 어찌하겠느냐?
5 이제 사랑하는 나의 아들을 따르는 제
자들이요, 그리고 나의 법전을 읽고
깨우친 백성들이요, 그리고 믿음의 길
을 간다 하는 백성, 너희들이 나의 법
전이 세상에 나감이니, 너희들은 이를
보고 깨우치는 현명함을 얻지 아니하
면 아니 될 것이니라.
6 너희들이 얼마나 어리석고 미련한 백
성인 줄 알겠느냐?
7 지금 변화되는 그 몰아붙이는 물결 속
에서 그 무섭게 밀어붙이는 물결 소리
를 듣지 못하는 귀머거리가 되어 있으
며,
8 새롭게 밀려오는 새로운 시대에 새로
운 그 역사함을, 그리고 내가 내려보
내는 그 모두를 보지 못함이니, 눈먼
소경이 되어 버린 것이 너희들의 오늘
의 삶이니라.
9 그리하여 과거의 역사에서, 너희들이
제 믿음이요, 제 신앙생활이요, 그리
고 그 신에서 벗어나지 못하며, 그를
지금 지키고 유지하는 데 모두를 다
바치려 하는 것이 아니더냐?
10 그러니 너희들은 들어야 될 것이니라.
11 아무리 너희들이 지난날의 과거 역사
의 그 악습 속에서 벗어나지 아니하
고, 너희들만의 바라는 것이요, 소원
하는 기도요, 그리고 너희들이 은혜
요, 영광을 받았다는 것, 그리고 구원
을 받았다는 그 모두에서 너희들이 얽
매여 벗어나지 못하나,
12 너희들은 지금 밀려오는 그 물결 속에
그 모두를 벗어던지지 아니하면 아니
됨이니라.
13 너희들이 아무리 강한 믿음이요, 위대
한 믿음의 역사 속에서 지금 왔다 해
도,
14 무섭게 밀려드는 이 물결의 힘에, 그
리고 새로운 법전이 밀고 나가 모두를
태워 버리는 그 무서운 빛 아래 너희
들이 과연 견디고 버틸 수 있다 생각
하느냐?
15 너희들은 결국 버티지 못하고 지탱하
지 못하며, 무너지고 휩쓸려 흔적이
없어지게 될 것이니라.
16 그러니 너희들이 앞으로는 가면 갈수
록 자멸의 길밖에 갈 수 없으며, 너희
들이 자멸될 수밖에 없다는 것을 알라.
17 모든 종교 종파 너희들의 운명이 그러
하니라.
18 지금 새 시대에 새로운 물결로써 무섭
게 밀어붙이는 나의 새로운 법전이요,
새로운 성경의 가르침이요, 나의 아들
을 통하여 내리는 모든 강론이요,
19 그리고 160권이 세상에 나와 그 불칼
이 버리고 지울 것을 다 치고 나갈 때,
20 과연 너희들이 거기서도 지금의 고집
이요, 악습을 버티고 견딜 수 있다 생
각하는가?
21 결코 너희들은 견딜 수 없음이니라.
22 밀어닥치는 그 힘에 너희들은 무너지
고 휩쓸려지며, 어떠한 것도 찾아볼
수 없는 그와 같은 세상이 될 것이며,
그와 같은 모습이 너희들이니라.
23 그러니 스스로 더 이상 자멸의 길을
가기 전에 너희들이 나의 법전을 읽고
깨우쳐 하늘에 오르는 길을 보며, 내

가 역사하는 것을 보며,
24 새로운 물결의 소리에 너희들이 귀를
기울여 들을 수 있으며, 밀려오는 내
가 새로 내리는 나의 법전이요, 그 모
든 빛을 볼 수 있는 눈을 뜨는 백성으
로서 거듭나지 아니하면 아니 된다는
것을 그들에게 전하며,
25 그 무서운 사실 앞에 너희들이 지탱하
지 못할 날이 머지않았음을 전해 주라.
26 내가 구약과 신약에 미리 예언하며 미
리 너희들에게 약속하며 모두를 알려
주는 것을 너희들은 잘 알고 있을 것
이니라.
27 그러니 나의 법전이요, 새로운 성경이
무엇이더냐?
28 내가 미래에 이룰 그 역사요, 언약이
요, 내가 모두를 이룰 것을 너희들에
게 미리 알려 주고 깨우쳐 주는 것이
거늘,
29 너희들이 이를 받아들이지 아니하면,
결국 이대로 너희들이 가야 하며 이대
로 치러야 된다는 그 무섭고 어려운
사실을 알라 그리 전하라.
30 결코 벗어날 수 없으며 헤어날 수 없
으며, 그 모두는 그대로 이루어질 것
이니라.
31 나의 새로운 성경이 그대로 이루어지
지 아니한다면, 이는 나 여호와의 뜻
이 아니요, 창조주의 것이 아니라 할
것이니,
32 이 모두는 나의 미래의 언약이요, 너
희들과의 약속을 내리는 것이니 그리
알라 전하라.

## 10,801 번째 하나님 말씀

*2004년 4월 27일 11시 22분*

1 "너는 나 외에는 다른 신들을 네게 있
게 말지니라.
2 너를 위하여 새긴 우상을 만들지 말
고, 또 위로 하늘에 있는 것이나 아래
로 땅에 있는 것이나 땅 아래 물속에
있는 것의 아무 형상이든지 만들지 말
며, 그것들에게 절하지 말며 그것들을
섬기지 말라.
3 너는 너의 하나님 여호와의 이름을 망
령되이 일컫지 말라.
4 안식일을 기억하여 거룩히 지키라.
5 네 부모를 공경하라.
6 살인하지 말지니라.
7 간음하지 말지니라.
8 도적질하지 말지니라.
9 네 이웃에 대하여 거짓 증거하지 말지
니라.
10 네 이웃의 집을 탐내지 말지니라.
11 나 여호와가 존재함을 믿는 그 자체가
구원의 길에 들어서는 기본이요 근본
이며, 나의 법전을 가슴에 안고 정독
하는 자, 반석 위에 서서 하늘에 오르
는 찬란한 빛을 보게 되는 영광을 얻
게 됨이니라."
12 사랑하는 나의 아들아!
13 "네, 아버님! 말씀하옵소서."
14 인간 세상에 너희들이 살아가면서 어
려서부터 소정의 교육을 받으며 스승
으로부터 가르침을 받느니라.
15 그리고 세상에 나와 너희들이 인간관
계를 이루며 살아가면서 상대방의 슬
프고 아픈 고통을 서로 체험하며 제

것으로 만들어 또한 깨우침을 얻으며,

16 서로 교류하고 만나며 더불어 사는 그 세상 속에서 깨달음을 얻고 그 모두를 얻는 그와 같은 것이 인간 세상에 너희들의 삶이 아니더냐?

17 그러니 너희들이 담을 치고 이웃과 상대하지 아니하고 거래하지 아니하면, 과연 이웃이 어떠한 형편이요, 어떠한 것인가를 알 수 있겠느냐?

18 그리고 너희들이 그와 같이 살아가는 자, 세상의 이치요, 또 그 모두를 모르고, 어리석고 불쌍한 백성의 삶이 아니더냐?

19 내가 오늘 나의 아들을 통하여 나의 새로운 성경에 기록하여 너희들에게 전함이니,

20 이 대자연의 아름다움이요, 지상의 오묘한 삶이요, 그 모두가 역사하는 것이 얼마나 아름답고 귀하고 소중한 것들이 이루어지느냐?

21 너희들이 그를 들여다보면 상상할 수 없는 그와 같은 오묘함이 있을 것이니라.

22 너희들이 먹어서 병을 치료하며 너희들의 건강에 좋은 모든 동식물이요, 그 과일이 있는가 하면,

23 너희들이 입을 대서는 안 되며, 또 입을 댐으로 하여 너희들의 생명까지 앗아 가는 독소를 가지고 있는 모든 미물이요, 식물이 또 그와 같이 존재하지 않더냐?

24 그 모두가 다 어울려 하나의 끈으로써 역사함이니, 너희들은 그를 가지고 옳다 그르다 시시비비하지 말라, 사랑하는 나의 아들딸들아!

25 너희들이 독소를 가진 미물이라 하여 그를 미워하고 욕하는 그와 같은 마음을 갖지 말라.

26 그 모두는 창조주 나 여호와가 이 세상을 관리하며 통제하며 역사하는 것에 그 모두가 다 그 자리를 지켜야 되며 그와 같이 존재해야 하기 때문이니,

27 하늘에서 보는 나 여호와는 모두가 다 하나며, 그는 미워하고 싫어하고 귀한 것이 없음이니라.

28 그러니 너희들이 하늘에 오르는 나 여호와의 백성이요, 나의 아들딸이라 말한다면, 너희들이 세상의 모든 만물이요, 우주 관계에 바라보는 그 눈과 마음을 떠야 하며 그 지혜를 얻어야 할 것이니라.

29 너희들이 악과 선을 시시비비하며, 옳고 그른 것을 시시비비한다면, 너희들이 백사장의 모래알을 잡고 그 모래알이 검고 흰 것을 시시비비하는 백성과 같음이니,

30 그 많은 모래알 숫자의 그들이 가지고 있는 그것을 너희들이 어찌 안단 말이더냐?

31 그러니 나의 백성이요, 하늘의 지혜를 얻는 백성 너희들은 모두가 다 나 여호와의 뜻이요, 내가 주관하기에 필요하다는 것, 그리고 나는 하나로 본다는 것을 잊지 말라, 사랑하는 나의 아들딸들아!

32 모든 그 독소를 가진 식물이요, 미물이요, 그 모두까지 다 누가 그들에게 생명을 주었으며, 그들이 이 세상에 존재하게 했더냐?

33 다만, 그들의 작고 큰 것으로써 그를

평가하지 말며, 작고 큰 것으로써 귀
하고 소중하다 생각하지 말라.
34 각자 자기만의 아름다운 모습으로 세
상에 나갔으니, 너희들만이 가장 위대
한 것이라 하지 말라.
35 말없이 묵묵히 자라는 그 모든 식물들
이요, 그 꽃 한 송이도 그 가치가 있으
며 그 생명을 내가 주었으니,
36 너희들의 생명이나 동식물에 준 생명
이나, 그 꽃이 떨어질 때까지 그 생명
을 유지하며, 떨어져서 그가 흙이 되
어 또 역사하는 그 모두는 다 나 여호
와가 역사하는 것이요, 내가 이룸이니,
37 거기에 소중한 것이 없으며 귀하지 아
니한 것이 이 세상에 하나도 없음이
니, 너희들은 그와 같은 것으로 세상
을 보도록 하라.
38 너희들이 악과 선이 있다 그와 같은
말을 하며, 너희들이 천사와 사탄이
있다 하나,
39 나 여호와 창조주가 보는 세상에는 그
모두가 존재하지 아니하며, 그 모두가
나로부터 양식을 공급받아 유지함이
니, 그 모두가 하나라는 것을 너희들
은 알아야 될 것이니라.
40 그들이 필요하기에 존재한다는 것을
너희들은 잊지 말라, 사랑하는 나의
아들딸들아!
41 그런데 지금의 어떠한 백성들이 내가
세상의 아름다운 이치요, 이 오묘함을
내려 준 것을, 내가 내려 준 그 은혜를
많이 깨닫고 많이 느끼며 나에게 감사
하며 사는 백성들이더냐?
42 나의 뜻에 의해 사는 백성들이요, 하
늘의 이치를 깨우쳐 산다는 종교 집단
이요, 지도자 그들이 가장 미욱한 자
들이요, 가장 나의 뜻을 거역하며 내
가 내려 준 그 은혜를 받지 못하는 자
들이라 하지 않더냐?
43 종교 집단이요, 지도자들이 재물을 거
둬들이며 갈취하기 위해 만든 그 틀
속에서 벗어나지 못함이니,
44 자연의 흐름이요, 그 위대함을 알 수
없느니라.
45 인간과 인간 너희들이 서로 접하고 살
때, 그 슬픔과 고통을 알며, 돕고 돕는
것을 알며, 너희들이 배울 것을 얻으
며 또한 얻을 것을 얻고 잃을 것을 잃
는 그와 같은 너희들의 삶 속에서 성
장하는 것이라 하였거늘,
46 그들이 그 모두를 무시하며 그를 단절
시킨 것이 바로 오늘의 종교 집단이
요, 지도자의 이끌어 가는 그 모습이
니, 그들이 얼마나 잘못된 것인 줄 알
겠느냐?
47 그러니 그와 같은 믿음이요, 그와 같
은 신앙이 잘못되었다 함이니라.
48 그리하여 그들이 자유로움이요, 자유
의사로써 모두를 행할 수 있도록 그들
이 봐야 될 것이니라.
49 너희들이 믿음이요, 나에게 오르는 백
성들이 모두가 우물 안에 갇혀 있으
며 너희들이 장벽을 쳤으니,
50 이 세상의 넓고 넓은 그 자연의 위대
함을 얻지 못하느니라.
51 이웃과 더불어 한두 가지 깨달음을
얻어 변하는 삶을 살 수 있는 것이 인
간이거늘,
52 이 자연의 수억 가지 속에서 너희들
의 스승이요, 너희들이 보고 배울 수

있는 그와 같은 역사함이 거기 있거늘,
53 어찌하여 너희들이 그와 같은 것을 보지 못하며, 거기서 깨닫지 못하며, 거기서 감사함을 모르며, 그 변화되는 삶을 살지 못하도록 그리 말하는가?
54 인간의 상식이요, 지혜로써는 너희들이 그리 말하느니라.
55 '세 사람이 걸어감이니, 그가 다 너희들의 스승이라' 하였느니라.
56 옳고 그른 것을 다 배울 수 있기 때문이라 했으니,
57 그러나 하늘의 뜻을 알며 나의 새로운 성경을 읽고 깨우쳐 내 뜻에 의해 살아가는 백성 너희들은 이 세상의 모두가 다 동반자이니라.
58 그러니 동반자는 그들이 다 너희들의 스승임을 잊지 말라 그리 전하라.
59 모두가 동반자요, 동식물이요, 미물까지 너희들의 스승이요, 너희들에게 깨우침을 줄 수 있는 자들이니,
60 거기서 너희들이 얻는 것이 성서에, 그리고 너희들이 말하는 인간이 만든 그 쇠사슬의 원천인 주일이요, 믿음의 시간이요, 강론을 듣지 아니하면 큰 죄를 짓는 것처럼, 그리고 나로부터 체벌을 받는 것처럼 그리 이끌어가는 그 모두가 이 세상의 모두를 보지 못하도록 함이니,
61 바로 세상의 이치를 알지 못하고 깨우치는 것은 무엇이더냐?
62 목석으로 만들며 돌로 만드는 것이니, 너희들이 목석 같은 나의 백성을 만드니, 거기에 사랑이 어디 있으며, 깨달음이 어디 있으며, 거기에 베풂과 나눔이 과연 어디 있느냐?
63 이것이 오늘의 종교 집단이요, 지도자들이 모르고 가르치는 자요, 알지 못하는 자들이 이끌어 왔기에 오늘의 너희들이 말하는 말세요, 종말의 시대가 초래하였음이니라.
64 이제 나의 피조물 만백성 너희들은 이 자연의 아름다움 속에서 배우고 깨달아 스승으로 삼으며 너희들이 거기서 얻고 깨우쳐야 할 것이니라.
65 오늘의 종교 집단이요, 지도자들이 다람쥐 쳇바퀴 돌듯이 한 구절을 가지고 올해 하고 내년에 하고 10년 후에 또 팔아먹는 그와 같은 무지한 자들 속에서 너희들이 얻는 것이 하나도 없으니,
66 감히 그것과 견주어 볼 수 없는 그와 같은 자연의 위대함 속에서 너희들이 깨우침을 얻을 때, 나에게 정녕 감사함을 알며 나의 신비함을 알며 위대함을 알 것이니라.
67 그러니 전지전능한 아버지라 하여 너희들이 글자, 그리고 성서 몇 구절을 내려보낸 그 기초적인 그걸 가지고 전지전능한 아버지라 하며 나를 울고불고 찾는 그 어리석음에서 벗어나라.
68 자연의 위대함이요, 자연의 위대한 선생 속에 너희들이 감사하며, 그 오묘함과 그 신비함을 알 때,
69 너희들이 스스로 두 무릎 꿇고 나를 향하여 '아버지의 전지전능하심을 알며 아버지가 내리신 은혜를 안다.' 할 때, 너희들이 죄 속에서 벗어나며, 지혜를 얻는 그와 같은 백성으로 됨이니,
70 스스로 깨우쳐 제 것으로 만드는 것이 제 것이라는 나의 백성들이 가는 길을 모두가 짓밟아 버렸으며, 모두를 덮어

둔 것이 오늘의 종교 집단의 지도자들
이니라.
71 그러니 내가 그들을 탓하기 전에, 나
의 아들을 따르는 지도자 너희들은 이
와 같은 것을 깨우쳐,
72 나의 피조물 만백성이 자유의사요, 자
유의 모두를 느낄 수 있는, 자연의 아
름다움을 느낄 수 있는 그와 같은 길
을 인도할 것이며,
73 그것이 내가 바라는 가르침이요, 하늘
에 오르는 길이요, 복음을 전하는 길
이요, 참진리를 깨우치는 진리가 거기
있다 그리 깨우쳐 주도록 그리하라.

## 10,802 번째 하나님 말씀

*2004년 4월 27일 11시 30분*

1 사랑하는 나의 아들아!
2 "네, 아버님! 말씀하옵소서."
3 이제 만백성 너희들이 스스로 옳고 그
름을 깨달아야 될 것이며, 옳고 그름
의 길을 선택해야 될 것이니라.
4 지금 내가 그 예를 들어 너희들에게
명함이니, 이를 만백성에게 전해 그들
이 깨우치며 눈을 뜨며 하늘의 지혜를
얻도록 그리하라.
5 지금의 종교 집단들이 가르치고 설교
하며 가는 그 믿음의 길, 수천 년 동안
흘러왔던 너희들의 오늘의 그 설교요,
그 가르침의 강론과,
6 지금의 나의 아들이 나의 뜻이라 하여
내 메시지를 전하는 것의 그 차이점
이 무엇이더냐?
7 너희들은 여기서 깨우치고 깨달음을
얻어야 될 것이니라.
8 우선 나의 아들은 너희들에게 그리
가르치느니라, '너 자신을 버리며, 너
를 지워 버리라.'
9 그리고 성령으로 임하는 백성이 되어
나 여호와의 성령이 너희들에게 임했
을 때, 너희들이 이 세상에서 구원을
받는 백성들이라 그리 말하느니라.
10 하늘에 오르는 길에 하나 남은 구원
의 자리도 너희들이 그 모두를 양보
하는 것이요,
11 나 여호와의 뜻을 따르며 나를 경배하
는 백성은 너희들의 구원이요, 너희들
에게 어떠한 유리한 것도, 더 나은 것
을 제 앞에 놓고자 하는 것은 너희들
이 잘못된 백성들이요, 그와 같은 백
성은 나의 아들딸이라 아니 함이니라.
12 그리고 악습을 하나하나 버려 거듭나
지 아니하는 자는 나의 성전에 오지
말며, 나의 강론을 듣지 말며, 너희들
이 그와 같이 가라 하지 않더냐?
13 그러니 얼마나 어렵고 힘든 그 협착
한 길을 가라 말하는가?
14 그 고통의 길이요, 그 시련의 길을 가
는 것이 하늘에 오르는 길이요, 나 여
호와를 경배하는 백성들이 일반백성
들과 차별화되는 삶이라 그리 가르치
지 않더냐?
15 이것이 나의 법전에 기록된 것이요,
나의 아들이 강론을 하는 것이며, 너
희들에게 외치는 그 골자의 내용이니
라.
16 그러나 지금의 믿음의 길을 가는 백성
들, 그 방대한 조직이요, 그 많은 재물
이요, 그 많은 조직을 운영하는 종교
집단의 종교 지도자들이 과연 설교하

고 가르치는 것은 무엇이더냐?
17 그들은 나의 피조물 만백성에게 이것
을 가르치기 위해 저희들이 지금 단
상 앞에서 설교를 하느니라.
18 너희들이 예수를 구세주라 믿으며, 예
수를 믿음으로 인하여, 또 너희들의
손으로 지은 죄의 온상인 그 교회를
너희들이 오기 시작함으로부터 나 여
호와로부터 축복과 은혜를 받아,
19 너희들이 물질을 얻었으며, 사업이 번
창해졌으며, 건강이 좋아졌으며, 병든
자가 나아졌으며, 방황하는 너희 자식
이 바로 섰으며, 그리고 너희 자식이
좋은 대학교에 합격했으며, 좋은 곳에
직장을 잡았으며, 너희 남편 사업이
번창하였다 하여,
20 그것을 간증이라 하여 사람을 내세워
단상에서 부르짖도록 하며, 그를 주입
시키며, 그를 깨우치도록 하는 것이
너희들의 오늘의 믿음이요, 너희들의
주된 설교가 아니더냐?
21 교회를 나옴으로써 은혜를 받았으며,
교회에 모두를 다 바치는 그와 같은
믿음이요, 그와 같은 곳에서 축복을
받았으며, 물질의 축복을 받았으며,
명예의 축복을 받았다 하여,
22 그것을 증거하여 그와 같은 것을 깨닫
고 체험했다는 자들을 단상에 내세워
간증이라 하여, 그들로부터 울부짖게
하여 가르치는 그와 같은 것이 오늘
의 종교 집단이요, 지도자 너희들이
가는 그 길의 전부가 아니더냐?
23 더욱이 무섭고 두려운 것이며 하늘을
모르고 너희들이 하는 행위가 무엇이
더냐?
24 너희들은 십일조라는 것을 철저히 내
고, 그리고 각종 헌금을 남들보다 더
많이 냄으로 인하여,
25 너희들의 재산을 팔아서, 너희들의 그
전셋돈이요, 사글세요, 남 밑에 너희
들이 어려운 삶을 사는 그 모두를 바
쳐 교회를 지으며 성전을 짓는 곳에
전부를 바쳤을 때,
26 너희들은 평생 노력한 그 금화요, 마
지막 받아 놓은 퇴직금이라는 것, 그
전부를 갖다 바쳤을 때,
27 너희들의 남편이요, 가족이 불의의
사고를 당하여 받는 그와 같은 보험
금이요, 위자료라 하는 것, 그 모두를
교회에 갖다 몽땅 바쳤을 때,
28 너희들의 그 창고에다 몇십 배의 보
물로써 쌓아 주는 것이며, 위대한 은
혜와 영광을 받았다 하여 그와 같은
것을 간증을 시키며 그것을 울부짖도
록 하여,
29 너희들이 그리 가라 하며 단상에 세
워서 재물을 갈취하는 그와 같은 행
위를 하는 것이 수천 년 동안 믿어 온
오늘의 종교 집단의 지도자들이 이끌
어 가는 방법이니라.
30 과연 이것이 아니거든 나의 법전을 태
워 버리고 찢어 버려도 내가 너희들을
벌하지 아니할 것이니라.
31 그러나 창조주 나 여호와가 나의 새로
운 성경이요, 나의 법전에 기록한 그
내용이 사실이거늘, 그를 감히 너희들
이 그리 변화하지 아니하며 다스리지
아니하며, 그래도 그것이 옳다 울부짖
고 고집하는 백성,
32 그리고 나의 법전이 이게 사탄이요,

마지막 시대에 내려오는 거짓 선지자
가 너희들을 훼방하는 자요, 미혹게
하는 자라 하여 태워 버리고 찢어 버
리는 자,
33 너희들은 스스로 그것이 무엇인가를
머지않아 그 대가를 치를 때, 너희들
이 얼마나 통곡의 길을 가야 되는 것
인가를 알게 될 것이니라.
34 이제 내가 너희들에게 묻느니라.
35 모든 종교 집단이요, 지도자들의 그
가르침을 들여다보며, 나의 아들의 강
론을 들여다보며 나의 법전에 기록된
내용들을 너희들이 읽고 정독하여 보
라.
36 과연 어떠한 것으로써 역사하고 있는
가?
37 너희들은 말하느니라.
38 믿지 않는 자 이방인이요, 돼지머리
놓고 고사 지내는 자, 서낭당이라는
곳에 가 돌부리 앞에 절하는 자, 모든
동식물을 놓고 소원을 비는 자, 그것
은 사탄이요, 이단이라 너희들이 그리
말하느니라.
39 그러나 지금 너희들이 나의 아들 예수
의 이름을 팔며 그 보혈을 팔며 나를
팔며 지금 무엇을 하느냐?
40 너희들의 소원을 빌며 무엇인가를 이
루고자 하여 더욱이 간증까지 시키면
서 너희들이 그리 살라, 그리 원하라
하는 것이 바로 무엇이더냐?
41 너희들이 내세운 것, 그리고 보이는
것, 그리고 앞에 놓은 것, 그것만 다른
것이니라.
42 그러나 모두가 다 너희들이 바로 기복
신앙에 젖어 있는 자들이니, 나와 관
계없으며, 기복 신앙의 대표자가 바로
너희들이니라.
43 다만, 너희들이 무엇을 놓고 소원을
비느냐 그것이 다를 뿐이요,
44 오로지 너희들이 내 이름을 팔며 나의
아들 예수의 보혈을 팔면서 너희들이
기복 신앙의 대표자로 전락된 것이지,
45 너희들이 돼지머리 놓고 소원을 비는
자들과 하나도 다름이 없음이니,
46 너희들이 바로 이방인이요, 너희들이
나를 능멸하는 자들이라는 것을 알라.
47 사랑하는 나의 아들아!
48 이를 전해야 될 것이며, 너를 따르는
제자들이요, 나의 법전을 읽고 깨우친
만백성, 너희들이 잠시도 쉬지 아니하
고 나의 법전을 전해야 되는 대명이
거기에 있음이니라.
49 그들이 간증이라는 것으로써 나의 피
조물 만백성들 모두를 얽매이고 있으
니, 그 간증이 얼마나 가증스러운 것
이며 간교한 것인가를 깨우쳐, 너희들
이 바로 보는 그와 같은 길을 가지 아
니하면 아니 되기 때문이니,
50 만백성을 구하는 것은 인간인 너희를
통해서 역사할 수 있으며, 나 여호와
의 뜻을 하늘에서 전하는 그 모두도
너희들이 깨달음이요, 너희들의 마음
속에서 우러나서 너희들이 스스로 모
두를 역사하듯이,
51 인간인 너희들을 통하지 아니하고는
역사할 수 없기 때문이니, 이것이 하
늘의 법도이니라, 사랑하는 나의 아들
딸들아!

## 10,803 번째 하나님 말씀

*2004년 4월 27일 11시 35분*

1 사랑하는 나의 아들아!
2 "네, 아버님! 말씀하옵소서."
3 정녕 너희가 거듭나고자 한다면 협착
하고 좁고 어려운 길을 가야 될 것이
며,
4 너희들은 남들이 다 버리며 남들이 따
르지 않는 그 길을 가야 될 것이며,
5 남들이 행하기를 두려워하며 남들이
외면한 그와 같은 길을 선택해서 가지
아니하면 아니 되는 것이 너희들의 도
리이니라.
6 이 세상에 사는 모든 백성 너희들이
지금에 살아온 그 모두를 반대로 보며
반대로 돌리지 아니하면, 너희들이 나
를 볼 수 없다는 애절한 나 여호와의
간곡한 그 뜻을 너희들은 어찌 받아들
이느냐?
7 다시 한 번 너희들이 생각해 보도록
그리하라, 사랑하는 나의 아들딸들아!
8 너희들이 인간 세상에 말하는 간단한
진리가 있지 않더냐?
9 '쓰고 쓴 것은 너희들에게 좋은 약이
되며, 단것은 약이 되지 아니한다.'는
그 간단한 진리 하나를 가지고 너희들
이 하늘의 뜻을 알 것이며, 나 여호와
의 뜻을 아는 그 지혜를 얻을 수 있는
것이거늘,
10 너희들은 그저 흘러가는 것으로써 나
와는 관계없는 그와 같은 안일한 마음
으로 그를 흘려보내기 때문이니라.
11 너희들은 들으라.
12 너희들을 무너트리는 모든 사탄이요,
마귀라 하는 사악한 자의 마음이 너희
들 자신에게 자리 잡고 있을 때,
13 그들은 사랑하는 아들딸 너희들이 원
하는 것이 무엇이며, 너희들이 좋아하
는 것이 무엇이며, 너희들이 갖고자
하는 것이 무엇인지를 너희들 자신보
다 더 정확하게 잘 알고 있음이니,
14 그러니 너희들이 견디지 못하고 넘어
지는 것이니라.
15 그러니 여기서 너희들은 깨우쳐 들어
야 될 것이니라.
16 모든 종교 집단이 가르치는 것이 너희
들에게 무서운 매질이요, 너희들에게
어렵고 힘든 길을 가도록 가르치는 것
은 나 여호와의 뜻이요, 참진리의 가
르침이요,
17 그렇지 아니한 교리요, 그렇지 않은
방법으로써 너희들을 가르치는 것은
다 너희들을 무너지도록 만드는 것이
요, 너희들을 멸망의 길을 가도록 인
도하는 자들이니,
18 그게 바로 사탄의 간교한 술책에 넘어
간 오늘의 종교 집단이요, 지도자들이
알지 못하며, 그 길이 하늘에 오르는
길이라 지금 울고불고 콧물 흘리며 아
우성을 치고 있음이니,
19 그 속에 따라가는 그 백성들이 어떠한
길이더냐?
20 내가 너희들에게 이와 같은 것을 상세
히 기록하여 전하거늘, 아직도 너희들
이 깨우치지 못하며,
21 나의 법전을 정독하며 깨우쳐 이를 보
고 따르라 외치는 자가 나오지 아니하
며, 그와 같은 거듭나는 삶을 살지 아
니할 때,

22 너희들은 결국 사탄이 던져 주는 너희
들이 원하고 좋아하는 것, 그 낚싯밥
을 그대로 받아 그와 같이 너희 것으
로 만드니,
23 결국 그것은 지금 지옥문에 와 들어가
지 아니하려고 몸부림치는 너희가 된
다는 것을 알라.
24 사랑하는 나의 아들딸들아!
25 참진리의 길이요, 정도의 길을 가지
아니하면 아니 됨이니라.
26 그 길은 어렵고 힘드니라.
27 '나'를 비워야 되며 '나'를 놓아야 되
며, 모두를 너희들이 사랑하는 마음으
로 세상의 만물을 보는 마음으로 바
뀌지 아니하면 아니 되기에 그것이
어려운 길이라 하였음이니라.
28 그리하여 내가 친필로 써 내린 십계명
을 너희들에게 내렸으며, 지금 내가
나의 아들을 통하여 새로운 성경이라
하여 160권으로써 모두를 풀어 너희
들에게 상세히 전하는 것이 무엇인 줄
알겠느냐?
29 사탄이 너희 자신보다도 너희들의 마
음을 더 정확히 파악하여 네가 원하는
것, 네가 좋아하는 것, 그와 같은 것을
알고 너희들을 유도하기 때문에 너희
들이 헤어나지 못함이니,
30 그리하여 나의 법전을 읽고 정독했을
때, 너희들이 사탄의 유혹이 무엇이
며, 사탄이 너희들을 어찌 이끌어 가
는 것인가를 다 깨달으니,
31 아는 자만이 정답을 쓸 수 있듯이, 아
는 자만이 모두를 막을 수 있으며, 아
는 자만이 나의 피조물 만백성을 구할
수 있음이니,
32 그리하여 나의 법전을 가슴에 안고 정
독하여 너희들이 세상의 이치를 깨우
쳐 하늘의 지혜를 얻으라는 것이 나
여호와의 애절한 마음이니 그리 전하
라, 사랑하는 나의 아들아!

## 10,804 번째 하나님 말씀

*2004년 4월 27일 11시 41분*

1 사랑하는 나의 아들아!
2 "네, 아버님! 말씀하옵소서."
3 백사장의 조약돌 하나를 손에 듦이니,
그 조약돌의 오묘함고 그 신비함을 너
희들이 깨닫는다면,
4 그 하나로써 너희들이 바라보는 그와
같은 지혜의 깨달음을 얻는다면, 세상
의 이치요, 하늘의 뜻의 그 모두를 통
달할 수 있는 것이 너희들의 지혜이니
라.
5 나 여호와는 너희들에게 그리 내려 주
었음을 알라.
6 너희들의 앞에 기어가는 벌레 한 마
리를 보고, 집단적으로 살아가는 그
미물들의 오묘한 삶을 보며, 말없이
통제되고 다스리는 그와 같은 위대함
을 하나만 보고 너희들이 깨우쳐 노력
하고 또 연구하고 연구해도, 세상에
자연의 이치를 다 알 수 있는 것이니
라.
7 나 여호와가 수십억 가지를 세상에 다
내려보냈으니, 그것이 너희들의 스승
이요, 선생이라 하였으나, 너희들이
그를 다 공부하고 깨우칠 수는 없음이
니라.
8 그렇다면 내가 그 많은 것을 내려보내

그를 선생이라 하며 너희들에게 그를
배우라 했으면, 다 그를 보고 깨우쳐
야만 너희들이 알겠느냐?
9 단 하나를 가지고 너희들이 노력하고
연구할 때, 그리고 너희들이 그 감사
함을 느끼며 신비함을 느낄 때, 그 언
젠가 내가 너희들의 지혜를 열어 준다
하지 아니하였더냐?
10 그러니 너희들이 그 지혜가 열리지 아
니하며, 욕심에 의한 그와 같은 뿌리
를 버리지 못하고 사는 백성들이니라.
11 구약 시대가 지나며, 구약 시대가 역
사한 다음에는 신약 시대가 오게 되
어 있으며, 그 신약 시대가 또 그 책임
을 다했을 때 너희들은 다음의 시대
가 온다는 것,
12 그것이 역사의 흐름이요, 나 여호와의
모든 계획에 의하여 그리되었음을 너
희들은 알라.
13 그러니 구약 시대가 지나며 신약 시
대가 지난 지금, 마지막 제3의 시대를
내가 진행하고 있으며 내가 역사하고
있는 것을 구분하지 못하며 알지 못
하며, 그 방법조차도 생각하지 못하는
어리석은 백성 너희들이 지금에 존재
함이니라.
14 시대의 흐름에 따라서 변하는 역사요,
깨우침의 변화요, 또 전진하는 변화
요, 그와 같은 모든 변화의 계획에 의
하여 너희들이 가도록 되어 있음이니,
15 지금 내가 제3의 시대에 마지막 내가
직접 임하여 너희들을 깨우치는 이 시
대가 흐르고 있음을 알지 못하는 것
이 오늘의 너희들 모든 백성들이니라.
16 그러니 너희들이 자연의 위대함 속에
서 깨우치는 것을 모르고, 구약과 신
약의 성서 속에만 위대한 것이요, 전
지전능한 아버지의 말씀의 뜻이 있다
하나,
17 그것은 억만 분의 일도 안 되는 그와
같은 것을 가지고 너희들이 억만 분의
일이 넘는 그 이치를 안다 몸부림치는
가련한 백성들이니라.
18 그러기에 너희들이 구약과 신약을 가
지고 서로 구약의 백성은 구약이 위대
한 것이며 신약을 인정하지 않으려 하
며,
19 신약 또한 구약은 흘러간 것이라 인정
하지 않는 서로를 주장하는 너희들의
그 욕심이요, 고집에서 벗어나지 못함
이니,
20 너희들 모두가 사망의 길로 가고 있는
그와 같은 형국이 아니더냐?
21 지금 변화요, 새로운 시대가 역사하며
새로운 나의 진리가 세상에 내려오니,
22 시대의 변함을 모르고 있는 그와 같은
너희들이 존재하기에 이 세상이 지금
세상의 흐름이요, 하늘의 뜻이 무엇인
지 모르는 자들이 지도하고 인도하고
있으며,
23 아직도 그들이 변화를 모르기에 그 궤
변을 지금 떠들고 있는 자이니라.
24 그러니 그것이 얼마나 무서운 역사를
하고 있는지 알겠느냐, 사랑하는 나의
아들딸들아!
25 너희들은 이제 시대의 변함을 알아야
될 것이니라.
26 그리고 너희들 것만을 고집하는 어리
석은 백성들이요, 그 지도자의 말에
너희들이 귀를 기울여서는 아니 될 것

이니라.
27 새로운 시대가 열리고 있음이니, 새로운 시대의 그 변함을 알라.
28 나의 법전을 접하여 너희들이 정독하면 그를 알 수 있을 것이니라.
29 그리하여 내가 수많은 책으로써 증거하여 이를 세상에 내보내는 그 뜻을 알겠느냐?
30 이는 증거해야 될 것이며, 답해야 될 것이며, 거기에 질문을 할 때 너희들이 해명해 줘야 되며, 이는 영원히 존재함이니라.
31 말로써 전하고 말로써 역사하는 것은 진정한 나로부터 선택된 지도자가 아님을 알라, 사랑하는 나의 아들딸들아!
32 다시 한 번 내가 너희들에게 명하느니라.
33 구약 시대는 구약을 강조하며 그를 가지고 따르겠다는 백성, 신약은 신약을 가지고 그를 추종하고 살아가겠다는 그 백성, 너희들은 이 세상에 자연의 위대함 속에 억만 분의 일도 안 되는 것이 구약이요, 신약에 적혀 있는 그 내용들이라는 것을 알라.
34 나의 법전 또한 그 역할밖에 안 됨이니라.
35 다만, 너희들이 하늘에 오르는 그 눈을 뜨도록 하는 것이요,
36 아무리 너희들이 잠겨진 자물쇠라 해도 작은 열쇠로써 모두를 열 수 있는 것처럼, 그 열쇠를 내가 너희들에게 주는 것이지,
37 너희들이 깨우쳐 하늘의 구원의 길을 역사하는 것은 아니라는 것을 알라, 사랑하는 나의 아들딸들아!
38 그러니 너희들에게 그 열쇠를 주나, 그 열쇠의 소중함을 모르며 그게 어디에 필요한 것인지 모르며, 그것이 어떠한 역사를 하는지 모르니,
39 너희들이 그것만 가지고 있으면 하늘에 오르는 길이요, 그것만 가지고 있으면 나의 아들 예수가 천군을 데리고 와 너희들 죽은 자까지 구원하여 하늘에 인도한다는 어리석은 그 깨달음에서 헤어나지 못하고 있는 가련한 그들에게 전해 주라.

## 10,805 번째 하나님 말씀

*2004년 4월 27일 18시 02분*

1 사랑하는 나의 아들아!
2 "네, 아버님! 말씀하옵소서."
3 나 여호와가 새로운 160권의 법전을 내려보내 너희들을 다스리며 바로잡지 아니하면 아니 되는 그 뜻을 너는 알고 있느냐?
4 "네, 아버님! 저는 아버님께서 생각하시는 것을 알 수는 없사오나, 그와 같은 지금의 잘못된 역사이기에 그를 바로잡으려 하시는 것이라 저는 그리 생각되옵나이다."
5 네가 생각하고 느끼는, 오늘의 이 역사를 이루지 아니하면 아니 되는 그 뜻이 어디 있는가, 너는 너의 제자들에게 그를 깨우쳐 전하도록 그리하라.
6 "네, 아버님께서 말씀하옵시니, 제가 느끼는 것을 저의 제자들에게 전하며 만백성에게 전할 수 있는 그와 같은 그 내용이요, 제 깨달음을 감히 아버님의 새로운 성경에 기록하여 전하도

록 그리하겠사옵나이다.

7 모든 믿음이라는 것을 역사할 때, 이 동양의 작은 나라는 선택된 민족이요, 선택된 나라이옵나이다.

8 그래서 저희들이 이 역사를 이루도록 아버님께서 미리 준비하신 나라요, 준비된 백성이옵나이다.

9 그러니 이곳에 믿음이라는 것이 들어올 때, 모든 신앙의 길을 가는 백성들은 그 교회요, 성당이요, 회막을 짓기 위하여 저희들의 팔다리를 걷어붙이고 하나하나 벽돌을 쌓으며, 땀과 모두를 다 바쳐 그 정성으로써 이루고 역사하던 그와 같은 믿음이었사옵나이다.

10 그 믿음이 계속 진행되어 지금까지 그 순수한 마음으로 언덕 위에 작은 교회요, 작은 성당을 지으며, 진정한 아버님의 뜻을 가르치는 그와 같은 모습으로 남았다면,

11 오늘에 아버님의 160권의 법전으로 세상에 내보내, 이가 곧 불칼이니, 이 칼로써 모두를 치고 다스려 나갈 때 그 모두가 부서지는 이 역사는 없었을 것이옵나이다.

12 그들이 그 산니밭에 이담하게 손으로 짓는 교회요, 손수 그 모두를 만드는 그 정성 어린 그 믿음의 길을 갔더라면, 아마 오늘과 같이 이와 같이 험악한 세상이 되지 아니하였으며,

13 아버님이 모두를 다스리는 마지막 시대는 역사하지 아니하였을 것이며, 이 동양의 작고 큰 모든 교회들이 아버님의 160권의 법전의 불칼에 타지 아니할 것이며 무너지지 아니할 것이옵나이다."

14 그러니라, 사랑하는 나의 아들아!

15 동양의 작은 나라는 선택된 나라요, 이 작은 나라에 나의 뜻이요, 믿음의 세계가 들어오니, 처음에는 그와 같이 아름답고 고운 자세로써 모두가 이루어졌음이니,

16 그를 무너트리고 그를 다 짓밟아 버린 것이 오늘의 종교 집단이요, 지도자요, 사악한 자들이 오늘에 이리 이루었기 때문이니라.

17 그러니 네 말대로 그와 같은 아름답고 정성 어린 믿음이요, 사랑은 없어졌으며,

18 너희들이 이제 재물로써 모두를 견주며 이와 같이 더 큰 교회요, 더 큰 성전을 지금까지 몇십 년 동안 유지한 것은,

19 그래도 최초에 너희들이 팔을 걷어붙이며 흙을 이겨 수수깡에 엮어서 너희들이 작은 교회를 언덕 위에 아름답게 짓고 그 종소리를 울렸던 그와 같은 정신이요, 뿌리가 남았기 때문에 지금까지는 너희들이 그나마 유지되었음을 알라 그리 전하라.

20 그러나 이제는 너희들이 그리되지 아니하는 것이니라.

21 너희들이 얼마나 잘못 가르쳤으며, 얼마나 죽음의 무덤을 팠는지 알겠느냐?

22 그와 같은 정신으로써 이끌어 왔던 나의 피조물 만백성이요, 신앙의 길을 가는 그 백성들은 다 흔적이 없어졌으며,

23 오로지 이제 모든 믿음의 길을 가는 백성들은 참진리요, 종교 지도자의 그

가르침을 위하여 모두를 희생하는 것
이 아니라,
24 이제는 너희들이 더 큰 교회요, 더 아
름다운 교회요, 더 좋은 장소요, 교통
이 편리한 곳에 화려하게 짓지 아니하
면 그 신도요, 백성들이 그를 찾지 아
니하며 가지 아니함이니,
25 너희들이 이제는 더 큰 것을 짓고 더
화려한 것을 만들기 위하여 재물의 노
예가 되었으며, 믿음과는 관계없는 너
희들의 오늘의 이 추악한 형국이 되었
음을 알아야 될 것이니라.
26 그러니 이 동양의 작은 나라에 믿음이
들어와 50년도 안 되어 이제는 너희
들이 완전히 뒤바뀌는 현상이 되었음
이니,
27 처음에는 너희들이 몸과 정성을 다하
여 흙을 이겨 작은 교회를 지어 그곳
에서 너희들이 진리를 배웠으며 참진
리를 깨달았으며,
28 나 여호와의 뜻을 전하는 그와 같은
순수하고 아름다운 신앙의 세계가, 이
제는 너희들이 더 큰 것을, 더 화려한
것을 준비해 놓고 모시러 가지 아니하
면 너희들이 재물이요, 헌금을 내놓지
않는 그와 같은 험악한 세상으로 되었
으니,
29 너희들이 스스로 죽을 우물을 판 것이
오늘의 믿음이요, 종교 지도자들이 잘
못 흘러온 그 결과임을 알아야 될 것
이니라.
30 이제는 너희들이 사랑으로 서로가 의
지하여 이루는 그와 같은 것이 아니
라, 스스로 너희들이 만들고 역사해야
될 것이며,
31 지금 너희들이 지어 놓은 그 교회요,
성당이라 하는 것도 너희들이 더 화려
하게 더 크게 역사하지 아니하면 아니
됨이니,
32 너희들이 더 크게 역사하는 것이 나의
피조물 만백성이 거기에 와 헌금을 내
며 너희들이 편할 것이라, 그리고 너
희들은 완벽하게 갈 것이라 그리 생각
하지 말라.
33 나의 피조물 만백성은 지금 모두가 그
교회요, 성당을 사업장으로 만들었듯
이, 그곳에 나오는 나의 백성들도 믿
음이 아니라 사업적인 장으로 사업적
인 만남으로 그리하니,
34 그곳에 능력 있는 자, 권력 있는 자,
사업적으로 필요한 자가 물 빠지듯이
빠져나갈 때, 그와 같이 재물이 있는
자, 재물을 날려 그 교회를 운영하지
못하게 될 때, 흔들흔들할 때,
35 모두는 가차없이 너희들을 등지고 떠
날 것이며, 다음을 찾아가는 것이 바
로 오늘의 믿음의 길을 가는 백성들이
요,
36 그와 같이 신앙의 길을 가는 나의 백
성들의 마음자리가 그리 변화되었으
며 그리 정리되었음을 너희들은 모르
고 있을 것이니라.
37 그러나 그것이 이제 현실로 올 것이
며, 그와 같은 것이 너희들의 눈으로
보고 몸으로 직접 겪는 그와 같은 처
참한 형국이 될 것이니라.
38 이것이 다 너희들이 물질 만능주의로
모두를 이끌어 왔으며, 모두를 거기에
맞춘 믿음으로 갔기 때문이니,
39 스스로 너희들이 역사하는 것, 스스로

이루는 것, 너희들이 스스로 판 그 우
물에서 헤어나지 못하고 그 노예가 되
는 것이 바로 오늘의 종교 집단이요,
지도자 너희들이 불 보듯이 뻔한 형국
일 것이니라.
40 이미 너희들이 재정의 고통이요, 재물
의 고통이요, 이미 지어 놓은 것도 너
희들이 운영하고 그를 지키기가 힘드
나,
41 너희들이 더 화려하게 더 궁궐같이
되지 아니하면 아니 되기에, 그를 때
려 부수고 너희들이 피나는 역사를 또
하니,
42 그것이 너희들의 가중된 짐이요, 정
녕 너희들이 빠져나오지 못함이니,
43 늪에서 무릎까지 빠진 자, 가슴까지
빠져 결국은 거기에서 죽음을 면치
못하니, 너희들이 스스로 그와 같이
된 것이 오늘의 종교 집단이요, 믿음
의 현실이라는 것을 알도록 그리 전함
이니,
44 깨우쳐 너희들이 바로 서지 아니하면
아니 될 것이니라.

## 10,806 번째 하나님 말씀

*2004년 4월 27일 18시 28분*

1 사랑하는 나의 아들아!
2 "네, 아버님! 말씀하옵소서."
3 마지막 시대요, 지금의 시대가 어떠한
시대인 줄 알겠느냐?
4 나의 법전에 기록된 것, 내 새로운 성
경에 기록된 그 모든 것,
5 그리고 구약과 신약의 모든 역사한 언
약과 약속이요, 그 예언들이 바로 지
금 역사하고 있는 것을 너희들은 알아
야 될 것이니라.
6 너희들이 시간과 때를 기다리며 너희
들이 모두가 다 이루어진다 알고 있으
며 그 역사가 이루어질 것이라 그리
생각하느니라.
7 그러나 너희들은 알아야 될 것이니라.
8 지금 내가 언약한 것, 약속한 것이요,
그 예언한 작고 큰 것들이 무수히 수
없이 지금 이 제3의 시대가 열어지며
이루어지고 있다는 것을,
9 너희들이 보이지 아니하며 그 속을 볼
수 없으며 알지 못하기 때문에, 너희
들이 이루어지고 지켜 가는 것을 모르
고 있음을 알라.
10 나 여호와가 제3의 시대요, 마지막 시
대라는 것이 무엇이더냐?
11 구약과 신약의 모든 예언한 것, 그 역
사한 것들이 이제 하나하나 이루어지
며 그 역사하는 것이 현실로 나타남이
니,
12 내가 나의 법전에 기록한 그것도 또한
그대로 역사하고 바로 서지 아니하면
나 여호와의 뜻이 아님을 알라 그리하
지 않았더냐?
13 그러니 이제 모든 백성 너희들은 알라.
14 지금의 믿음이요, 너희들이 가는 그
신앙에서 벗어나지 못하고,
15 너희들이 새로운 시대요, 새 역사가
이루어지는 이와 같은 시대에 너희들
것만을 가지고 몸부림치며, 옛것만을
가지고 벗어나지 못하는 어리석은 그
신앙에서 벗어나지 아니하면 아니 됨
이니라.
16 새로운 시대에 새로운 역사가 이루어

져, 지금 내가 언약하고 약속한 것이
요, 예언한 것들의 작고 큰 것이 무수
히 이루어지고 있는 이것을 너희들이
보지 못하며 알지 못하며 그냥 넘어간
다는 것은, 결코 너희들이 거듭날 수
있는 지혜를 얻지 못함이니, 그를 알
아야 될 것이니라.
17 보이지 않는 속에서 모두가 이루어지
며, 보이지 않는 속에서 변화되고 있
다는 그 위대한 현실을 너희들은 봐야
될 것이며, 또 들어야 될 것이니라.
18 그러니 내가 나의 아들을 따르는 제자
너희들에게 법전이요, 새로운 성경을
정독하고 읽고 또 읽으라 함이 무엇인
줄 알겠느냐?
19 너희들이 그 내용을 알며 역사하는 것
을 알 때, 너희들이 모두가 지금 진행
되고 진행되는 과정에서 내가 약속한
것이요, 예언한 것이요, 언약한 것들
이 이루어지는 그 위대함을 발견할 것
이며, 그 속에서 너희들이 깨달음을
얻어 거듭나는 역사를 할 수 있거늘,
20 그 두려움을 모르며, 그 예언이 이루
어지는 그 위대한 것을 모르는 자, 너
희들은 변화되지 못하는 그와 같은 믿
음이요,
21 설마 설마 하는 그와 같은 옛 모습에
서 벗어나지 못하는 어리석은 백성들
임을 알라 그리 전하라.

## 10,807 번째 하나님 말씀

*2004년 4월 27일 18시 34분*

1 사랑하는 나의 아들아!
2 **"네, 아버님! 말씀하옵소서."**
3 지금의 모든 종교 집단이요, 그들이
나의 백성들을 제대로 이끌지 못하며
저희들이 알지 못하기에 궤변으로써
나의 백성들을 이끌어 가는 것이 사탄
에게 파는 그와 같은 형국을 하고 있
다 하지 않았더냐?
4 그보다 더욱이 놀랍고 더 무서운 것이
며 경악을 금치 못하는 것이 무엇인
줄 알겠느냐?
5 너희들의 욕심이 얼마나 너희들을 무
너트리고 있는 것이며, 너희들의 그
욕심으로 하여 너희들이 세상을 보지
못하며, 참진리를 보지 못하며, 이와
같은 세상이 된 것을 알겠느냐?
6 너희들이 욕심이라는 것 때문에 이 자
연이요, 아름다운 세상을 물질 만능
시대로 만들었음이니라.
7 그러니 모든 종교 집단의 지도자 너희
들이 그 물질 만능 시대에 그를 충족
하기 위하여,
8 나의 뜻을 전하는 신성한, 너희들이
말하는 교회요, 성당이요, 성전이라는
그곳을 다 인간의 사업장이요, 인간의
사업장의 장소로 이용하고 써먹고 있
다는 것을 내가 수없이 나의 법전에
기록하였음이니, 이것이 너희들의 현
실이니라.
9 그러니 인간의 사업장으로 써먹는 나
의 성전이요, 교회요, 성막이라는 곳
에서 너희들이 진정한 복음을 전할 수
있는 것이냐?
10 그러니 이 세상에 진정한 나의 복음이
요, 나의 뜻을 전하는 교회가 하나도
없으며, 인간 사업장으로 모두가 전락
되었다 하니, 이 슬픈 마음을 너희들

은 알겠느냐?
11 그리하여 너희들이 물질의 축복이요,
물질의 역사를 받는 것, 그리고 물질
로써 은혜를 받는 것, 그저 너희들이
하나를 바치고 열을 바치면 너희들의
창고에 그득히 물질을 내려 쌓아 준다
는 것,
12 그 환상 속에, 그 착각 속에서 벗어나
지 못하는 것이 나의 백성들이니, 그
것이 바로 무엇이더냐?
13 하나를 주고 열을 얻으며, 하나를 주
고 백을 얻고자 하는 너희들이니, 그
것이 기복 신앙으로 변질된 것이며,
나와는 관계없는 너희들이 그와 같은
기복 신앙의 본산지로서 지금 역사하
는 것이니라.
14 다만, 너희들이 그 방대한 조직이요,
방대한 그 사업장의 힘을 가지고 제가
주인이요, 제가 옳다 그리 말하나,
15 너희들이 모두가 다 무너진 자들이요,
나와 관계없는 기복 신앙의 대표자요,
다른 신을 받드는 자들이 되었다 함을
알아야 될 것이니라.
16 그러니 지금의 모든 종파요, 그 모두
가 다 이와 같이 전락되어 돌이킬 수
없는 그와 같은 세상이 되었으며,
17 물질 만능주의의 물질에 의하여 너희
들이 넘어지고 넘어진 것을 바로 세울
수 없는 이와 같은 형국이 이루어졌음
이니,
18 그래도 나의 아들딸이요, 내가 사랑하
는 나의 피조물 만백성 너희들이기에,
그를 바로잡지 아니하면 아니 되어 내
가 오늘의 이 역사를 이루어 줌이니,
19 이제 나의 아들을 따르는 제자들이요,
나의 법전을 읽고 깨우친 백성, 너희
들이 작고 큰 일을 하나하나 너희들
손으로 이루는 것,
20 그것이 모든 백성들을 구원하는 길이
요, 그리고 잘못 간 그 백성들을 바로
잡는 것이요,
21 수천 년 동안 나 여호와의 가슴을 울
리며 내가 슬퍼했던 그 모두를 너희들
이 바로잡는 그와 같은 역사를 한다는
것을 알라.
22 그러니 나의 아들을 따르는 제자들이
요, 선택된 너희들이요, 그리고 나의
법전을 만들고 역사하는 너희들이
23 작고 큰, 아주 작은 것까지도 나 여호
와의 뜻에 의하며 나의 계획에 의하여
너희들이 움직이고 한다는 것을, 너희
들이 그 소중하고 귀함이 여기 있다는
것을 절대 잊지 말도록 그리 너의 제
자들에게 전하라.

# 부 록

【하나님께서 가르쳐 주신 운동】

천재지변이 일어날 때, 동물이나 미물들은 미리 알고 대피하지만, 인간은 알지 못하고 큰 화를 당합니다. 하나님께서 인간에게 가장 높은 지혜를 주시고 완벽하게 창조해 주셨기에 동물들보다 더 잘 알 수 있지만, 욕심으로 마음이 혼탁해져서 한 치 앞을 보지 못하는 것입니다.

마찬가지로, 인간은 누구나 스스로 필요한 운동을 해서 건강을 지킬 수 있도록 하나님께서 만들어 주셨습니다. 우리의 머리에서 우리 몸에 필요한 동작을 해 달라고 끊임없이 신호를 보내지만, 인간이 혼탁하게 살아서 그 신호를 알아채지 못합니다. 그러니 자연스럽게 자기 몸이 원하는 그 신호를 따라서 운동하는 것이 하나님께서 가르쳐 주신 운동 방법입니다. 바로, 우리의 영이 육을 이끄는 운동입니다.

▶ 하나님 운동법

1. 눈을 감고, 발을 어깨너비로 벌리고 바르게 선다.
2. 몸에 힘을 풀고, 허리를 숙이면서 손과 머리를 아래로 내린다.
3. 허리를 펴고 싶을 때, 천천히 펴면서 하고 싶은 동작을 하면 운동이 시작된다. (사람마다 다르다.)
4. 멈추지 말고, 어떤 동작이든지 자기 몸의 느낌대로 계속 이어서 한다.

▶ 참고 사항

① 눈을 감은 상태로 아무 생각 하지 않고, 자기 몸의 느낌대로 움직입니다.
② 마음을 비우고, 욕심을 버리고, 지난날의 잘못을 반성하면서 몇 차례 시도하다 보면, 자기도 모르게 하고 싶은 동작이 끊임없이 생깁니다.
③ 운동 장소는 방 안이든 운동장이든 관계없으며, 걷거나 달리고 싶을 때는 눈을 떠도 됩니다.
④ 매일 40분 이상, 주 4회 이상, 3개월 이상 하면 음식 조절에 들어갑니다.
- 음식으로 생긴 병은 음식으로 치료하게 되며, 어떤 음식을 먹어야 하는지 스스로 알게 됩니다.
(자기 몸에 필요한 음식만 먹고 싶어집니다.)
⑤ 사랑하는 사람과 함께 운동하면 서로 치료해 주기도 합니다.
⑥ 운동을 하다가 몸의 어느 한 부분을 계속 손으로 자극한다면 그쪽에 이상이 있는 것이니, 의사에게 상담을 받고 적절한 치료를 받으면 됩니다.
⑦ 다이어트 및 기타 건강관리에 효과적입니다.
⑧ 꾸준히 운동하여 영이 맑아지면, 자신의 과거와 미래를 스스로 보게 됩니다.

누구나 스스로 하실 수 있습니다.

# 간행사

### 《새로운 성경》은:

· 새로운 성경은, 하나님께서 선량하고 선한 자를 선택하여 십계명을 암송하도록 하시고, 십계명을 암송한 다음에 음성으로써 들려주시는 말씀을 듣고 그대로 카세트테이프에 녹음해서 받아쓴 책입니다.

· 90분짜리 녹음테이프 700여 개에 달하는 말씀으로, 1999년 8월부터 2004년 7월까지 총 160권(권당 288쪽)을 완성하였으며, 그 이후에도 현재까지 계속 말씀을 내려 주고 계십니다.

· 새로운 성경은 "하늘을 두루마리 삼고 바닷물을 먹물 삼아 쓰고 써도 다 못 쓴다"는, 끝없이 방대한 하나님의 말씀이 두루마리로 직접 내려오는 것입니다. 이러한 새로운 성경은 구약과 신약을 폐하려는 것이 아니라 "인봉된 성서의 비유의 뜻"을 상세히 설명하여 완성하고자 하나님께서 직접 내려 주신 말씀입니다.

### 《새로운 성경》의 구성:

· 제 목: 2013년, 160권 모음집을 발간하면서, 본 도서의 제목을 "하나님! 말씀하옵소서"에서 《새로운 성경》으로 명해 주셨습니다.

· 단행본: 각 권당 288쪽(신국판) 책이 160권까지 시리즈로 출판됩니다.
(모음집은 단행본을 16권씩 묶어서, 총 10부로 구성됩니다.)

### 《새로운 성경》의 성경적 근거:

· 신약 성경 [요한복음] 16장 13절에 "진리의 성령이 오시면 그가 너희를 모든 진리 가운데로 인도하시리니 그가 자의로 말하지 않고, 오직 듣는 것만을 말하며" 하신 말씀처럼 하나님의 음성을 들은 것만 기록하였으며,

· "장래 일을 너희에게 알리시리라" 하신 말씀과 같이 개인, 나라, 인류의 "장래"일을 하나님께서 알려 주시는 것만 기록하여 책으로 만들었습니다.

## 《새로운 성경》의 기록 방법:

- 1999년 8월부터 하나님께서 저에게 들려주시는 음성을 기록하였습니다. 처음에는 제가 들은 말씀을 불러 주면 저의 아내가 기록하여, 2000년 1월 29일에 1권 초판이 세상에 나왔습니다. 2000년 4월부터는 주시는 말씀을 받아 녹음기에 기록하기 시작하였습니다.

- 녹음을 시작하면서 하나님의 말씀을 받는 데 가속도가 붙었고, 2001년 5월 3일에 1부(1~16권까지)를 인쇄하여 출판하였으며, 2004년 7월까지 총 160권 분량의 말씀을 받아 기록하였습니다.

## 하나님께서 저에게 주신 것은:

- 첫째, 만백성을 상대로 내려 주시는 "기도", 둘째, 수시로 내려 주시는 "묵상", 셋째, 개인의 과거, 현재, 미래를 알려 주시는 "개인 기도", 넷째, 개인의 건강을 위해서 내려 주시는 "음식 처방", 다섯째, 하나님께서 가르쳐 주신 "운동"등이 있습니다. 이 중에 첫 번째, "기도"를 책으로 편찬하였습니다. 사람의 생사, 개인의 미래에 관한 천기는 수록하지 말라 하셨습니다.

## 강론 안내:

- 하나님께서는 지금도 매일 저에게 새로운 하늘의 비밀의 말씀을 내려 주고 계십니다. 수시로 내려 주시는 말씀을 정리해서 세자를 육성하라는 말씀에 따라 매주 강론을 하고 있습니다. 누구나 무료로 들으실 수 있습니다. (book160.com)

## 《새로운 성경》을 읽는 분들에게 드리는 선물:

- 개인 기도: 개인의 과거, 현재, 미래에 관하여 말씀을 내려 주십니다.

- 음식 처방: 사람은 음식을 먹고 살다가 건강을 잃으니, 음식과 운동으로 건강을 되찾는 방법을 알려 드립니다. 단, 하나님이 계심을 믿고, 십계명을 지키겠다고 진실로 서약하는 분들께 알려드립니다.

## 《새로운 성경》의 은혜와 기적:

- 새로운 성경 전160권은 16권씩 묶어서 총 10부의 모음집으로 구성됩니다. 모음집 한 부를 읽고 깨우치는 자에게 하나님께서 다음과 같은 기적이 있다고 하셨습니다.

· "첫째, 그가 죽어 하늘에 갔을 때 그의 죄를 묻지 아니하며, 구원을 받는 위대한 은혜가 있으며, 둘째, 그의 소원과 소망이 이루어지고, 셋째, 죽은 자(부모, 형제, 자식, 사랑하고 은혜 입은 분)의 이름으로 구입한 책을 읽고 누군가 한 사람이 깨우칠 때, 그 죽은 자가 지옥에서 천국으로 구원을 받게 되며, 넷째, 유산, 중절 수술 등으로 태어나지 못한 아이를 위하여 구입한 책을 보고 한 명이 깨우쳤을 때, 그 아이가 사람으로 다시 한 번 태어나는 은혜를 받는다."

· "새로운 성경"을 3회 이상 정성을 다해 정독하는 자, 성서의 비밀을 알게 되고, 세상의 이치를 알게 되며, 세상을 지배하고 통제할 수 있는 지혜를 다 얻게 된다고 하셨습니다. 이 책은 만백성이 정독하고 이웃에게 전하여, 평생 가슴에 묻은 슬픔과 고통의 짐을 벗고 미래를 위한 힘찬 삶을 살아가도록 하는 책입니다.

## 끝으로

· 하나님께서는 흰 눈이 세상을 덮듯이 새로운 성경을 온 세상에 전하라고 하셨습니다. 《새로운 성경》을 각국어로 번역해서 온 인류에게 구원의 길을 깨우쳐 주고, 그 수익으로 가난하고 어려운 백성을 구제하여, 만백성의 영과 육을 함께 구원하는 선지자의 임무를 수행하라고 저에게 명하셨습니다.

· 하늘에서 내려 주신 말씀의 보화를 만백성에게 나누어 주는 것이 선지자의 임무라고 하셨습니다. 새로운 성경을 통해서 얻는 재물을 사용할 곳도 하나님께서 일일이 명해 주십니다. 모든 재물은 저의 자의로 쓸 수 없고, 하나님께서 명하시는 대로만 쓰여집니다.

· 어떤 명분으로든 십일조나 각종 헌금을 거두어들이지 말라 하셨으며, 국내뿐 아니라 각국에 성전과 단독 서점을 운영하며, 한국의 많은 젊은이들을 전 세계에 지도자로 내보내라고 하셨습니다.

· 우리는 세계적으로 새로운 성경을 보급하며 어려운 이들을 돕는 역사를 해 나갈 것입니다. 지금까지 비록 몇 명 안 되는 제자들과 함께 이러한 일을 역사했지만, 앞으로도 계속 하나님께서 기뻐하시는 일들을 해 나갈 것입니다. 부족한 저희에게 여러분들의 지혜와 성원을 보내 주시기를 바랍니다. 많은 분들의 참여와 도움을 간절히 기다립니다. 감사합니다.

한국어로 내려온 《새로운 성경》 단행본을 출간하며
2016년 4월 10일

발행인 **김 용 철**

한국어로 내려온

# 새로운 **성 경** · 9부 · 제143권

지은이 하나님 말씀
대역자 김용철



초판인쇄 1쇄 2017년 4월 3일

펴낸 곳 도서출판 하얀마음
등록번호 제 10-2107호 (2001년 2월 14일)
주소 서울시 노원구 덕릉로86길 5, 2층
전화번호 02) 313-1114
팩스 02) 393-5554
전자우편 book160@hanmail.net
편집위원 조나영 김미향 이석교
제작지원 이기종

도서상담 1600-7527
ISBN 978-89-5875-243-1 (04230)
978-89-5875-100-7 (세 트)

값 10,000원
잘못된 책은 구입하신 곳에서 바꾸어 드립니다.

※이 책은 10부로 제작되며, 각 부 16권씩 총160권으로 구성됩니다.※

| 1부 | 2부 | 3부 | 4부 | 5부 | 6부 | 7부 | 8부 | **9부** | 10부 |
|---|---|---|---|---|---|---|---|---|---|
| 1권 | 17권 | 33권 | 49권 | 65권 | 81권 | 97권 | 113권 | 129권 | 145권 |
| 2권 | 18권 | 34권 | 50권 | 66권 | 82권 | 98권 | 114권 | 130권 | 146권 |
| 3권 | 19권 | 35권 | 51권 | 67권 | 83권 | 99권 | 115권 | 131권 | 147권 |
| 4권 | 20권 | 36권 | 52권 | 68권 | 84권 | 100권 | 116권 | 132권 | 148권 |
| 5권 | 21권 | 37권 | 53권 | 69권 | 85권 | 101권 | 117권 | 133권 | 149권 |
| 6권 | 22권 | 38권 | 54권 | 70권 | 86권 | 102권 | 118권 | 134권 | 150권 |
| 7권 | 23권 | 39권 | 55권 | 71권 | 87권 | 103권 | 119권 | 135권 | 151권 |
| 8권 | 24권 | 40권 | 56권 | 72권 | 88권 | 104권 | 120권 | 136권 | 152권 |
| 9권 | 25권 | 41권 | 57권 | 73권 | 89권 | 105권 | 121권 | 137권 | 153권 |
| 10권 | 26권 | 42권 | 58권 | 74권 | 90권 | 106권 | 122권 | 138권 | 154권 |
| 11권 | 27권 | 43권 | 59권 | 75권 | 91권 | 107권 | 123권 | 139권 | 155권 |
| 12권 | 28권 | 44권 | 60권 | 76권 | 92권 | 108권 | 124권 | 140권 | 156권 |
| 13권 | 29권 | 45권 | 61권 | 77권 | 93권 | 109권 | 125권 | 141권 | 157권 |
| 14권 | 30권 | 46권 | 62권 | 78권 | 94권 | 110권 | 126권 | 142권 | 158권 |
| 15권 | 31권 | 47권 | 63권 | 79권 | 95권 | 111권 | 127권 | 143권 | 159권 |
| 16권 | 32권 | 48권 | 64권 | 80권 | 96권 | 112권 | 128권 | 144권 | 160권 |